Wanderführer
Fränkische Schweiz
Frankenalb – Nord

Die 100 schönsten Wanderungen
- ● Rundwanderungen
- ● Streckenwanderungen
- ● Naturlehrpfade

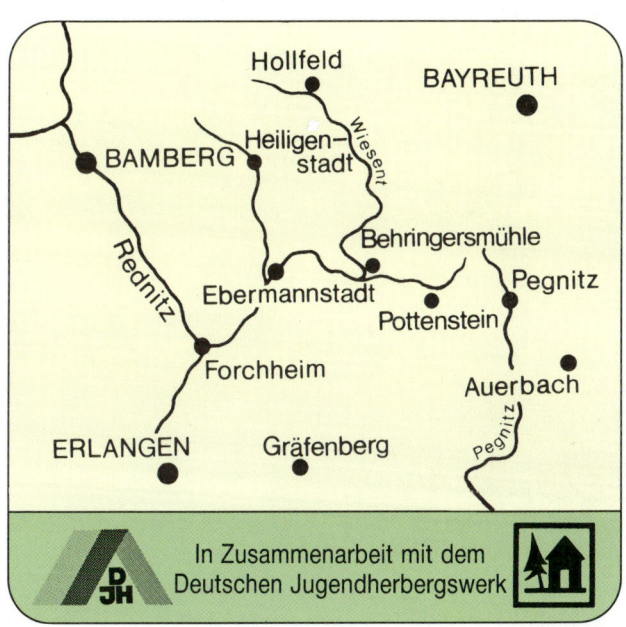

Hollfeld

BAYREUTH

Heiligen-
stadt

Wiesent

BAMBERG

Rednitz

Behringersmühle

Pegnitz

Ebermannstadt

Pottenstein

Forchheim

Auerbach

Pegnitz

ERLANGEN

Gräfenberg

In Zusammenarbeit mit dem
Deutsches Jugendherbergswerk

Kompass Wanderführer

Wanderführer Fränkische Schweiz und Frankenalb — Nord

Ausgewählt, begangen
und beschrieben
von Heribert Schiller

Deutscher Wanderverlag
Dr. Mair & Schnabel & Co. · Stuttgart

Die große Wanderbuch-Reihe für grenzenloses Wandern

Gesamte Kartographie:
Ing.-Büro Adolf Benjes

In diesem Buch werden nur jene Kartenwerke aufgeführt, die unseren Karten-Ausschnitten zugrunde liegen. Aus Platzgründen können nicht alle im Fachhandel
erhältlichen Karten genannt werden.

Umschlagbild:
Pottenstein, Museum Judenhof
(Foto: Stadt Pottenstein)
und Bild auf Seite 2:
Schüttersmühle
(*Foto:* Ulrich Schnabel, Archiv DWV)

ISBN 3-8134-0192-8

8., überarbeitete Auflage, 1996

© 1979. **Deutscher Wanderverlag Dr. Mair & Schnabel & Co.,**
Zeppelinstraße 44/1, D-73760 Ostfildern (Kemnat)
Alle Rechte, auch die der photomechanischen Wiedergabe
und der Übersetzung, vorbehalten.
Satz: Gerda Kaul, D-73240 Wendlingen
Druck: Druckerei Roth, D-73277 Owen/Teck
Printed in Germany

Gedruckt auf 100% chlorfrei gebleichtes Papier

INHALT

Rundwanderungen

Streckenwanderungen

Zu Tour 95 **Jugendgästehaus Nürnberg, Burg 2, D-8500 Nürnberg.**
Das JH liegt am Rand der nördlichen Altstadt in der 500 Jahre alten Kaiserstallung, einem Teil der Kaiserburg.

Naturlehrpfade

Bilder-Verzeichnis

Mit Seiten-Angaben

Orts- und Sachverzeichnis

Mit Nummern-Angabe der betreffenden Radtouren.
Schräg-gedruckte Zahlen weisen auf Kurzbeschreibungen im Text hin.

11

Typische Felsgruppe der Fränkischen Schweiz
(Foto: Ulrich Schnabel, Archiv DWV)

Zu Tour 28, 29 **Burg Rabeneck und Wiesent**

(Foto: Ulrich Schnabel, Archiv DWV)

Zu Tour 56, 57, 97, 98 **Betzenstein**   (Foto: Verkehrsamt Betzenstein)

Aussichtspunkte, Höhlen, Naturdenkmäler,

vorgeschichtliche Stätten, Burgen, Schlösser und Ruinen, welche auf den in diesem Führer aufgeführten Wanderungen berührt werden.

Aussichtspunkte	Wanderung Nr.		
Adlerstein	25	Wichsenstein	39
Arzberg	84	Wilhelmfels	51
Augustusfelsen	53	Zuckerhut	42
Bodenstein	48		
Balkenstein	50		
Brocksanlage	23	**Höhlen**	
Brünnhildenstein 26	26	Binghöhle	23, 24
Breitenstein	69	Bismarckgrotte	71
Gottvaterberg	58	Fleischhöhle	58, 59
Guckhüll	23	Geißlochhöhle	67
Henriciturm	7	Hainkirche	71
Hetzleser Berg	62	Hasenloch	31
Hohenmirsberger Platte	5	Kühloch	69
Hohenstein	64,85,92	Ludwigshöhle	29
Hunnenstein	22.24	Maximiliansgrotte	68, 70
Jungfernsprung	86	Myseriengrotte	68
Kleiner Kulm	2	Oswaldhöhle	25
Kreuzberg		Petershöhle	66
(Schlüsselstein)	43, 45	Rohenloch	58
Kühberg	69	Schneiderloch	29
Kugelspiel	53	Schönstein-Höhle	26
Koppenburg	26	Sophienhöhle	29
Leienfels	54	Teufelshöhle	30, 98
Mirsberger Höhe	17, 41	Voitshöhle	1
Naturfreundehaus		Vogelherdgrotte	68
Veilbronn	22	Windloch	74, 76
Ossinger	69		
Pfarrfelsen	50	**Naturdenkmäler**	
Retterner Kanzel	17, 46	Altes Schloß	85
Rothenberg	91,92,96	Ankatal	64
Rupprechtshöhe	5	Bienbergdoline	3
Schloßberg/Pegnitz	1	Die beiden Brüder	68
Schloßberg	96	Eislöcher	3
Schmidberg	57	Großer Lochstein	3
Schnepfenstein	20	Großer Wasserstein	57, 98
Signalstein	55	Hoher Fels	87
Walberla	48	Heroldsmühle	14
Wallerwarte	43, 45	Klauskirche	56, 57

Zu Tour 35 **Burg Gößweinstein** (11. Jh.) (Foto: Ulrich Schnabel, Archiv DWV)

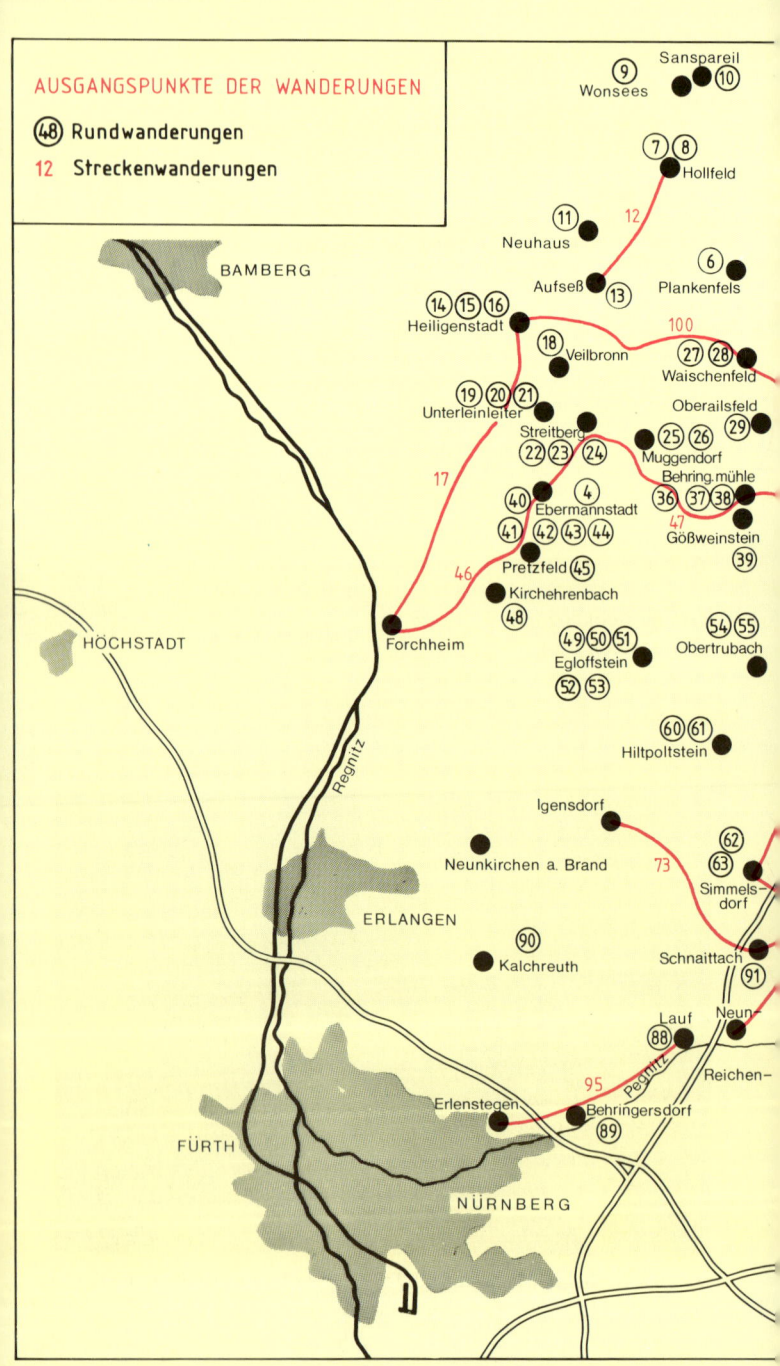

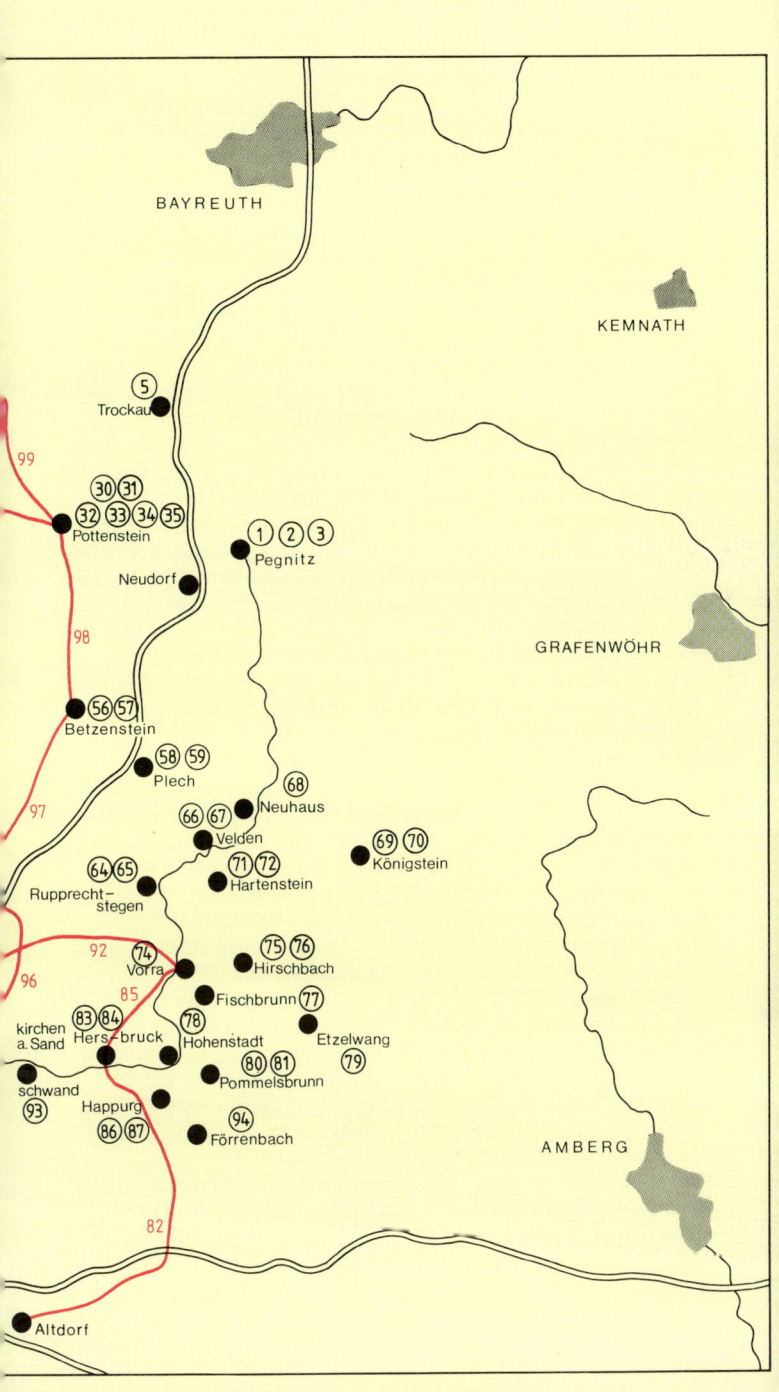

Fränkische Schweiz und Frankenalb

Die Landschaftsbezeichnung Fränkische Schweiz wurde von einem Literaten geprägt. Es war der Bamberger Joseph Heller, der seinem 1829 erschienenen Wanderbuch den Titel gab *»Muggendorf und seine Umgebung oder die fränkische Schweiz«*. Der Name Fränkische Schweiz, für den ehemals als das »Muggendorfer Gebirge« bezeichneten Landstrich bürgerte sich schnell ein. Vom Fremdenverkehr übernommen, ist er heute ein feststehender Begriff für das Gebiet zwischen den Städten Nürnberg, Bamberg und Bayreuth.

Es gibt nur wenige Gegenden in Deutschland, die auf verhältnismäßig engem Raum, so reich mit landschaftlichen Schönheiten gesegnet sind, die soviel an kultur- und kunstgeschichtlichen Besonderheiten aufzuweisen haben, wie die Fränkische Schweiz. Bizarre Felsen und trutzige Burgen, saftig grüne Wiesen und mäandernde Bäche, finstere Höhlen und lichte aussichtsreiche Höhen, dunkle Fichtenwälder und lichtdurchfluteter Buchwald hier und kleine, stille und verträumte Dörfer sowie von Mauern umgrenzte, mit Toren und Türmen bewehrte Fachwerk-Städtchen dort, Natur und Romantik, das ist die Fränkische Schweiz. Eine Landschaft, die nicht nur zum Wandern einlädt, nein, in der man einfach wandern muß.

Doch nicht nur die Fränkische Schweiz ist für Wanderer und Naturfreunde ein wahres Paradies. Das Gleiche läßt sich auch über die Frankenalb sagen, einer Landschaft die durch malerische Anmut und ungebrochene Wildheit gleichermaßen besticht. Die Grenzen zwischen beiden Gebieten sind fließend, bilden doch beide unter den geologisch-geografischen Begriff *»Fränkischer Jura«* eine Einheit.

Folgerichtig führen die in diesem Band vorgeschlagenen Wanderungen außer durch die *Fränkische Schweiz* auch durch den *nördlichen Teil der Frankenalb*. (Der südliche Teil wird im *Kompass-Wanderführer Altmühltal* behandelt). Von wenigen Ausnahmen abgesehen, führen die Routen auf Wegen entlang, die entweder vom Fränkischen-Schweiz-Verein oder vom Fränkischen Albverein angelegt wurden. Beide Vereine besorgen auch, in dankenswerter, freiwilliger Arbeit, die Markierung der Wanderwege.

Sinn und Zweck dieses Büchleins sollen sein, anzuregen die Fränkische Schweiz und die Frankenalb neu zu entdecken, wandernd zu erkunden.

Autor und Verlag wünschen dazu, allen Benutzern dieses Führers, immer das richtige Wanderwetter, schöne, erholsame und erlebnisreiche Wanderstunden sowie viel Spaß unterwegs.

Und sollten Sie auf Ihren Touren irgendwelche Veränderungen der Gegebenheiten feststellen, lassen Sie uns das bitte wissen. Dafür ein Dankeschön im voraus.

Heribert Schiller

1 Pegnitz – Tabakspfeife – Voitshöhle – Körbeldorfer Felsen – Körbeldorf – Hollenberg – Pegnitz

Verkehrsmöglichkeiten Pegnitz liegt an der Autobahn Nürnberg – Hof – Berlin und den Bundesstraßen 2 und 85. Busverbindungen in die Fränkische Schweiz sowie allen größeren Orten der Umgebung. Station der Bundesbahnlinie Bayreuth – Nürnberg.

Parkmöglichkeiten In der Raumersgasse, Parkplatz an der Raumersgasse (gegenüber der historischen Zaußenmühle). Auch Wanderparkplatz am Schloßberg (über Raumersgasse anfahren).

Wegemarkierungen Von Pegnitz mit Blaupunkt bis Körbeldorf. Mit Rotpunkt von Körbeldorf bis Hollenberg. Von Hollenberg mit Rotkreuz zurück nach Pegnitz.

Tourenlänge Etwa 12 km.

Wanderzeit Etwa 4 Stunden.

Höhenunterschiede Insgesamt etwa 170 m, immer hügelig.

Wanderkarten 1:50000 Fritsch Wanderkarte Blatt 53; Kompass Wanderkarte Blatt 171.

Anmerkung Bahn- bzw. Busfahrer erreichen den Ausgangspunkt Raumersgasse über die Bahnhofstraße, Bahnhofsteig, Hauptstraße, rechts abbiegend in die Raumersgasse.

Abkürzung Bei Waldende (vor Autobahnunterführung) scharf nach links wenden (Bank) und mit Wegzeichen Rotes Kreuz über den Langen Berg und den Schloßberg zurück nach Pegnitz. (Tourenlänge etwa 5 km, Wanderzeit etwa 1½ Stunden).

Variante Autofahrer können eine Wanderung ab Wanderparkplatz an der Straße Pegnitz – Körbeldorf (vor Autobahnunterführung) beginnen und beenden. Die Tour führt in diesem Falle über die Körbeldorfer Felsen nach Körbeldorf, weiter nach Hollenberg und von dort zurück zum Parkplatz. (Tourenlänge etwa 7 km, Wanderzeit etwa 2½ Stunden).

Wissenswertes Pegnitz, östliches Eingangstor zur Fränkischen Schweiz. Urkundlich bereits 1119 erwähnt, Stadt seit 1355. Malerischer Marktplatz mit altem Fachwerk-Rathaus. Am Fuße des 543 m hohen Schloßberges (den bis 1553 die markgräfliche Amtsburg Böheimstein krönte), bei der 1710 erbauten Zaußenmühle, die Pegnitzquelle. Bei der in der Altstadt gelegenen Röschmühle (heute Sägewerk), der Wasserberg, unter welchem die Pegnitz etwa 320 Meter dahinfließt, um an dessen Südseite wieder hervor zu treten. 1898 wurde die evangelische Stadtkirche an Stelle der 1687 erbauten St. Bartholomäuskirche errichtet. Sie beherbergt einen Altar aus dem Jahre 1697 und zwei von dem Bildhauer Elias

Ränz geschaffene Grabdenkmäler. In der Altstadt sehenswerte, 1709 erbaute, Stadtpfarrkirche.

Tourenbeschreibung Die Bundesstraße 2 überqueren und die *Raumersgasse* wenige Schritte bergauf. Links ab in die Straße *An der Pegnitzquelle,* weiter auf der Straße *Am Brunnberg* steil bergauf und das letzte Stück auf dem *Ernst-Böhm-Weg* hinauf zum *Wanderparkplatz am Schloßberg.*

Am Wanderparkplatz vorbei, am Wald entlang und über eine Wiese zum gegenüberliegenden Wald.

Der Weg ist am Anfang mit Blaupunkt, der örtlichen Rundweg-Markierung Nr. 6 und dem Vita-Parcours-Zeichen mehr als gut markiert. Nach der Trimm-Station Nr. 10 (Rumpfkreisen links und rechts herum) geht Blaupunkt geradeaus weiter. Wir machen jedoch mit Wegzeichen Nr. 6 einen Abstecher nach links und steigen auf Treppen empor zur *Tabakspfeife,* einen Berg der seinen Namen dem eigenartigen Felsen auf der Nordseite verdankt. Nach der letzten Treppe scharf nach rechts abbiegen und auf schmalem Pfad, vorbei an der *Tabakspfeife* und anderen Felsgebilden hinab zur *Voitshöhle.* Hier treffen wir wieder auf die Markierung Blaupunkt. Auf Pfad im Wald abwärt. (Am Waldende Beginn der Abkürzung).

Auf einem Feldweg in Richtung Autobahn, beim Wegweiser nach rechts, an einem Wanderparkplatz vorbei und an der Weggabel rechtshaltend auf dem (zusätzlich mit Grünring) markiertem Weg weiter, oder aber – empfehlenswert – leicht nach links zu den *Körbeldorfer Felsen* mit dem *Butterfaß* (eigenartig geformter Fels). Unterhalb der Felsgruppe auf einem Trampelpfad, zwischen Bü-

schen hindurch, zurück zum markierten Weg. Auf diesem über einen kleinen Hügel und hinab zur nächsten Autobahn-Unterführung.

Durch die Unterführung und auf Feldweg nach *Körbeldorf*. Hier gleich in das erste, nach links abgehende Sträßchen einbiegen. Nach etwa 100 Metern -- mit Markierung Rotpunkt – nach rechts bergan zum Wald. Über eine Wiese und über Lichtungen hinab in den *Weiler Hollenberg* (Einkehrmöglichkeit).

Beim Landgasthof Schatz geht es links hoch zum Schloßberg. Ab hier Markierung Rotes Kreuz. Bergan bis zu einer Wegteilung (Rotkreuz zweigt nach rechts ab), halblinks weiter, und über Steintreppen zur *Ruine Hollenberg*. (Burg Hollenberg wurde etwa 1360 von Kaiser Karl IV. gegründet und war lange Zeit Sitz eines pfälzischen Pflegeamtes, 1525 im Bauernkrieg zerstört). Schöne Rundsicht. Die Stufen wieder abwärts bis zum Wegzeichen Rotes Kreuz, nach links ab, durch Buchenwald, an Felsen vorbei, hinab zu einem Sträßchen. Dieses überqueren und über eine Wiese hinüber zum Wald. Dort nach links abbiegen. stetig ansteigend im Wald weiter. Dann ein Stück über eine Wiese und noch einmal zurück in den Wald. Aus dem Wald tretend vor uns die Autobahn. Nach links zur Unterführung. Nach der Unterführung (kurz nach Wanderparkplatz) nach links abbiegen und auf Feldweg zum Wald.

Hier (bei Bank) nach rechts, zunächst am Waldrand, später durch den Wald über den Langen Berg. Ein kurzes Stück über eine Wiese und geradeaus hinauf zum *Pegnitzer Schloßberg*. Vom *Aussichtsturm* (96 Stufen) herrliche Fernsicht. (Fränkische Schweiz, Oberpfalz, Fichtelgebirge). Vom Schloßberg hinab nach *Pegnitz*.

2 Pegnitz – Buchauer Berg – Heckenweg – Kleiner Kulm – Büchenbach – Buchau – Pegnitz

Verkehrsmöglichkeiten Siehe Wanderung Nr. 1.
Parkmöglichkeiten Wie bei Wanderung Nr. 1.
Wegemarkierungen Blaustrich waagerecht von Pegnitz bis zum Wegkreuz Vogelherd. Ab hier mit Rotstrich waagerecht über den Kleinen Kulm bis zur Markierung Gelbpunkt (Autobahndurchlaß). Mit Gelbpunkt zurück nach Pegnitz.
Tourenlänge Etwa 13 km.
Wanderzeit Etwa 4 Stunden.
Höhenunterschiede Insgesamt etwa 230 m. Steiler An- und Abstieg Kleiner Kulm (511 m – 626 m – 500 m), mäßig steil hinab

(500 m) nach Büchenbach (472 m), mäßig steil von Buchau (440 m) hinauf zum Schusterberg (500 m).

Wanderkarten 1:50000 Fritsch Wanderkarte Blatt 53, Kompass Wanderkarte Blatt 171.

Anmerkung Diese Wanderung führt zum Kleinen Kulm, der höchsten Erhebung in der Fränkischen Schweiz. Sehr reizvoll, der sogenannte Heckenweg, welcher ab Wegekreuzung beim Rastplatz Am Vogelherd begangen wird. Dieser führt, wie der Name schon sagt, vornehmlich durch Hecken und über verwachsene Wege entlang. Deshalb besonders gut auf die Markierung (Roter Waagerechtstrich) achten!

Wissenswertes Siehe Wanderung Nr. 1.

Tourenbeschreibung Über die Bundesstraße 2 und links derselben die Straße »Am Buchauerberg« entlang.

Mit Markierung Blaustrich waagerecht, durch Fichtenwald, unterhalb am Vogelpark vorbei, geht es zunächst zum Finkenbrünnlein. Dann weiter durch den Wald, aus diesem und hin zur Wegekreuzung am *Rast- und Grillplatz Vogelherd* (ehemaliger Steinbruch). Hier mit Wegzeichen Rotstrich waagerecht nach links – und gut auf Markierung achtend – auf verwachsenen Feldwegen, teilweise Fußpfaden durch dichte Feldhecken. Der Weg macht einen Bogen nach links und stößt auf eine Feldfuhre. Hier nach rechts ab und weiter bis zu einer Wegteilung. Nun nach links gehen – und immer links haltend – durch Felder bis zur Autobahn, welche auf einer Brücke überschritten wird. Nach der Brücke gleich nach rechts, dann nach links und im Wald empor zum Kleinen Kulm (mit 626 Metern die höchste Erhebung in der Fränkischen Schweiz). Vom hölzernen Aussichtsturm herrliche Rundsicht. Unten schöner Rastplatz.

Auf dem Herweg wenige Meter zurück, links ab und auf einem schmalen Pfad durch den Wald bergab. Aus dem Wald und weiter Richtung Autobahn. Hier nicht nach rechts und durch die Autobahnunterführung, sondern mit Rotstrich noch ein Stück in bisheriger Richtung weiter. Der Weg führt, paralell zur Autobahn, hin zu einem Querweg.

Hier biegen wir scharf rechts ab und gehen, jetzt mit der Markierung Gelbpunkt (und weiße 8 auf grünem Grund) durch den schmalen Autobahndurchlaß und auf Trampelpfad weiter bis an eine Wegkreuzung.

Vorbei an einer kleinen Kapelle (rechts), geradeaus weiter, an Kreuzwegstationen entlang durch den Wald bergab.

Über eine Waldwiese, anschließend auf gestuftem Weg wiederum in den Wald und durch einen Hohlweg hinab nach *Büchenbach*.

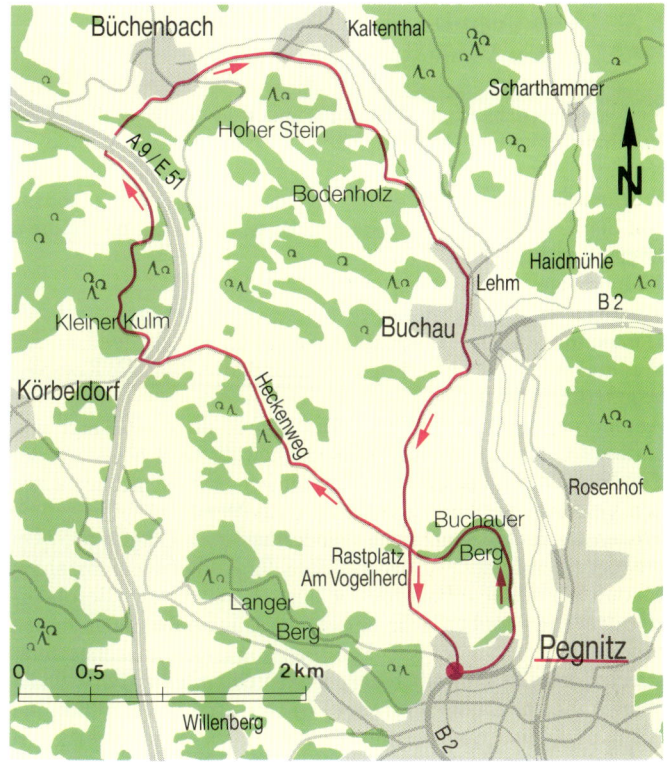

Beim Buswartehäuschen nach rechts, beim Telefonhäuschen noch einmal nach rechts und auf der Hauptstraße durch den Ort. Am Ortsende nach links und auf dem Ortsverbindungssträßchen geradewegs nach *Kaltental*.

Hier gleich am Ortsbeginn, beim Verkehrsspiegel, halbrechts aufwärts, an einem Bauernhof vorbei und anschließend durch das *Erlenbachtal* bis *Buchau*.

In Buchau biegen wir kurz vor Erreichen der Bundesstraße 2 nach rechts in die Straße *Hirtengraben* ab. Beim Feuerwehrhaus geht es nach links und nach wenigen Schritten wieder nach rechts.

Steil führt der Weg empor zur Höhe des Schusterberges. Vor uns Pegnitz mit Schloßberg und Turm. Es geht zunächst ein Stück fast eben dahin, dann geht es hinab zum schon bekannten Rastplatz *Am Vogelherd*. An der Wegkreuzung mit Gelbpunkt geradeaus weiter und zurück nach *Pegnitz*.

3 Von Pegnitz in den Veldensteiner Forst

Verkehrsmöglichkeiten Wie bei Wanderung Nr. 1.
Parkmöglichkeiten In der Alten Poststraße oder Pestalozzi-straße.
Wegemarkierungen Rotpunkt bis zu den Eislöchern, Rotring von den Eislöchern bis Markierung Blaues Dreieck, mit Blauem Dreieck zurück nach Pegnitz.
Tourenlänge Etwa 19 km.
Wanderzeit Etwa 6 Stunden.
Höhenunterschiede Insgesamt etwa 120 m, unbedeutend.
Wanderkarten 1:50000 Fritsch Wanderkarte Blatt 53; Kompass Wanderkarte Blatt 171.
Anmerkung Bei dieser Wanderung wurde die etwas lange und einförmige Strecke bis zum Kühkopf bewußt an den Anfang der Tour gestellt. Um so abwechslungsreicher geht es nachher durch den Veldensteiner Forst und zurück nach Pegnitz.
Wissenswertes Pegnitz siehe Wanderung Nr. 1. Der etwa 35 qkm große Veldensteiner Forst ist mit eines der größten zusammenhängenden Waldgebiete Bayerns. Geologisch stellt er eine Besonderheit dar. Die Erdoberfläche besteht meist aus gelben oder grauen Sanden, welche aus der Kreidezeit stammen und die oberste Jura-schicht, den Dolomit, überdecken. Im Veldensteiner Forst findet man zahlreiche Dolinen (etwa 1000), von denen die größte, die Bienberg-Doline und die interessanteste, die sogenannten Eis-löcher sein dürften. Bei den Eislöchern handelt es sich um drei zu-sammenhängende Dolinen. Karstforscher bezeichnen sie als ein Musterbeispiel dafür, daß eine Reihe von Dolinen unterirdische Wasserläufe anzeigen. Der Kleine und der Große Lochstein sind sehenswerte Dolomitfelsen mit interessanten Auswaschungen. Die Flora des Veldensteiner Forstes reicht von der Flechte, über Heide- und Beerenkraut bis hin zur Orchidee. Hirsch, Auerhahn und Birkhahn sind im Veldensteiner Forst beheimatet; Naturpark.
Tourenbeschreibung Die *Alte Poststraße* entlang bis kurz vor die Bundesstraße 2. Nach links und durch die Fußgängerunterführung. Danach nach rechts, über die *Ganghoferstraße* und auf Fußweg weiter bis zu der nach Nemschenreuth führenden Straße.

Links ab und auf dem Fußweg neben der Straße hinauf nach *Nemschenreuth*. Auf der *Veldensteiner Straße* geradewegs durch den Ort. Weiter auf der Straße in Richtung Horlach und in den ersten nach rechts abzweigenden Fahrweg abbiegen. Nach etwa 150 Metern nach links und auf Forststraße in den Wald. Ein kurzes Stück bergan. Dort, wo der Weg abzufallen beginnt, stoßen wir auf

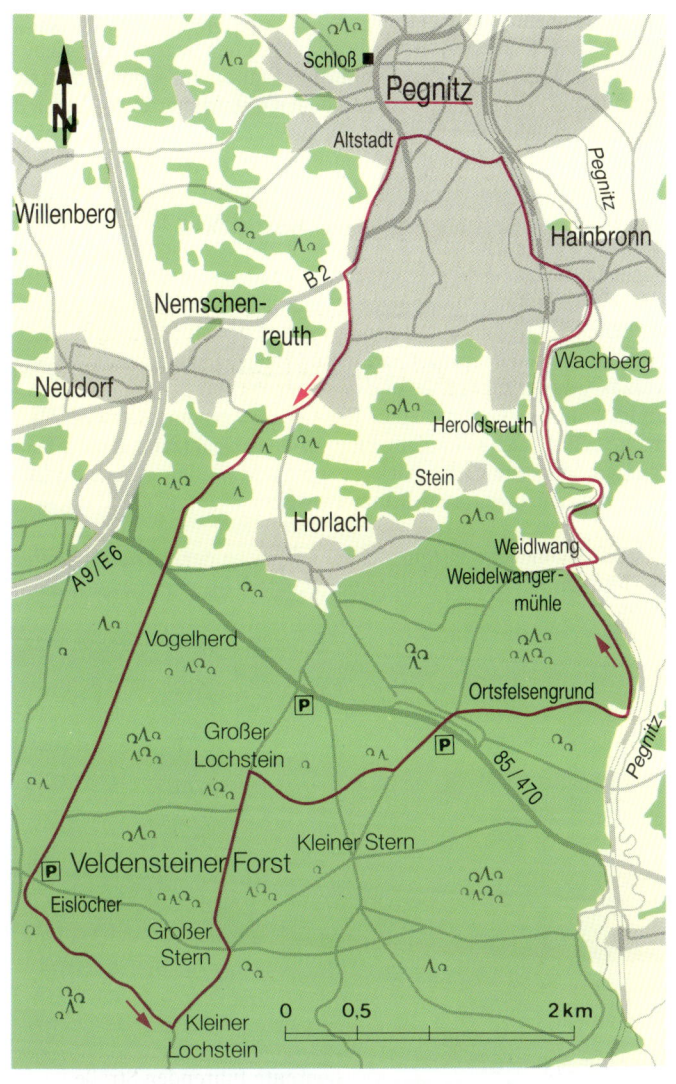

die Wegmarkierung Rotpunkt. Wir bleiben auf diesem Forstweg bis zur B 470 überschreiten diese und gehen jenseits geradeaus weiter. Etwa 2,5 Kilometer geht es auf guter, für jeden Autoverkehr gesperrten Straße, fast geradeaus und immer leicht bergauf und bergab dahin, bis zu einem Wegweiser mit der Aufschrift »500 Meter Kühkopf«. Auf schmalem Pfad zur Höhe. Wieder zurück zum Hauptweg und noch etwa 200 Meter bis zu einer asphaltierten Straße. Hier nach links. Vorbei an einer Wandertafel und gleich wieder links (Parkplatz). Nach dem Parkplatz nach rechts in den Wald und Wegzeichen Rotpunkt folgend bis zu den Eislöchern. (Vielfache Dolinenbildung mit offenen Einsturzschächten und anschließender Karsthöhle. Lösungsformen des ehemaligen Höhlengewässers. Reiche winterliche Eisbildung). Den Wanderweg ein kurzes Stück zurückgehen und bei einer Wegkreuzung geradeaus – ab hier mit Markierung Roter Ring – bis zu einem Querweg. Hier nach rechts. Auf schmalem Pfad an dem Drahtzaun einer Schonung entlang und gleich nach dessen Ende wiederum nach rechts. Auf nunmehr breiterem Forstweg weiter bis zum *Kleinen Lochstein.*

Vom Kleinen Lochstein weiter, vorbei an der *Bienberg-Doline* (größte Doline des Veldensteiner Forstes) bis zum *Großen Stern*

Zu Tour 3, 59 **Veldensteiner Forst, Wildgehege**
(Foto: Ulrich Schnabel, Archiv DWV)

(Knotenpunkt von 6 Forststraßen). Auf Forststraße geradeaus weiter bis zum *Großen Lochstein*. (Kalkfels mit interessanten Ausspülungen).
Hier nach rechts abbiegen und ein Stück die Forststraße entlang. Dann geht es nach links, bergan und wieder bergab zur *Bundesstraße 85*. Unter dieser hindurch bis zu einer Wegkreuzung. Nun nach rechts abbiegen und nach 10 Metern gleich wieder nach links in den Wald. Auf abwechslungsreichem Pfad geht es an Felsmassiven vorbei – durch den *Ortsfelsengrund* – bis wir auf die Markierung Blaues Dreieck stoßen. Nach links abbiegen und am Bahndamm entlang marschieren. Kurz vor *Weidlwang* geht es über die Eisenbahn und die Pegnitz. Durch den Ort (Wahrzeichen: ein auf einem hohen Felsturm Wache haltender hölzerner Kanonier. Im Dreißigjährigen Krieg sollen, dank dieser List, die Schweden keinen Angriff auf den Ort gewagt haben).
Auf einem Feldweg geht es hinauf zum *Wachberg* (Wacholderheide, Felsgruppen). Auf schmalem Forststräßchen wieder bergab und über eine Anhöhe zur Staatsstraße. Auf dieser etwa 400 Meter entlang, dann nach links abbiegen, durch die Bahnunterführung und zurück nach Pegnitz.

 ### Grüner Pfad
Windischgaillenreuth

Verkehrsmöglichkeiten »Gailnreuth« wie die Einheimischen sagen, gehört zu Ebermannstadt und ist von dort über Kanndorf – Moggast (am Ortsende links ab) oder über Muggendorf – Wohlmannsgesees oder über Gößweinstein – Leutzdorf schnell und gut zu erreichen.
Parkmöglichkeiten Im Ort.
Wegmarkierungen Täfelchen mit einem grünen Punkt und der Aufschrift »Grüner Pfad« sowie Wegweiser »Grüner Pfad«.
Tourenlänge Etwa 3 km.
Wanderzeit 1 bis 2 Stunden.
Höhenunterschiede Unbedeutend.
Wanderkarten 1:50 000 Fritsch Wanderkarte Blatt 53; Kompass Wanderkarte Blatt 171.
Anmerkung Vor dem Rundgang kann man sich über den genauen Wegverlauf auf einer in der Ortsmitte aufgestellten Übersichtstafel informieren. – Nach dem Rundgang kann man im Dorfgasthaus zu einem kleinen Mittagessen oder einer Brotzeit (Bauernbrot, Bauernbutter und frischem »Ziebeleskäs«) einkehren.

Wissenswertes Der »Grüne Pfad«, vom Amt für Landwirtschaft und Ernährung Forchheim angelegt und betreut, befaßt sich mit verschiedenen landwirtschaftlichen Kulturen und lädt zur geistigen Auseinandersetzung mit allgemein interessierenden Fragen aus der Landbewirtschaftung ein.

Wer zum Beispiel weiß schon Näheres über die Verwendung des Ölrapses, der im Mai/Juni so überaus verschwenderisch blüht? Wer kennt wirklich die energiereiche Maispflanze? Kann jeder die einzelnen Getreidearten auseinanderhalten? Wozu gehört der Glatthafer, wozu der Buchweizen? Wer kennt den Lebenslauf eines Getreidekorns? Wer kennt die Winter- und Sommerformen der Gerste und deren unterschiedliche Verwendung?

Was bleibt dem Landwirt bei sinkenden Erzeugerpreisen? Was wird – und darüber lohnt es nachzudenken – aus der fränkischen Kultur-, Urlaubs- und Erholungslandschaft, wenn sie keiner mehr rentabel bewirtschaften kann?

Tourenbeschreibung Der Rundweg führt in ebenem, offenem, mischwaldgesäumtem Gelände durch die westliche Feldflur des noch bäuerlich geprägten Juradörfchens Windischgaillenreuth.

Entlang des »Grünen Pfades« wurden Obstbaumgruppen gepflanzt, am Waldrand laden Ruhebänke zum Verweilen ein.

Der Lehrpfad ist gut markiert, der Wegverlauf nicht zu verfehlen.

5 Trockau – Bodendorf – Rupprechtshöhe – Püttlach – Hubertuskapelle – Hohenmirsberger Platte – Pullendorf – Hedelmühle – Trockau

Verkehrsmöglichkeiten Bahnbus-Haltestelle an der Strecke Nürnberg – Bayreuth.

Parkmöglichkeiten In der Ortsmitte vor dem Schloß (Marktplatz).

Wegemarkierungen Rotstrich bis Rupprechtshöhe. Ohne Markierung bis Gelbe Raute und mit diesem Wegzeichen bis Hohenmirsberger Platte. Mit Blaukreuz zurück nach Trockau.

Tourenlänge Etwa 17 km.

Wanderzeit Etwa 6 Stunden.

Höhenunterschiede Insgesamt 445 m. Bei dieser Wanderung geht es immer steil (teilweise auch sehr steil) bergauf und bergab. So von der Anhöhe oberhalb Trockau (etwa 560 m) hinab nach Bodendorf (448 m) und wieder hinauf zur Rupprechtshöhe (560 m). Hinab nach Püttlach (423 m) und Anstieg zur Hohenmirsberger Platte (614 m). Weniger steil hinab zur Hedelmühle (440 m) und noch einmal steil, im letzten Wegstück sehr steil, hinauf nach Trockau (544 m).

Wanderkarten 1:50 000 Fritsch Wanderkarte Blatt 65; Kompass Wanderkarte Blatt 171.

Anmerkung Sehr schöne, lange aber abwechslungsreiche Wanderung bei der es immer kräftig bergauf und bergab geht. Unterwegs schöne Aussichten und von den Höhen herrliche Rundblicke.

Abkürzung In Püttlach nach der Püttlachbrücke mit Gelbstrich rechts ab und direkt nach Pullendorf. Von dort weiter wie bei Haupttour beschrieben.

Wissenswertes In Trockau Barockschloß. Seit 1273 im Besitz der Herren Groß von Trockau.

Tourenbeschreibung Vom Trockauer Marktplatz mit Rotstrich auf dem *Bodendorfer Weg* ortsauswärts. Vor der Autobahn rechts ab und leicht bergan. Auf der Höhe nach rechts abbiegen und über eine Wiese, dann durch den Wald hinab nach *Bodendorf*.

Gleich am Ortsanfang nach halblinks, vorbei am Feuerwehr-Gerätehaus und empor zur Skihütte (links des Weges). Weiter bergan und bei der kommenden Weggabelung halblinks weitergehen bis zum Wald. Dort nach rechts abbiegen und über eine Wiese zum gegenüberliegenden Wald. In diesem steil bergauf, ein Stück über freies Feld bis zu einem Feldweg (vor dem Wald). Jetzt nach rechts abbiegen und bis zu einem schon sichtbaren *Einzelhof* weiter.

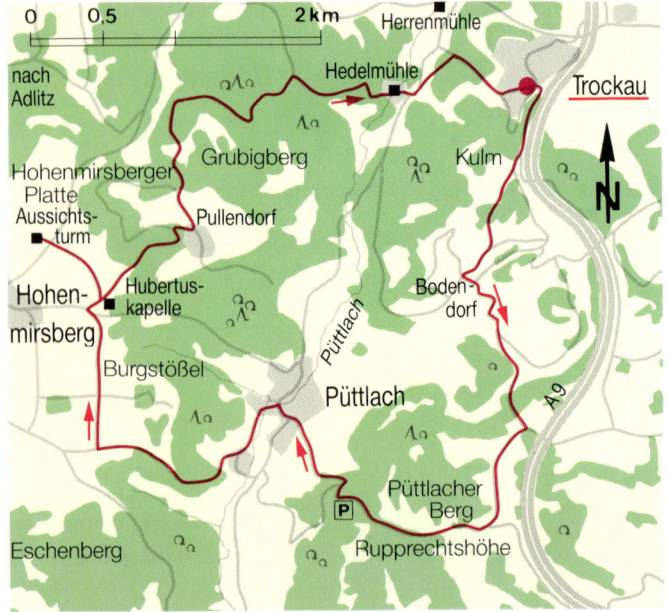

Hier nach links schwenkend zum *Weiler Rupprechtshöhe*. Dem Wegweiser Püttlach folgend (ohne Markierung) auf der schmalen Gemeindeverbindungsstraße etwa 1 Kilometer entlang. Von links kommend stößt die Markierung Gelbe Raute zu uns. Noch ein kurzes Stück auf der Straße entlang, dann, bei der mächtigen Buche, mit dem Wegzeichen nach rechts und durch den Wald abwärts zum *Failnershof*.

Rechts an den Gebäuden vorbei und auf Trampelpfad, teils am Wald entlang, teils durch den Wald, weiter bergab.

Aus dem Wald tretend sehen wir vor uns im Tal den Ort Püttlach liegen und auf der gegenüberliegenden Höhe, den Aussichtsturm auf der Hohenmirsberger Platte.

Es geht am Wald entlang weiter und schließlich durch einen Hohlweg hinab in den Ort *Püttlach*. Geradewegs über das *Flüßchen Püttlach* und nach der Brücke (beim Buswartehäuschen) nach links und ortsauswärts. Bei den letzten Häusern scharf rechts ab, hinauf zum Wald und durch diesen bergauf.

Auf der Höhe auf einem Feldweg an einer Gebüschreihe entlang, bis zu einer gemauerten Feldscheune. Hier biegen wir (gemeinsam mit Blaustrich) nach rechts ab und wandern auf einem Wirtschaftsweg bis zur Straße (Püttlach – Hohenirsberg) und zur *Hubertuskapelle* (schöner Schnitzaltar).

38

Von der Kapelle etwa 200 Meter nach rechts in Richtung Pullendorf gehen, dann nach links in einen Schotterweg einbiegen und auf diesem hinauf zur *Hohenmirsberger Platte*. (Vom hölzernen Aussichtsturm herrlicher Rundblick).

Auf dem Herweg wieder zurück bis zu dem nach Pullendorf führenden Sträßchen. Mit Blaukreuz nach links und dem Sträßchen folgend bergab nach *Pullendorf*.

Im Ort links ab und hinab in den Talgrund. An einem Weiher vorbei und scharf nach rechts in den Wald. Nach wenigen Metern, bei der Weggabel, nach links und die Forststraße bergauf. Wir wandern, dem Verlauf der Forststraße folgend, letztlich wieder bergab, bis zu einer Querstraße.

Jetzt nach rechts und bis kurz vor die Weggabelung. Erneut nach rechts und auf Waldpfad zur *Hedelmühle*.

Hinauf zur Straße, diese queren, links ab in den Wald und zu einem breiten Forstweg. Auf diesem nach rechts, steil bergauf und zurück nach *Trockau*.

Plankenfels – Plankenstein – Wohnsdorfer Kreuz – Wohnsdorf – Lochautal – Plankenfels

Verkehrsmöglichkeiten Bahnbus Bayreuth – Plankenfels – Hollfeld.

Parkmöglichkeiten Beim Gasthaus »Schwarzer Ritter«, an der Straße nach Bayreuth.

Wegemarkierungen Gelber Ring bis Plankenstein. Grüner Punkt bis Blaustrich waagerecht und mit diesem Wegzeichen zurück nach Plankenfels.

Tourenlänge Etwa 9,5 km..

Wanderzeit Etwa 2½ Stunden.

Höhenunterschiede Insgesamt etwa 205 m. Steiler Anstieg von Plankenfels (370 m) bis Plankenstein (480 m).

Wanderkarte 1:50000 Fritsch Wanderkarte Blatt 65.

Anmerkung Wenig begangene Wanderung über die Höhen im Nordteil der Fränkischen Schweiz, mit Rückweg durch das Lochautal. Da auf dem Weg durch das Lochautal feuchte Wegstellen möglich, wird gutes, festes Schuhwerk empfohlen.

Abkürzung Die Tour kann verkürzt werden indem man kurz vor Erreichen des Wohnsdorfer Kreuzes im spitzen Winkel nach links abzweigt und auf verwachsenem Feldweg, mäßig steil, hinab nach Wohnsdorf wandert. Weiterweg wie bei Haupttour beschrieben.

Tourenlänge etwa 8,5 km, Wanderzeit etwa 2 Stunden.

Eine weitere Abkürzungsmöglichkeit ist gegeben, indem man bei dem Marterl links abbiegt (also nicht nach Schönfeld absteigt) und mit Blaustrich senkrecht nach Wohnsdorf geht. Tourenlänge etwa 9,5 km, Wanderzeit etwa 2 1/2 Stunden.

Wissenswertes Bei Plankenfels stoßen drei Täler zusammen, das der Wiesent, der Lochau und der Truppach. Schloß Plankenfels und Fels und Ruine Plankenstein.

Tourenbeschreibung Gegenüber vom Gasthaus »Schwarzer Ritter« durch die Bahnunterführung (Strecke stillgelegt), nach rechts und gleich wieder nach links und auf einem Hangweg durch Buchen – Niederwald steil bergauf.

Bei der Weggabelung links halten, dann am Waldrand entlang und über eine Wiese zur Felsgruppe *Plankenstein* (mit spärlichen Ruinenresten). Durch zwei Felsen hindurch und nach rechts (über Stufen) auf ein Felsplateau. (Schöner Blick ins Hollfelder Land).

Wieder zurück, durch die beiden Felsen und danach links haltend, an Hecken entlang zum Wald und in diesem hinab in den *Ort Plankenstein*.

Geradeaus zu einem Teersträßchen und diesem nach links abbiegend bis in den kleinen Ort *Meuschlitz* folgen (Unterwegs immer wieder schöne Blicke ins Lochautal).

Durch das Dorf und durch ein Wäldchen leicht bergan. Auf Feldweg weiter und bei der Wegteilung nach links. Weiter bis zum Wald und an dessen Rand entlang bis sich der Weg erneut gabelt. Jetzt etwa 5 m nach rechts und gleich wieder nach links am Waldrand entlang weiter. Wieder quer Feld auf eine Waldspitze zu. Dort rechts am Wald entlang und immer auf diesem Weg bleibend (zwei Feldwege werden gequert), auf eine große, einzeln stehende Linde zu marschieren.

Etwa 200 m vor der Linde, geht im spitzen Winkel nach links ein verwachsener Feldweg ab. (Abkürzung nach Wohnsdorf, siehe Anmerkung). Neben der Linde ein Feldkreuz (*Wohnsdorfer Kreuz*). Der Weg schwenkt nach links. Es geht auf Feldweg bis zu einem Marterl, wo wir auf die Markierung Blaustrich treffen.

Wir biegen, dieser Markierung folgend, links ab, halten bei der Wegteilung nach rechts und wandern durch den Wald hinab nach *Wohnsdorf*.

Dort über den *Lochaubach* und auf der Straße in Richtung Pilgerndorf, bis links die Straße nach Haindorf abzweigt. Wir folgen dieser Straße etwa 200 Meter aufwärts, biegen dann links ab und verlassen den Ort. Es geht über eine Wiese und am Wald entlang.

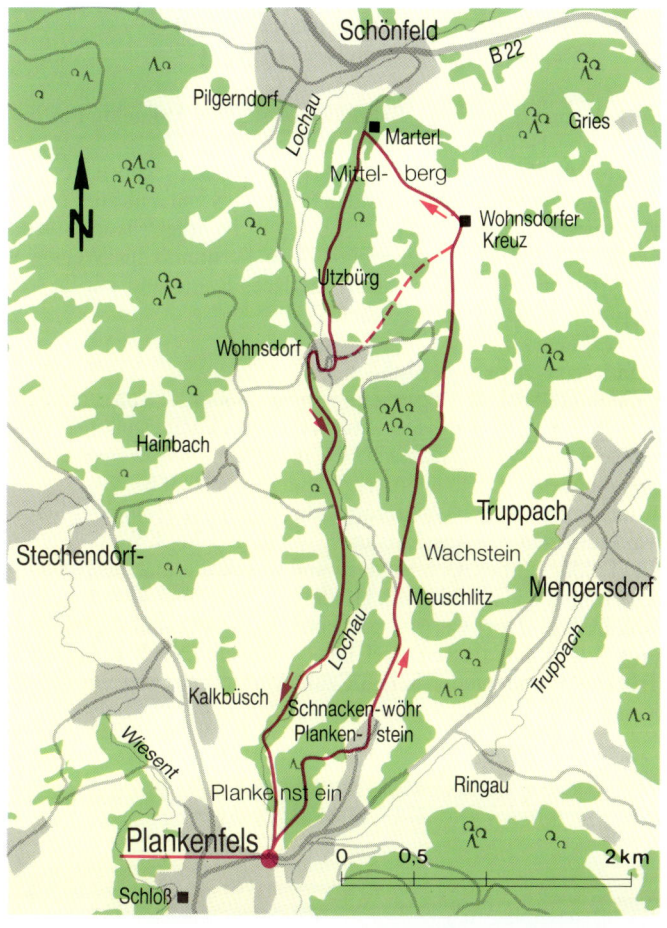

(Links von uns Wohnsdorf und die Lochau.) Durch den Wald, wieder über eine Wiese, an der mäandernden *Lochau* entlang weiter. Noch einmal in den Wald und dann aus diesem tretend, links vor uns der Plankenstein. Weiter bis zu einem Querweg. Auf diesem nach links und über die *Lochau.* Vor dem Steinbruch nach rechts und durch den Wiesengrund (jetzt links der Lochau) zurück nach *Plankenfels.*

7 Hollfeld – Henrici-Aussichtsturm – Fernreuth – Kainach – Hollfeld

Verkehrsmöglichkeiten Bahnbus Bayreuth – Hollfeld. Postbus Bamberg – Hollfeld.

Parkmöglichkeiten Parkplatz am Ortsausgang, rechts neben der nach Bayreuth führenden Bundesstraße 22 (Schützenfestplatz).

Wegemarkierungen Grünes Kreuz bis Henrici-Aussichtsturm. Ohne Markierung bis Fernreuth. Von Fernreuth bis Weggabel Gelbe Raute, ohne Markierung bis Rote Raute und mit diesem Wegzeichen zurück nach Hollfeld.

Tourenlänge 13 km.

Wanderzeit Etwa 3½ Stunden.

Höhenunterschiede Insgesamt etwa 160 m. Von Hollfeld (404 m) mäßig steil bis Henriciturm (523 m), kurzer steiler Abstieg (von etwa 440 m) bis Kainach (402 m).

Wanderkarte 1:50000 Fritsch Wanderkarte Blatt 65.

Anmerkung Diese Wanderung führt durch den Hollfelder Stadtwald zum Henrici- Aussichtsturm. Wechselnd durch Wald, Wiesen und Felder geht es nach Kainach und von dort durch das romantische Kainachtal zurück nach Hollfeld.

Abkürzung Dort wo wir, kurz nach Fernreuth, auf die Markierung Rote Raute treffen, nach links abbiegen. Es geht hinab in ein Trockental und wieder bergauf zum Verbindungsweg Fernreuth-Kainach.

Zu Tour 7, 8, 12 **Hollfeld, Stadtansicht**   (Foto: Fremdenverkehrsamt Hollfeld)

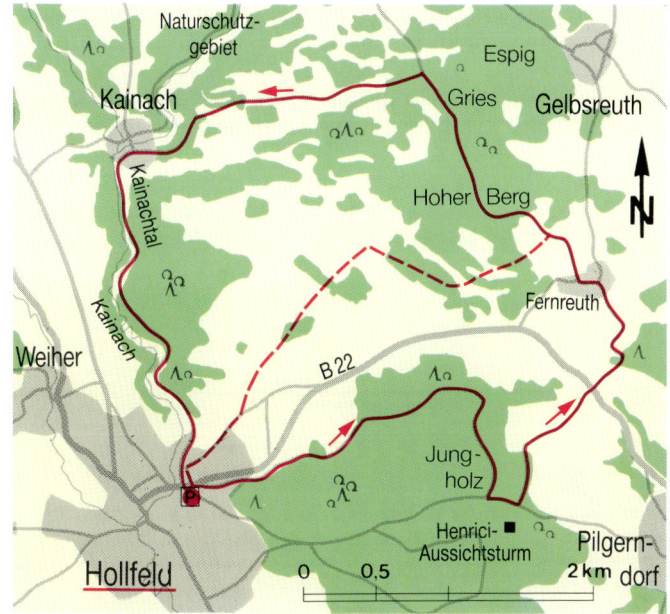

Hier nach rechts abbiegen und auf diesem Weg bis kurz vor einen Modellflugplatz marschieren. Dort den nach links abgehenden Feldweg nehmen und durch Wäldchen, Wiesen und freies Feld zurück nach Hollfeld. Tourenlänge etwa 10 km, Wanderzeit etwa 2¾ Stunden.

Wissenswertes Wahrzeichen des Städtchens Hollfeld ist die St. Gangolfskirche, deren Baubeginn in der romanischen Zeit liegt und deren heutige Form aus dem Anfang des 18. Jahrhunderts stammt. Romanische Apsis, gotisches Portal, spätbarocker Hochaltar. Von Dientzenhofer erbaute, barocke St. Salvatorkapelle. St. Bartholomäusspital (1464) mit Barockkapelle von 1709. Fischmühle von 1715. Reste der Stadtbefestigung. Oberes Tor. 40 Meter tiefer Stadtbrunnen mit Brunnenhäuschen. Wappengeschmücktes Rathaus.

Tourenbeschreibung Vom Parkplatz mit Wegzeichen Grünkreuz, am Kinderspielplatz vorbei, leicht bergan. Der Wanderweg verläuft zunächst ein kurzes Stück parallel zur Bundesstraße, stößt dann auf einen Waldwirtschaftsweg und führt weiterhin leicht ansteigend zur Höhe. Ein kurzes Stück eben dahin, dann nach links und auf einem Waldpfad bis zu einer befestigten Straße (Alte Reichsstraße). Auf dieser nach links bis zum kleinen Parkplatz (für Besucher des Aussichtsturmes), über diesen hinweg und durch Buchen-Niederwald noch einmal leicht bergan bis zum hölzernen *Henrici-Aussichtsturm.*

Dann die 64 Stufen empor zur Aussichtsplattform (schöner Rundblick). Zurück zum Parkplatz, über die Straße und nach zwei, drei Schritten im Wald, den halbrechts abgehenden unmarkierten Weg nehmen (Weg nach halblinks endet, obwohl mit Rotpunkt markiert, nach etwa 150 m an einem Drahtzaun).

Zu Tour 7, 8, 12   **Hollfeld, Oberes Tor**   (Foto: Ulrich Schnabel, Archiv DWV)

Aus dem Wald tretend nach links gehen. Ein kurzes Stück am Waldrand entlang, dann auf verwachsenem Weg durch den Wald. Am Waldende wird ein querlaufender Feldweg erreicht. In diesen nach rechts einbiegen. Beim Wegabzweig geradeaus weiter und im weiteren Wegverlauf im Linksbogen hinab zur B 22.

Diese überqueren und hinauf zum Wald, wo wir auf die Markierung Gelbe Raute treffen. Nach links und ein kurzes Stück durch den Wald. Nach rechts und am Waldrand entlang bis Feldscheune. Hier nach links und auf Feldweg nach *Fernreuth.*

Zur Dorfstraße. Auf dieser nach links bis zum Bus-Wartehäuschen gehen. Unmittelbar danach nach rechts abbiegend wieder aus dem Ort. Auf Feldweg bis Weggabel. Hier verlassen wir die Markierung Gelbe Raute, die nach rechts abzweigt, halten nach links und treffen alsbald auf die Markierung Rote Raute.

Geradewegs weiter (links ab ist Abkürzung) und in den Wald. Erst eben, dann leicht abwärts wandern bis eine Lichtung erreicht wird, an deren Ende nach links ein Weg abgeht. In diesen einbiegen und noch etwa 300 m durch den Wald, dann über freie Flur und letztlich links schwenkend hinab nach *Kainach*.

In Kainach nach links und auf schönen Promenadenweg, etwa 3 km durch das Kainachtal wandernd, zurück nach *Hollfeld*.

8 Hollfeld – Weiher – Freienfels – Neidenstein – Hollfeld

Verkehrsmöglichkeiten   Siehe Wanderung Nr. 7.
Parkmöglichkeiten   Marienplatz oder am Oberen Tor bei der Gesamtschule, Stadthalle.
Wegemarkierungen   Gelber Keil.
Tourenlänge   Etwa 9 km.
Wanderzeit   Etwa 2½ Stunden.
Höhenunterschiede   Insgesamt etwa 60 m. Nur innerhalb Freienfels, kurzer steiler Anstieg.
Wanderkarte   1 : 50 000 Fritsch Wanderkarte Blatt 65.
Anmerkung   Das oberste Wiesenttal, durch welches diese Wanderung führt, steht dem mittleren Wiesenttal (wo sich der Großteil des Fremdenverkehrs der Fränkischen Schweiz abwickelt) was landschaftliche Schönheit anbelangt in nichts nach. Daß es weniger besucht wird, als die Fremdenverkehrszentren, ist für ruhesuchende Wanderer vom Vorteil.

Wissenswertes   Hollfeld siehe Wanderung Nr. 7. Auf 45 Meter hohem Fels thront über dem Wiesenttal Schloß Freienfels. Ein wuchtiger aus zwei großen Flügeln bestehender Bau mit Türmen und von einer Ringmauer bewehrt. Die Schloßanlage wurde von den Herren von Aufseß erbaut, welche diese auch bis 1918 im Besitz hatten. Im Schloßhof ein 42 m tiefer Brunnen, westlich vom Schloß ein großer Park. Die neben dem Schloß stehende, 1604 erbaute Kapelle, ist jetzt Pfarrkirche.
Tourenbeschreibung   Ausgangspunkt ist das Obere Tor in Hollfeld. Von hier geht es, die Kulmbacher Straße überquerend, auf der Straße »Am Weiherer Weg« in den zur Großgemeinde

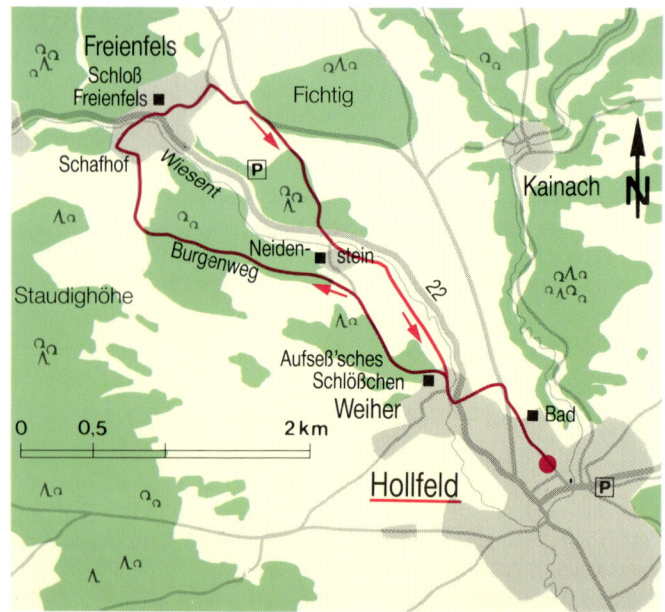

Hollfeld gehörenden Ortsteil *Weiher* (Aufseß'sches Schlößchen, Wappen über Portal).

Zur Ortsmitte, über die *Wiesent* und vor der Schloßmauer nach rechts abbiegend, die Anhöhe aufwärts. Bei der Wegteilung links haltend, über einen Querweg und weiter über freie Flur bis zu einer Wegkreuzung (große Linde). Hier scharf nach rechts abbiegend, gelangt man (gemeinsam mit Wegzeichen Rotkreuz) über *Schafhof* nach *Freienfels*.

Die Wiesent und die Bundesstraße überquerend zum Schloß. Vorbei an der Kirche geht es ziemlich steil bergan und wieder ortsauswärts. Bei der Straßengabelung am Ortsende nach rechts, auf der Straße entlang bis zur Lindenallee. Diese hinab und die Bundesstraße sowie die Wiesent überquerend hinein nach *Neidenstein*. (Neidenstein trug, genauso wie die ehemalige Burg, von 1376 – 1510 den Namen Gerbersdorf. Bereits im 14. Jahrhundert saßen auf der Burg die Ritter von Aufseß. Im Dreißigjährigen Krieg wurde die Burg zerstört).

Ein kurzes Stück die Ortsstraße lang, dann nach links auf einen Feldweg, der sich im Tal der Wiesent entlang nach *Weiher* schlängelt. Von Weiher auf schon bekanntem Weg zurück nach *Hollfeld*.

Wonsees – Krögelstein – Kainach – Wonsees

Verkehrsmöglichkeiten Bahnbus Bayreuth – Hollfeld. Postbus Bamberg – Hollfeld – Wonsees.
Parkmöglichkeiten Am Marktplatz.
Wegemarkierungen Rotes Kreuz bis Krögelstein. Gelbes Kreuz bis Kainach. Rote Raute bis Wegkreuzung. Ohne Markierung zurück nach Wonsees.
Tourenlänge Etwa 10 km.
Wanderzeit 2½ bis 3 Stunden.
Höhenunterschiede Insgesamt etwa 100 m.
Wanderkarte 1:50 000 Fritsch Wanderkarte Nr. 65.
Anmerkung Wer nur zum Felsendorf Krögelstein wandern möchte, kann beim Rückweg an der Feldscheune nach links abbiegen und auf dem mit Gelbpunkt markierten Weg nach Wonsees zurücklaufen. Tourenlänge etwa 5 km, Wanderzeit etwa 1 Stunde.
Wegvariante Etwa 150 Meter nach besagter Scheune zweigt ein mit Rotring markierter Weg ab. Diesem folgend gelangt man zur Schlötzmühle. Dort zunächst nach rechts, dann nach links schwenkend empor zur Höhe. Nach links auf ein Wäldchen zu und bis Wegkreuzung wandern. (Ab Schlötzmühle etwa 500 Meter). Hier nach links und über den *Pflasterberg* hinab nach *Wonsees*. Tourenlänge etwa 7 Kilometer, Wanderzeit etwa 2 Stunden.
Wissenswertes Urkundlich wurde Wonsees bereits 1108 erwähnt. Gotische Stadtpfarrkirche mit Epitaphien derer von Giech und von Guttenberg. Wappen der Bayreuther Markgrafen über dem Haupteingang.

In Wonsees wurde 1565 als Sohn eines Schuhmachers der spätere Professor Friedrich Taubmann geboren. Taubmann, gerne als der Fränkische Eulenspiegel bezeichnet, wirkte am kurfürstlichen Hofe zu Dresden. Seine Scherze und Anekdoten erschienen 1746 in Buchform. Zwei am Rathaus angebrachte Gedenktafeln erinnern an den »größten Dichter seiner Zeit«.

Krögelstein ist weniger bekannt als Tüchersfeld, wird aber genauso genannt, nämlich Felsendorf. Mit Recht, denn eng an die Felsen geschmiegt, manchmal direkt in diese hineingebaut, liegen die Häuser des kleinen Ortes, dessen Wahrzeichen der »Alte Fritz«, ein eigentümlich geformter Fels, ist.
Tourenbeschreibung Auf der nach Kainach führenden Straße zum Ortsende und dort, wo beim Wegweiser die Straße eine Linkskurve macht, geradezu und auf Fahrweg bergan. Schließlich rechts ab und weiter aufwärts. Über einen Querweg und anschließend ebenen Weges über die Hochfläche. Bei Erreichen der Waldspitze

verlassen wir den markierten Weg, halten nach rechts und marschieren auf die Krögelsteiner Kirche zu. Hinab in und durch den Ort.

Ab der *Kaiserbachtalbrücke* dem Wegweiser »Fußweg nach Hollfeld« folgend, wird *Krögelstein* wieder verlassen. Mit Gelbkreuz zum Wald und durch diesen aufwärts. Bei der Weggabel nach rechts und weiter bergan. Dann geht es über Feldflur bis zu einer Feldscheune. (Von hier schöner Blick auf Sanspareil und Burg Zwernitz; Abzweig nach Wonsees.) Nach rechts wenden (nach 150 m Abzweig zur Schlötzmühle) und über freie Flur, Wald und wieder Flur, schließlich steil hinab nach *Kainach.*

In Kainach auf der Dorfstraße nach rechts bis zu einer Pumpe. Hier nach links abbiegen und bis zur öffentlichen Viehwaage ge-

hen. Wieder links abbiegen und steil ansteigend aus dem Ort (bei Wegteilung links halten).

Über freies Feld (mit schönem Blick zur Burg Zwernitz) zum Wald. In diesem etwa 300 m dahin bis zu einer Lichtune mit Wegkreuzung.

Hier, wo der markierte Weg nach rechts abknickt, biegen wir nach links ab und wandern auf nicht markiertem Weg bis zu einem Querweg, wo wir auf die Markierung Rotring treffen.

Mit der Markierung nach links bis Wegkreuzung gehen. Hier rechts ab und ohne Markierung über den *Pflasterberg* hinab und zurück nach *Wonsees.*

Zu Tour 10 **Sanspareil, Burg Zwernitz**   (Foto: Ulrich Schnabel, Archiv DWV)

10 Sanspareil – Zedersitz – Krögelstein – Wacholdertal – Sanspareil

Verkehrsmöglichkeiten Busverbindung bis Wonsees. Siehe Wanderung Nr. 9.

Parkmöglichkeiten Wanderparkplatz am südlichen Teil des Felsenhaines.

Wegmarkierungen Grünstrich waagerecht bis Krögelstein. Rotkreuz bis Wonsees. Wacholdertalweg (markiert mit stilisiertem Wacholderstrauch) zurück nach Sanspareil.

Tourenlänge Etwa 12 km.

Wanderzeit Etwa 3½ Stunden.

Höhenunterschiede Insgesamt etwa 140 m.

Wanderkarte 1:50 000 Fritsch Wanderkarte Nr. 65.

Wissenswertes Das auf einer Hochfläche liegende Dorf Sanspareil (zu deutsch: »Ohne gleichen«) trug, ebenso wie die auf einem Fels über dem Ort stehende Burg, den Namen Zwernitz.

Auf Geheiß des Markgrafen von Bayreuth erfolgte die Umbenennung. Der Grund dafür war der erste Landschaftsgarten

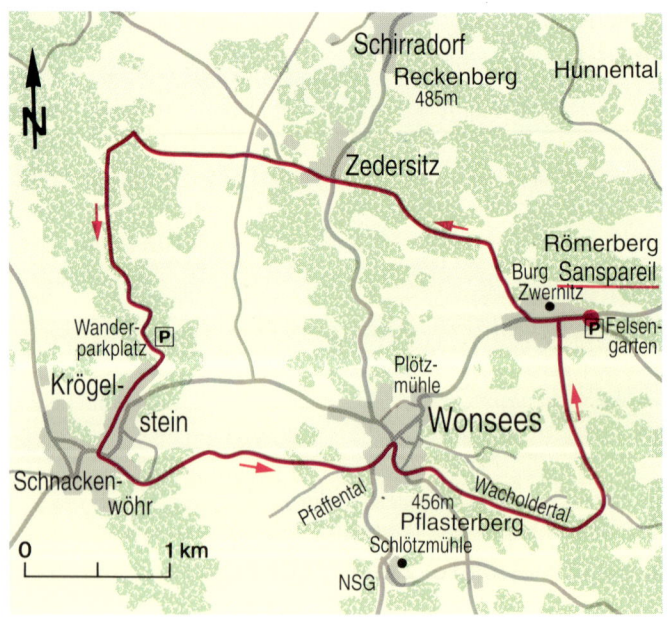

Deutschlands, der um diese Zeit (1744–48) auf Wunsch und nach Plänen der Bayreuther Markgräfin Wilhelmine hier angelegt wurde. Dieser markgräfliche Lusthain mit Naturtheater, Eremitagen, Statuen, Tempeln und Grotten ist heute noch zum Teil erhalten, eine Besichtigung empfehlenswert.

Burg Zwernitz wurde von den Walpoten von Zwernitz erbaut und wechselte im Laufe ihrer Geschichte mehrmals den Besitzer. 1553 wurde die Burg zerstört. 1634 (während des Dreißigjährigen Krieges) in Brand gesteckt. Immer wieder aufgebaut, ist sie teilweise heute noch bewohnbar. Vom Bergfried weite Rundsicht.

Krögelstein siehe Wanderung Nr. 9.

Tourenbeschreibung Vom Parkplatz in den Ort und auf der Straße in Richtung Wonsees. Kurz vor dem Ortsende (linker Hand Pumpe) rechts ab, aus dem Ort und zunächst über freie Flur bis Wegspinne. Hier halbrechts zum Wald. Bei der Wegkreuzung nach links und durch Mischwald hinab nach *Zedersitz*.

Über die Brücke, ein paar Schritte nach rechts, beim Wegweiser »Feulersdorf« links ab und aufwärts zum Ortsende. Auf Sträßchen zunächst weiter bergan, dann in etwa eben weiter.

Nach etwa 800 Metern ab Ortsende, bei der großen Linde, links ab. Auf befestigtem Feldweg entlang, über einen Querweg, in den nächsten nach links abzweigenden Weg einbiegen und hinüber zum Wald. Durch diesen geradewegs abwärts.

Im Talgrund nach links und auf der linken Talseite am Waldrand entlang, an der Felsformation *Kuhleitnerwand* vorbei, nach *Krögelstein*.

Durch den Ort und nach dem Kriegerdenkmal links ab ortsauswärts. Mit der Rotkreuz-Markierung zum Wald und durch diesen aufwärts. Bei der Weggabel geradeaus. Ab dem Waldende ebenen Weges über die Hochfläche, über einen Querweg und hinab nach *Wonsees*.

Nach links in den Ort, in die erste nach rechts abzweigende Straße einschwenken und geradewegs bis zum Ortsende laufen.

Hier treffen wir auf den mit einem stilisierten Wacholderbusch markierten *Wacholdertalweg*. Wir biegen nach links ab und wandern auf diesem Weg (linker Hand schöne Wacholderheide) leicht hangaufwärts. Wir kommen an einer Waldhütte vorbei und folgen halblinks dem Forststräßchen (zusätzlich markiert mit Blauring, Gelbpunkt und offenen roten Keil mit der Zahl 6) bergauf. Über eine Lichtung und weiter durch den Wald aufwärts bis Querweg. Auf diesem einige Schritte nach rechts, gleich wieder nach links und auf breiter Forststraße entlang, bis – achtgeben – der markierte Weg diese Forststraße nach rechts verläßt. Auf verwachsenem Weg durch einen Waldstreifen. Aus diesen tretend sehen wir bereits die Burg Zwernitz vor uns liegen. Geradewegs, zunächst talwärts, dann wieder ansteigend und zurück zu unserem Ausgangspunkt *Sanspareil*.

 ## 11 Neuhaus – Drosendorf – Wiesentfels – Holzmühle – Voitmannsdorf – Neuhaus

Verkehrsmöglichkeiten   Postbus Bamberg – Neuhaus – Hollfeld. Hollfeld – Bayreuth Bahnbus.
Parkmöglichkeiten   Ortsmitte.
Wegemarkierungen   Rotpunkt und ein kurzes Stück ohne Markierung bis Blaupunkt. Blaupunkt bis Wiesentfels. Grüner Ring bis Holzmühle. Blauer Ring bis Neuhaus.
Tourenlänge   Etwa 24 km.
Wanderzeit   Etwa 6–7 Stunden.
Wanderkarte   1 : 50 000 Fritsch Wanderkarte Nr. 65.
Höhenunterschiede   Insgesamt 160 m. Mäßig steile An- und Abstiege.
Anmerkung   Bei dieser Wanderung geht es das Aufseßtal entlang bis Drosendorf. Dann, kaum einem Menschen begegnend, hinüber ins Wiesenttal und auf ebenso einsamen Wegen wieder zurück nach Neuhaus.
Wissenswertes   Die auf einem 40 m hohen Fels stehende Burg Wiesentfels zählt mit zu den großartigsten Burganlagen in der Fränkischen Schweiz. Der Zugang erfolgt von der Hochfläche aus, durch einen in Fachwerk ausgeführten Torturm.
Tourenbeschreibung   Von *Neuhaus* mit Rotpunkt, an Sachsendorf vorbei, auf gut markiertem Weg durch das *Aufseßtal* nach *Drosendorf*. Dort geht es zunächst über die *Aufseß* und kurz danach über die *Hauptstraße* und bei der Wanderwegetafel nach halbrechts aufwärts zum Ortsende.

Auf Fahrweg weiter bergan. Nach etwa 1200 Metern biegen wir nach rechts ab und gehen auf Feldweg bis zur Straße Hollfeld – Königsfeld. Auf dieser ein kurzes Stück nach links, dann rechts ab und auf Forststraße etwa 1700 Meter durch den Wald und schließlich, achtgeben, rechts ab.

Nach etwa 800 Metern kommen wir an eine Wegkreuzung, wo der Rotpunktweg nach rechts abzweigt.

Wir wandern jedoch in bisheriger Richtung weiter und treffen alsbald, wiederum an einer Wegkreuzung, auf die Markierung Blaupunkt. – Dieser Markierung folgen wir nach links und wandern, vorbei an der Abzweigung nach Loch, letztlich durch einen

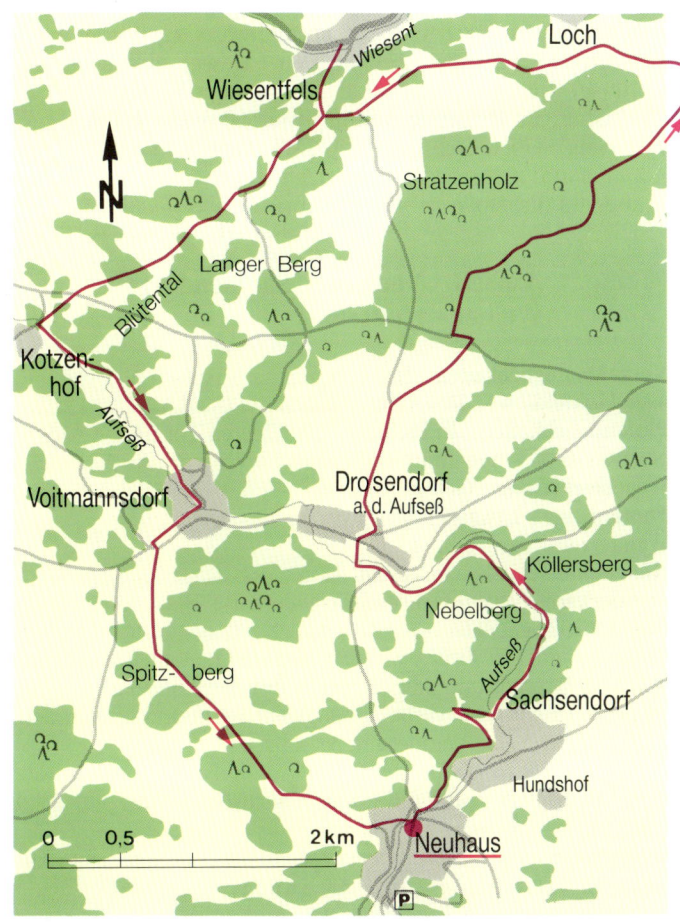

Hohlweg und hinab nach *Wiesentfels*. (Schloß Wiesentfels, 1333 erstmals genannt und seit dieser Zeit, bis zum Jahre 1938 [Tod des letzten Grafen von Giech] Eigentum und Wohnsitz derer von Giech.)

Auf dem Herweg zurück bis Wegdreieck, nach halbrechts und auf mit Grünring gut markierter Route, wechselnd durch Wald und Flur, wieder bis zur Straße Königsfeld – Hollfeld. Die Straße queren und geradewegs weiter bis Straßendreieck bei der *Holzmühle*, wo wir auf die Markierung Blauring treffen.

Wir schwenken nach links und bummeln auf bequemem Weg durch das *Aufseßtal* nach *Voitmannsdorf*.

Nach rechts durch den Ort und aufwärts zur Straße nach Leibarös. Gleich nach links in den Feldweg einbiegen und weiter in Richtung Waldspitze. Dort bei der Wegkreuzung in der bisherigen Richtung weiter. Etwa 500 m (nach der Wege-kreuzung) gabelt sich der Weg. Den nach links abgehenden nehmen und mehrere Wege kreuzend (aber ohne abzubiegen) immer auf diesem Weg bleibend zurück nach *Neuhaus.*

12 Aufseß – Neuhaus – Sachsendorf – Weiher – Hollfeld

Verkehrsmöglichkeiten Bus von und nach Aufseß und von und nach Hollfeld.
Parkmöglichkeiten In Hollfeld beim Oberen Tor und in Aufseß beim Gasthof Sonnenbräu Rothenbach.
Wegemarkierung Gelbes Kreuz.
Tourenlänge Etwa 12 km.
Wanderzeit Etwa 3 Stunden.
Höhenunterschiede Insgesamt 40 m.
Wanderkarte 1:50000 Fritsch Wanderkarte Blatt 65; 1:50000 Blatt L 6132 Scheßlitz.
Anmerkung Der Aufseßtalweg beginnt in Doos am Zusammen-fluß von Wiesent und Aufseß, und führt das Aufseßtal entlang, an der Kuchenmühle vorbei, über Wüstenstein und Draisendorf nach Aufseß (Siehe Wanderung Nr. 25 u. 27).
Die hier vorgeschlagene Route folgt ab Aufseß diesem Talweg weiter flußaufwärts und führt, hinter Sachsendorf das Aufseßtal verlassend, hinüber nach Hollfeld.
Wissenswertes Das Pfarrdorf Aufseß ist der Hauptort des gleich-namigen Tales und seit rund 800 Jahren Stammsitz der heute noch hier seßhaften Freiherren von und zu Aufseß. Als erster Träger dieses Namens wird bereits 1114 ein »Herold de Ufsaze« genannt. 50 Burgen und Schlösser sowie 43 Ortschaften gehörten einst zum Herrschaftsbereich dieses Adelsgeschlechts.
Das, wie fast alle Burgen in der Fränkischen Schweiz, auf einem Felsen hoch über dem Tal stehende Schloß Aufseß (Unteraufseß) stammt in seiner heutigen Form zum größten Teil aus dem 17. Jahrhundert. Nur der Rabenturm, mit seinem 2 m dicken Quadermauerwerk, und das sogenannte Meingozhaus sind älter (12. Jahrhundert).
Im Meingozhaus hatte Hans von Aufseß, der Gründer des Germanischen Nationalmuseums zu Nürnberg, sein bis heute bewahrtes, holzvertäfeltes Studierzimmer. (Sein Grabdenkmal

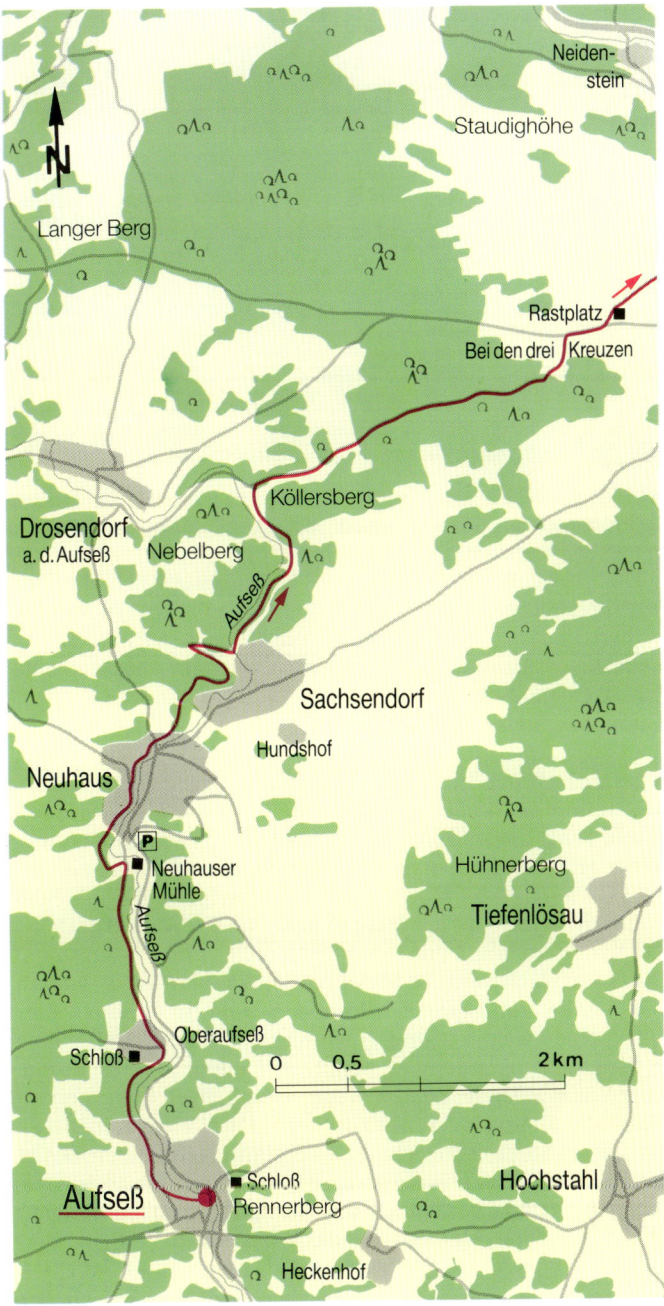

befindet sich an der Außenseite der im Schloßhof stehenden,
barocken Pfarrkirche).

Die wertvolle Altertümer und Kunstschätze beherbergen-
den Innenräume des Hauptschlosses können besichtigt werden.

Etwa 1 km nördlich liegt inmitten eines schönen Parks, das am
Ende des 17. Jahrhunderts von Carl Heinrich von Aufseß erbaute
Schloß Oberaufseß.

Tourenbeschreibung   Auf der Straße in Richtung Hollfeld. Dann
über die Obere Brücke und links der Aufseß talaufwärts, an der
Neuhauser Mühle vorbei, bis *Neuhaus.* Über die nach Drosendorf führende Straße und weiter bis in den Wald. Diesen in
einem Linksbogen durchqueren bis man auf einem Querweg
stößt. Hier nach rechts abbiegen und über die Aufseß. Bei
Sachsendorf nach links in einen Waldwirtschaftsweg einbiegen
und weiter (jetzt auf der rechten Seite) an der Aufseß entlang.
Kurz vor dem Waldende scharf nach rechts und das Aufseßtal
verlassen. Nach etwa 200 Meter nach links abbiegen und durch
eine Mulde zum gegenüberliegenden Wald. In diesem weiter
bis zu einer Wegkreuzung. Nach rechts abbiegen und – ohne
irgendeine Abzweigung zu benutzen – durch den Hochwald.
Kurz vor Waldende, bei der Weggabelung, nach links aus den
Wald und durch eine Senke zur Straße (Hollfeld – Könisfeld).
Ein kurzes Stück nach rechts zu zwei stattlichen Linden. (Es ist
der Platz *»Bei den drei Kreuzen«,* obwohl nur noch zwei abge-
brochene Kreuze vorhanden sind. Rastplatz. Von hier schöner
Blick auf Weiher, Hollfeld und das Wiesenttal).

56

Zu Tour 7, 8, 12 **Hollfeld, Katholische Pfarrkirche Mariä Himmelfahrt**
(Foto: Ulrich Schnabel, Archiv DWV)

Jenseits der Straße durch die Felder abwärts nach *Weiher.*
Am dortigem Schloß vorbei (über dem Portal das Wappen
derer von Aufseß) und über die Straße »Am Weiherer Weg«
nach *Hollfeld.*

13 Aufseß – Oberaufseß – Hugoturm – Pavillon – Burg Greifenstein – Heiligenstadt – Neudorf – Aufseß

Verkehrsmöglichkeiten Postbus Bamberg – Aufseß – Hollfeld.
Bahnbus Hollfeld – Bayreuth.
Parkmöglichkeiten Beim Gasthaus Rothenbach (Sonnenbräu).
Wegemarkierungen Gelbes Kreuz bis Oberaufseß. Diagonal ge-
teiltes Rechteck rot-weiß bis Greifenstein. Wegweiser und Gelber
Ring bis Heiligenstadt. Blaustrich waagerecht bis kurz hinter Neu-
dorf. Zunächst ohne Markierung, dann mit Gelbkreuz zurück nach
Aufseß.
Tourenlänge Etwa 15,5 km.
Wanderzeit Etwa 5 Stunden.
Höhenunterschiede Insgesamt 215 m. Kurzer steiler Anstieg zum
Schloß Oberaufseß. Steiler Abstieg von Schloß Greifenstein
(500 m) bis Heiligenstadt (367 m). Steiler Anstieg bis Neudorf
(477 m), mäßig steiler Abstieg nach Aufseß (397 m).
Wanderkarte 1 : 50 000 Fritsch Wanderkarte Blatt 65.
Wissenswertes Aufseß siehe Wanderung Nr. 12, Heiligenstadt
Nr. 15 und Burg Greifenstein Nr. 16.
Tourenbeschreibung Auf der Straße in Richtung Neuhaus, über
die Obere Brücke und links der Aufseß bis zur Straße nach Oberaufseß. Hier links abbiegen und zum Schloß hochsteigen. Dort
nach rechts abbiegen, durch die Lindenallee zum Wald und weiter
bis zum *Hugoturm* (Aussichtsturm aus dem Jahre 1870, heute nicht
mehr benutzbar.) Mehrfach die Richtung wechselnd (aber immer
dem diagonal geteiltem Rechteck rot-weiß folgend) durch den
Aufseser Wald. Ein kurzes Stück über freie Flur zum *Pavillon* und
durch die Lindenallee zur *Burg Greifenstein.* (Besichtigung möglich: Waffen- und Geweihsammlungen, Burgkapelle, 90 m tiefer
Brunnen, Bibliothek, Ahnensaal).
   Durch die 300jährige Lindenallee zurück und weiter bis zur
Straße (Aufseß – Neumühle – Heiligenstadt). Auf dieser etwa
100 m nach rechts, dann nach links (Wegweiser: Judenfriedhof-
Heiligenstadt) und auf Forststraße durch den Wald. Bei der Weg-
gabel noch ein kurzes Stück geradeaus. Bei Wegweiser: Juden-

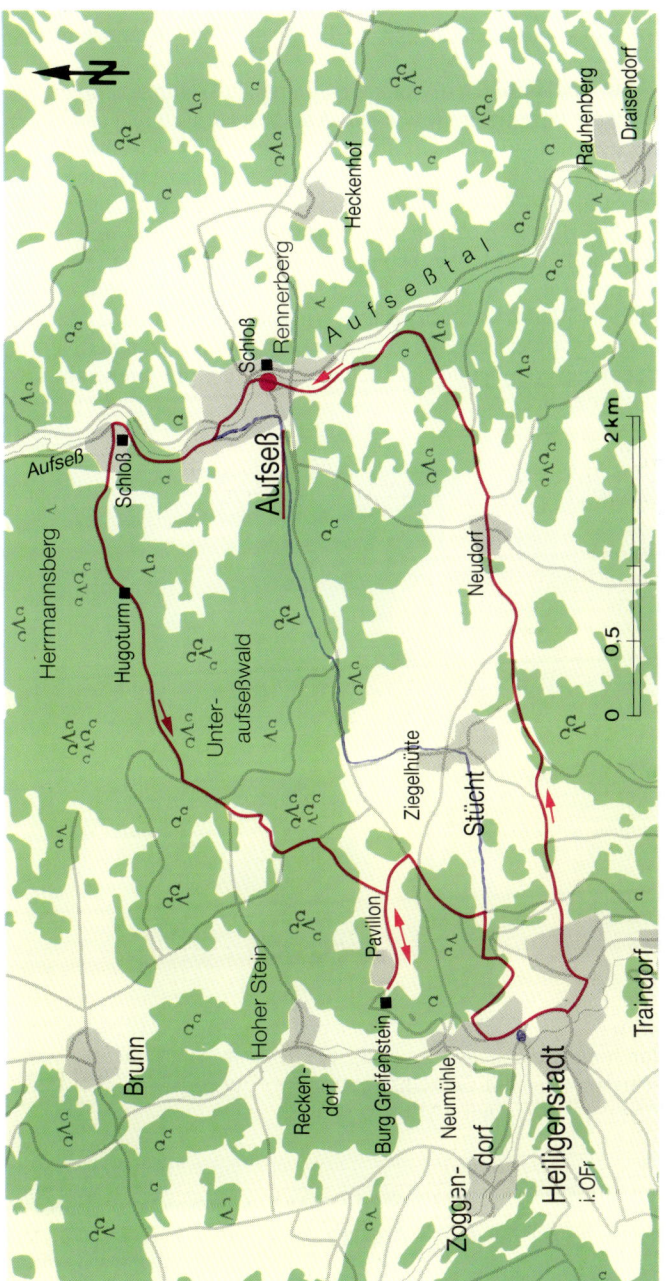

N

Draisendorf

Rauhenberg

Heckenhof

A u f s e ß t a l

Schloß

Rennerberg

Aufseß

Schloß

Aufseß

Neudorf

Hermannsberg

Hugoturm

Unter-
aufseßwald

Ziegelhütte

Stücht

0,5

2 km

0

Pavillon

Brunn

Hoher Stein

Recken-
dorf

Burg Greifenstein

Neumühle

dorf

Traindorf

Zoggen-
dorf

Heiligenstadt
i. OFr.

friedhof scharf rechts ab und auf Trampelpfad, noch einmal rechts-abbiegend, zum *Judenfriedhof.*

Auf Pfad durch den Wald bergab und am Waldrand entlang bis zu einem befestigten Sträßchen. Auf diesem (nach rechts schöner Blick zurück auf Burg Greifenstein) hinab nach *Heiligenstadt.*

Auf Straße in Richtung Traindorf gehen bis nach links die Straße *Steinweg* zum Pavillon (Wegweiser) abzweigt, rechtshaltend den *Stüchter Berg* steil bergan. Mit Blaustrich aus dem Ort, weiter zum Wald und bis zur Höhe. Dann in etwa eben bis *Neudorf.*

Geradewegs durch den Ort. Etwa 200 Meter nach Neudorf ver-läßt uns Blaustrich nach rechts. Wir gehen, – jetzt ohne Markie-rung –, geradeaus weiter. Nach etwa 5 Minuten kommen wir an eine Wegverzweigung und nehmen hier den mittleren, abwärts führenden Weg.

Zu Tour 7, 8, 12 **Hollfeld, St. Gangolf-Turm**
(Foto: Fremdenverkehrsamt Hollfeld)

Aufseß: Kirche
Schloß
Katelsbräu (Heckenhof)

Nach weiteren 5 Minuten (10 Minuten ab Neudorf) endet der Fahrweg und wir treffen auf die Markierung des Main-Donau-Weges sowie auf das uns bereits vom Wanderbeginn her vertraute Gelbe Kreuz.

Einen Waldpfad folgend geht es weiter talwärts, an einem Rastplatz (Felsgruppe) vorbei und im leichten Auf und Ab bis zum Waldende.

Vorbei an dem Teichwirtschaftlichen Beispielsbetrieb des Bezirks Oberfranken und zu den ersten Häusern von *Aufseß*. Auf der Straße *Unterer Schloßberg* zurück zum Ausgangspunkt.

14 Heiligenstadt – Zoggendorf – Burggrub – Oberleinleiter – Heroldsmühle – Leinleiterquelle – Hohenpölz – Kreuzfelsen – Heiligenstadt

Verkehrsmöglichkeiten Bahnbus Forchheim – Ebermannstadt – Heiligenstadt. Postbus Bamberg – Heiligenstadt – Hollfeld. Bahnbus Hollfeld – Bayreuth.

Parkmöglichkeiten Am Marktplatz.

Wegemarkierungen Gelbstrich bis kurz vor Hohenpölz. Ohne Markierung bis Hohenpölz und Kapelle. Grüner Ring, diagonal geteiltes Rechteck rot-weiß, Rotring und Gelbstrich bis Heiligenstadt.

Tourenlänge Etwa 15,5 km.

Wanderzeit Etwa 5 Stunden.

Höhenunterschiede Insgesamt 260 m. Mäßig steiler Anstieg aus dem Trockental (400 m) bis Hohenpölz (509 m) und von der Heroldsmühle (400 m) bis Kreuzfelsen (525 m). Mäßig steil vom Kreuzfelsen (525 m) bis Heiligenstadt (367 m).

Wanderkarte 1:50 000 Fritsch Wanderkarte Blatt 65.

Abkürzung Von der Leinleiterquelle wieder zurück zur Heroldsmühle und dem Wegweiser: Brunn – Hohenpölz folgend, hinauf zur Straße. Auf dieser etwa 200 Meter nach links und weiter wie bei Haupttour beschrieben. Tourenlänge etwa 11 km, Wanderzeit etwa 3½ Stunden.

Variante Autofahrer können bis zur Heroldsmühle fahren, von dort zur Leinleiterquelle laufen, durch das Trockental und hinauf nach Hohenpölz marschieren.

Nach rechts aus dem Ort und zu einer kleinen Kapelle. Erneut nach rechts, nach etwa 200 Metern links ab und dem Verlauf eines

Fahrweges folgend, mit Grünring durch den Wald, bis zur Straße (Oberleinleiter – Brunn). Rechts ab und hinab zur Heroldsmühle. Weglänge etwa 6 km, Wanderzeit etwa 1½ Stunden.

Wissenswertes An der Giebelwand der Heroldsmühle hängt das größte eiserne Mühlrad der Fränkischen Schweiz (7 m Durchmesser). Etwa 500 Meter oberhalb der Heroldsmühle, am Beginn des Trockentales, die Leinleiterquelle. Im Tal selbst einige periodisch auftretende Quellen, sogenannte »Tummler«, auch »Hungerbrunnen« genannt, Erdlöcher mit ausgewaschenem Gestein, aus denen nach starken Regenperioden das Wasser (bis zu 5 Meter hoch) emporschießt.

Tourenbeschreibung Über die Bogenbrücke gehen, nach rechts in die Mühlenstraße einbiegen und bis an deren Ende marschieren. Dann linker Hand ein paar Treppen empor und auf schmalem Pfad wieder abwärts. (Nach rechts Blick zum Schloß Greifenstein). Auf einem Trampelpfad quer über eine Wiese und jenseits auf breitem Weg nach *Zoggendorf*.

Durch den Ort bis zu einer Querstraße. Links abbiegen und nach etwa 100 Metern, beim letzten Haus (Nr. 2) nach rechts schwenken. Auf Bauernsträßchen weiter. Bei der Weggabel geradeaus und bei der folgenden Wegteilung halblinks halten und weiter zum Wald. Dort auf Feldweg nach rechts abbiegen und am Waldrand entlang weiter wandernd bis *Burggrub*.

Durch den Ort und auf einem Feldweg oberhalb der Leinleiter bis *Oberleinleiter*. Hier bis zum Kriegerdenkmal an der Hauptstraße gehen. Nach links abbiegen und das langgestreckte Dorf durchwandern.

Bei der Straßenteilung am Ortsende halbrechts die Straße hoch. Nach etwa 50 Metern nach links abzweigen, über eine Wiese und an der Leinleiter entlang zur *Heroldsmühle* (heute Ausflugsgaststätte, Einkehrmöglichkeit).

Am großen Mühlrad rechts vorbei und weiter zur *Leinleiterquelle*. Jetzt entweder wieder zurück zur Heroldsmühle (siehe Abkürzung) oder in dem stillen, einmalig schönen Trockental weiter.
Am Ende des Trockentales zweigt Gelbstrich nach links ab. Wir bleiben auf dem geteerten Sträßchen und wandern, – jetzt ohne Markierung –, geradewegs hinauf nach *Hohenpölz*.

Nach rechts aus dem Ort und zu einer kleinen Kapelle. Hier erneut nach rechts, nach etwa 200 Metern links ab und dem Verlauf eines Fahrweges folgend, mit Grünring durch den Wald, bis zur Straße (Brunn – Oberleinleiter).

Auf der Straße etwa 200 Meter nach links, dann rechts ab und, – gemeinsam mit dem diagonal geteilten Rechteck rot-weiß –, hinauf zum Wald. Auf gut markiertem Weg zum *Kreuzfelsen,* mit schönem Tiefblick ins Leinleitertal.

Auf schmalem Waldpfad weiter zu einem weiteren Aussichtspunkt (Felskanzel). Auf wieder etwas breiterem Weg durch den Wald. Dann am Waldrand entlang weiter bis zu einem geteerten Weg. Auf diesem, dem rot-weißen Rechteck folgend, hinab bis oberhalb von Burggrub, wo wir auf das Wegzeichen Rotring treffen. Wir biegen mit diesem nach links ab und wandern bis an eine Wegkreuzung (1½ km).

Hier rechts ab und steil hinab nach *Zoggendorf*. Über die Leinleiter und nach links abbiegend auf schon bekanntem Weg zurück
nach *Heiligenstadt*.

15 Heiligenstadt – Altenberg – Schweden-felsen – Burggrub – Heiligenstadt

Verkehrsmöglichkeiten   Siehe Wanderung Nr. 14.
Parkmöglichkeiten   Am Marktplatz.
Wegemarkierungen   Roter Ring und Hinweisschilder.
Tourenlänge   Etwa 10 km.
Wanderzeit   2½–3 Stunden.
Höhenunterschiede   Insgesamt 258 m. Mäßig steiler Anstieg von
Heiligenstadt (367 m) bis zum Altenberg (583 m). Sehr steiler Ab-
stieg vom Altenberg (583 m) bis Burggrub (378 m).
Wanderkarte   1:50000 Fritsch Wanderkarte Blatt 65.
Anmerkung   Ab Burggrub wie beschrieben zurück oder aber be-
quemer, in Burggrub rechts abbiegen und auf dem Talweg (Mar-
kierung Gelbstrich waagerecht und MD-Main-Donau-Weg) nach
Heiligenstadt. Etwa 30 Minuten kürzere Wanderzeit.
Wissenswertes   In Heiligenstadt, einem alten Städtchen mit schö-
nen Fachwerkhäusern, beginnt das obere Leinleitertal. Hoch über
Heiligenstadt die Burg Greifenstein.

Fliegenpilz   (Foto: Christina Garstecki)

Tourenbeschreibung Über die Bogenbrücke und den Pfarrberg aufwärts. Vorbei an Schule, Sportplatz und Sportlerheim und auf Feldweg zum Wald.

Zunächst auf etwas breiterem, dann etwa 200 Meter auf schmalem Pfad durch den Wald bis zu einem wieder breiterem Waldweg. Auf diesem nach links aufwärts. Nach etwa 200 Metern teilt sich der Weg. Jetzt nach halbrechts und nach wenigen Metern scharf rechts auf einen Waldweg und auf diesem etwa 300 Meter entlang. Dann nach links und ein kurzes Stück steil aufwärts zu einem anderen Waldweg. Nach rechts und diesen Weg entlang bis dieser auf eine schöne Forststraße trifft. Nach links abbiegen (Wegweiser Schwedenfelsen – Burggrub) immer auf dieser Forststraße bleibend, in etwa 20 Minuten (fast gerade) zur Höhe des *Altenberges*.

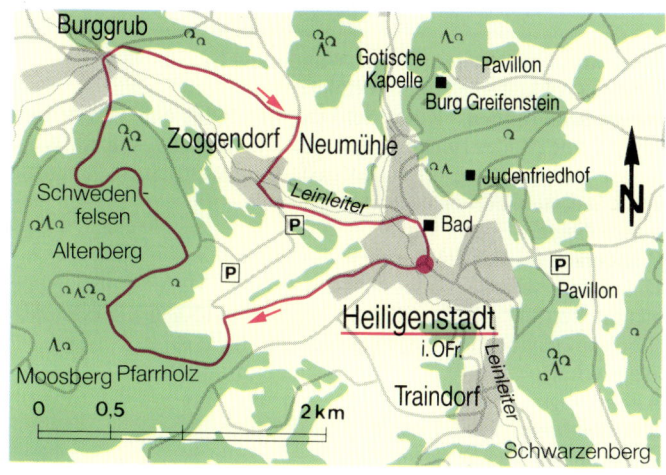

Hier stößt man auf die Markierung diagonal geteiltes Rechteck rot-weiß und biegt nach rechts ab. Zunächst geht es in etwa eben dahin, dann auf schmalem Pfad sehr steil hinab, vorbei an Felsgruppen und teilweise hindurch *(Schwedenfelsen)* bis zu einer Forststraße.

Auf dieser nach rechts bis zu einem Wegabzweig. Hier nach links auf einen Waldweg und (eine Forststraße querend) geradeaus hinab nach *Burggrub*. (Viele schöne Fachwerkhäuser. Dorfschmiede aus dem Jahre 1714. – Nach rechts ab = Talweg nach Heiligenstadt).

In Burggrub über die Leinleiter, beim Gasthaus Hösch (schöner Fachwerkbau) nach rechts und vor dem Ortsausgangsschild nach links und auf geteertem Weg etwa 500 m bergauf.

Dann nach rechts auf einen Feldweg einschwenken und auf diesem weiter bis ein (wiederum geteerter) Querweg erreicht wird. Auf diesem nach rechts abwärts bis zur Wegkreuzung. Jetzt nach links und auf eine Kieferngruppe zumarschieren (schöner Blick zum Schloß Greifenstein).

Nach diesem kleinen Wäldchen nach rechts abbiegen, über Felder und schließlich im Linksbogen hangabwärts zur Straßenkreuzung bei *Heiligenstadt.*

16 Heiligenstadt – Neumühle – Schloß Greifenstein – Judenfriedhof – Pavillon – Heiligenstadt

Verkehrsmöglichkeiten Siehe Wanderung Nr. 14.
Parkmöglichkeiten Am Marktplatz.
Wegemarkierungen Roter Senkrechtstrich bis Schloß Greifenstein. Ohne Markierung bis zur Straße Neumühle – Aufseß, Wegweiser und Gelbring bis Judenfriedhof. Grünstrich bis Gelbring und mit diesem zurück nach Heiligenstadt.
Tourenlänge Etwa 7 km.
Wanderzeit Etwa 2½ Stunden.
Höhenunterschiede Insgesamt etwa 160 m. Steiler Aufstieg von Neumühle (367 m) zum Schloß Greifenstein (500 m). Steiler Abstieg vom Pavillon (484 m) nach Heiligenstadt (367 m).
Wanderkarte 1:50 000 Fritsch Wanderkarte Blatt 65.
Abkürzungsmöglichkeiten Vom Judenfriedhof mit Gelbring direkt hinab nach Heiligenstadt. Tourenlänge etwa 5 km, Wanderzeit etwa 1½ bis 2 Stunden.
Wissenswertes Schloß Greifenstein zählt zu den wohl eindrucksvollsten Burgen der Fränkischen Schweiz. Im 12. Jahrhundert Schlüsselbergischer Besitz. Wurde im Bauernkrieg zerstört und später wieder aufgebaut. Im 19. Jahrhundert durchgreifende bauliche Veränderungen durch Fürstbischof Marquart Schenk von Stauffenberg. Die heute noch hier ansässige Familie Schenk von Stauffenberg ist seit 1691 Besitzerin des Schlosses. Greifenstein kann besichtigt werden.
Tourenbeschreibung Die Hauptstraße in nördlicher Richtung entlang, in die Greifensteinstraße einbiegen und bergauf. Vorbei an der St.-Paul-Kirche und hinab zur *Neumühle* (Gasthaus). Im Mischwald steil hoch zum *Schloß Greifenstein* (Besichtigung).

Von *Schloß* Greifenstein durch die alte Lindenallee und weiter bis zur Straße (Aufseß – Neumühle – Heiligenstadt). Auf dieser

Zu Tour 16 **Schloß Greifenstein**   (Foto: Ulrich Schnabel, Archiv DWV)

nach rechts abbiegen und nach etwa 100 Metern nach links in einen Feldweg (Wegweiser: Judenfriedhof – Heiligenstadt). Auf Forststraße durch den Wald. Bei der Weggabel noch ein kurzes Stück geradezu und beim Wegweiser: Judenfriedhof mit der Markierung Gelber Ring scharf rechts ab. Auf Trampelpfad am Waldrand entlang, erneut nach rechts und zum *Judenfriedhof.*

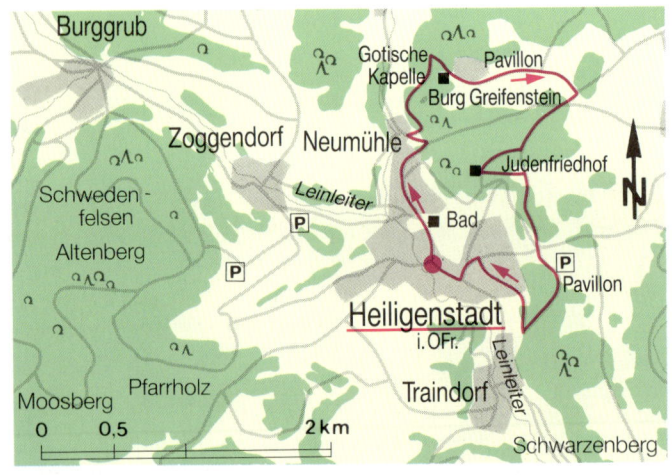

Weiter durch den Wald bergab, bis wir auf die Markierung Grünstrich treffen. Mit dieser biegen wir links ab. (Abkürzung = mit Gelbring nach links). Es geht durch den Wald, am Wald entlang und schließlich hohlwegartig bergauf bis an ein Wegdreieck. Hier treffen wir wieder auf die Markierung Gelbring, welcher wir nach rechts folgen. Ein Stück durch den Wald, über die nach Neudorf führende Straße und weiter, an einem Parkplatz, Kinderspielplatz und Unterstellhütte vorbei, zum *Pavillon.*

Nach Blick ins Leinleitertal mit Gelbring steil durch den Wald bergab, nach rechts und zum Waldende. Durch ein Neubauviertel, nach links die Treppen abwärts, weiter zur Hauptstraße, rechts ab und zurück zum Ausgangspunkt.

17 **Heiligenstadt – Grotte – Eschlipp – Flugplatz Niedermirsberger Höhe – Lange Meile – Retterner Kanzel – Forchheim**

Verkehrsmöglichkeiten   Bahn bis Forchheim, Bus bis Heiligenstadt.
Parkmöglichkeiten   Am Bahnhof Forchheim.
Wegemarkierungen   Roter Punkt auf weißem Grund (teilweise auch noch alte Weiß-Rot-Weiße-Strichmarkierung) bis kurz vor Retterner Kanzel. Diagonal geteiltes Rechteck rot-weiß bis Forchheim.
Tourenlänge   Etwa 22 km.
Wanderzeit   6–7 Stunden.
Höhenunterschiede   Insgesamt etwa 133 m. Steiler Anstieg von Heiligenstadt (367 m) auf etwa 500 m. Dann immer in etwa gleicher Höhe dahin. Steiler Abstieg Retterner Kanzel (507 m) bis zur Straße (395 m).
Wanderkarten   1:50000 Fritsch Wanderkarte Blatt 53 und 65; Kompass Wanderkarte Blatt 171.
Anmerkung   Dieser vom DAV (Deutscher Alpenverein) angelegte Wanderweg führt über die Mirsberger Höhe und die Lange Meile, immer in etwa 500 m Höhe von Heiligenstadt bis Forchheim. Als einzige Ortschaft wird (weil ein Steinbruchgelände umgangen werden muß) Eschlipp berührt.
Tourenbeschreibung   Vom Marktplatz in Heiligenstadt über die Leinleiterbrücke und an der Kirche vorbei den Pfarrberg aufwärts. Halblinks in die Industriestraße einbiegen und weiter, ziemlich steil, empor bis zur nach Kaltenegollsfeld führenden Straße. Auf dieser kaum befahrenen Straße, etwa 2 km dahin. Dann biegt nach links (Schild) ein Forstweg ab. Es geht durch Wald (aber immer wieder links und rechts des Weges Felder), dann ein längeres Stück durch Felder (rechts am Weg Hecken) bis zu einem Querweg. Diesem nach rechts folgend, erreicht man nach etwa 100 m eine Wegkreuzung (Wegweiser Dürrbrunn-Kaltenegollsfeld. Unser Wegzeichen am alten verwitterten Grenzstein auf der Kreuzung). Es geht geradeaus weiter bis zu einer Wegverzweigung. Hier in bisheriger Richtung weitergehen. Auf breiter Forststraße (ohne irgendeine Abzweigung zu beachten) geht es dahin. Die *Grotte* wird erreicht. (Eine Marienstatue in einer aus Feldsteinen erbauten Grotte). Kurz nach der Grotte fällt der Weg ein kurzes Stück leicht ab, verläßt den Wald und zieht hinüber zur Straße Ebermannstadt – Drügendorf. Ein großer Steinbruch versperrt den Weiterweg.

Also heißt es nach links abbiegen und auf der Straße etwa 350 Meter entlang marschieren. Dann nach rechts in einen Feldweg und auf diesem bis in den kleinen Ort *Eschlipp*.

Den Ort gleich wieder nach rechts gehend verlassen. Vorbei an einer Kapelle, dann am Steinbruch entlang bis zu einer Wegkreuzung (umgestürztes Feldkreuz). Hier den zweiten nach links abgehenden, verwachsenen und in den Wald führenden Weg nehmen. Der Stromleitung entlang bis zum *Flugplatz* auf der *Mirsberger Höhe*. (Auf diesem Flugplatz ist die Fränkische Fliegerschule beheimatet. Ausbildung in Segel- und Motorflug. Rundflüge möglich. Restaurant, Einkehrmöglichkeit.)

Vorbei an den Flugplatzgebäuden (nach rechts schöner Tiefblick auf Drosendorf, das Eggerbachtal und ins Bamberger Land) und am Besucherparkplatz entlang zum Wohnwagenplatz. Dort Wegteilung. Halbrechts abbiegen, etwa 50 m gehen und wieder halbrechts ab. Wenige Schritte durch den Wald, über ein Feld und wieder im Wald weiter. Der Weg zieht nun eben und fast gerade dahin (links Wald, rechts meist Niederwald oder Sträucher, dahinter fällt das Gelände ab) bis ein Marterl und eine Überlandleitung erreicht werden. Nach links abbiegen und immer der Stromleitung folgend über eine große Waldschneiße. Mit Markierung diagonal geteiltes Rechteck rotweiß halbrechts schwenken. Bis zu einer Wegekreuzung gehen.

Zu Tour 17, 46 **Forchheim, Grünanlage an der Stadtmauer**
(Foto: Ulrich Schnabel, Archiv DWV)

Drosendorf

Flugplatz

Weigelshofen

Eichenbühl

Lange Meile

Rotenberg

Kauernhofen

Högelstein

0   0,5   2 km

Rettern

Schützen-   berg

Oberndorf

Ober-

Retterner Kanzel

Weilersbach

Bammersdorf

Jägersburg

Ehrlersheim

Unter-

Örtlberg

Auerberg

Serlbach

470

Wiesent

Forchheim

Dort halblinks abbiegen und vornehmlich durch Buchen-Niedewald weiter bis zur *Retterner Kanzel.* (schöner Ausblick).

Steil geht es nun im Wald abwärts bis zur Straße. Etwa 25 m nach rechts, dann die Straße überqueren und wieder in den Wald. Durch diesen bis man auf eine gut ausgebaute, querlaufende Forststraße (Schild: Josef-Letsch-Straße) stößt. Auf dieser Straße etwa 20 m nach rechts und gleich wieder links. Zunächst ein Stück am Waldrand entlang, dann durch den Forst bis zum Parkplatz *Waldlehrpfad Auerberg.* Noch etwa 500 m auf der Forststraße in der bisherigen Richtung dahin. Dann nach rechts gehen und einen Holzabfuhrweg hinab. Quer durch den Wald bis zu der von der Jägersburg kommenden Straße. Auf dieser (links der Straße Fußweg) bis *Forchheim.*

Zu Tour 17, 46 **Forchheim, Rathaus**   (Foto: Ulrich Schnabel, Archiv DWV)

73

18 Waldlehrpfad Veilbronn

Verkehrsmöglichkeiten Bahnbus Forchheim – Ebermannstadt – Veilbronn – Heiligenstadt.
Parkmöglichkeiten Parkplatz am Ortseingang.
Wegemarkierung Stilisierter Pavillon.
Tourenlänge 3,6 km.
Wanderzeit Etwa 1½ Stunden.
Höhenunterschiede Insgesamt etwa 70 m. Mäßig steiler Anstieg von Veilbronn (350 m) bis Pavillon (420 m). Mäßig steil hinab nach Veilbronn.
Wanderkarten 1:50000 Fritsch Wanderkarte Blatt 53; Kompass Wanderkarte Blatt 171.
Tourenbeschreibung Wir gehen vom Parkplatz in den Ort. Biegen bei den beiden Gasthöfen nach rechts ab. Vorbei am Kriegerdenkmal gelangt man in das enge Leidingshofer Tal und in einen, von Felsen gerahmten Talkessel (mit Schutzhütte und Rastplatz, siehe auch Wanderung Nr. 22). Kurz danach auf schmalem Pfad aus dem Tal zur Höhe. Nach rechts wenden und am Waldrand weiter. Über ein Fahrsträßchen und weiter bis zum Pavillon (schöner Blick auf Veilbronn und ins Leinleitertal). Vom Pavillon Abstieg nach Veilbronn. Unterwegs an Bäumen und vor Sträuchern zahlreiche Tafeln mit erklärenden und aufschlußreichen Informationen.

19 **Unterleinleiter – Rote Marter –
Botzenberger Linde – Dürrbrunn –
Unterleinleiter**

Verkehrsmöglichkeiten Bahnbus Forchheim – Ebermannstadt –
Unterleinleiter – Heiligenstadt.
Parkmöglichkeiten Beim Gemeindeamt.
Wegemarkierungen Grüne Raute bis Rote Marter. Grünstrich
senkrecht bis Linde. Dann diagonal geteiltes Rechteck rot-weiß bis
Dürrbrunn. Mit grünem Kreuz von Dürrbrunn nach Unterleinleiter.
Tourenlänge Etwa 11 km.
Wanderzeit Etwa 3½ Stunden.
Höhenunterschiede Insgesamt 215 m. Mäßig steiler Anstieg von
Unterleinleiter (320 m) bis Rote Marter (465 m). Mäßig steiler Abstieg bis Dürrbrunn. Mäßig steiler Anstieg aus Dürrbrunn (434 m)
bis Wacht (448 m) und mäßig steil abwärts bis Unterleinleiter.
Wanderkarten 1:50000 Fritsch Wanderkarte Blatt 53; Kompass
Wanderkarte Blatt 171.
Abkürzung Bei der Linde rechts abbiegen und dem Wegweiser
folgend abwärts nach Unterleinleiter. Tourenlänge etwa 7 km,
Wanderzeit etwa 2 Stunden.
Etwa 750 m nach der Linde biegt die Forststraße (mit Rotring
markiert) ebenfalls nach rechts ab. Dieser folgend gelangt man
nach Unterleinleiter zurück. Tourenlänge etwa 8 km. Wanderzeit
etwa 2¼ Stunden.
Wissenswertes Aus Unterleinleiter stammt Richard Pfautz, der
Erfinder der Weltzeituhr, einer Uhr, die überall in der Welt und zu
gleicher Zeit die gleiche Stunde zeigt.
Tourenbeschreibung Über die Leinleiter und an der Kirche vorbei bis zum Gasthaus zur Alten Post. Dort über die Straße und
bei den letzten Häusern rechts haltend, auf mit Grüner Raute
gut markiertem Weg am Waldrand entlang mäßig steil aufwärts.
Über eine Wiese und nach rechts in den Wald abbiegend weiter
bergauf. Über eine Wegkreuzung und wenig später zu einem
Querweg. Auf diesem etwa 300 m nach links bis zur Wegverzweigung. Auf Forststraße nach rechts bis zu einer Bank (links
vom Weg), jetzt nach links abzweigen und durch den Wald,
bis bei der *Roter Marter* erneut eine schöne Forststraße erreicht
wird. *(Rote Marter,* eine rote Holzsäule, etwa 300 m links abwärts am Weg nach Ebermannstadt).
Ab hier mit Wegzeichen Grünstrich senkrecht nach rechts
und auf dieser Forststraße bis zu einer Wegekreuzung, an der

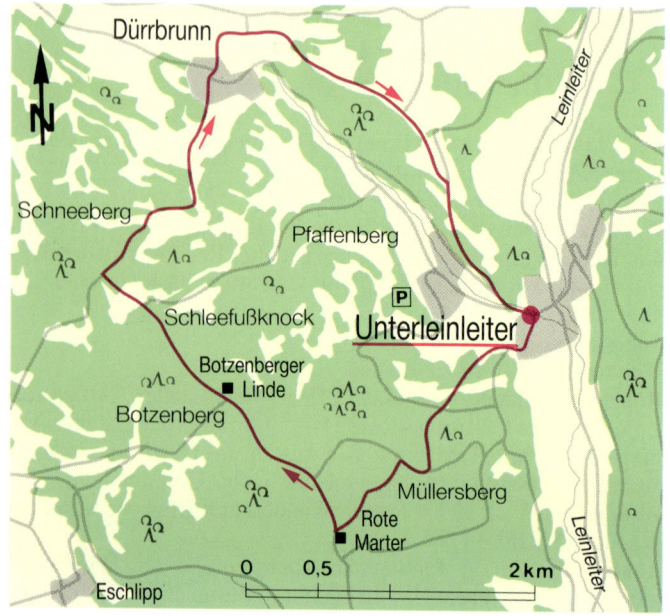

eine auffallend große Linde steht (*Botzenberger Linde* – dem Wegweiser nach rechts folgend, Abkürzung nach Unterleinleiter).

Etwa 750 m weiter geradeaus, dann biegt die Forststraße nach rechts ab (2. Abkürzung).

Geradeaus weitergehen und über eine freie Fläche zum gegenüberliegenden Wald. Nach rechts abbiegen, zunächst im Wald, dann rechts schwenkend auf einem Feldweg hinab nach *Dürrbrunn*.

Über die Hauptstraße, vorbei am Telefonhäuschen in Richtung Volkmannsreuth ortauswärts. Dort wo das Gemeindeverbindungssträßchen eine Kurve macht, geradeaus weitergehen (Feldweg, schöner Blick auf Dürrbrunn). Über Wiese, Wald, Waldrand und freies Gelände führt der Weg weiter. (Nach links wird der Blick frei auf das oberhalb von Leinleiter liegende Kurhaus Franken, hinab auf Veilbronn und das hoch über dem Ort auf einem Felsen stehende Haus der Fürther Naturfreunde).

Dann geht es wieder in den Wald und hinab nach *Unterleinleiter*.

20 Unterleinleiter – Schnepfenstein – Gasseldorf – Unterleinleiter

Verkehrsmöglichkeiten   Siehe Wanderung Nr. 19.
Parkmöglichkeiten   Beim Gemeindeamt.
Wegemarkierungen   Blauer Schrägstrich bis Grünstrich senk-
recht und mit dieser Markierung bis Gasseldorf. Von Gasseldorf
zurück nach Leinleiter Gelbstrich waagerecht.
Tourenlänge   Etwa 9 km.
Wanderzeit   Etwa 2½ Stunden.
Höhenunterschiede   Insgesamt etwa 160 m.
Wanderkarten   1:50 000 Fritsch Wanderkarte Blatt 53; Kompass
Wanderkarte Blatt 171.
Wissenswertes   In Gasseldorf wurde 1772 als Sohn eines Klein-
bauern Georg Lahner geboren, der in Frankfurt Metzgergeselle
wurde und dann nach Wien zog. Dort eröffnete er 1803 eine kleine
Selcherei, die wegen einer bisher unbekannten Delikatesse alsbald
überlaufen war. Lahner verkaufte die von ihm in Frankfurt erstmals hergestellten (also erfundenen) »Frankfurter Würstl«, die
nun, weil aus Wien stammend, auch als »Wiener Würstchen« bezeichnet wurden, und seither unter beiden Namen eine unge-
heuere »Karriere« machten.

Kahler Alpendost und Kleiner Fuchs   (Foto: Ulrich Schnabel)

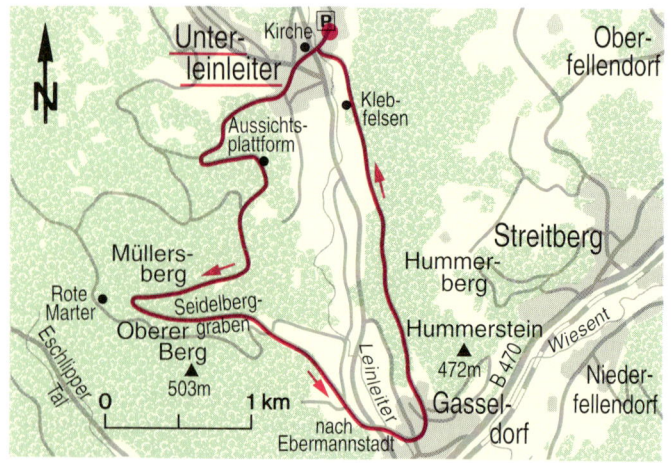

Tourenbeschreibung Über die *Leinleiter,* an der Kirche vorbei bis zum Gasthaus Alte Post (z. Z. keine Einkehrmöglichkeit). Links ab in das Sträßchen »Zum Schnepfenstein« und aufwärts zum Ortsende, geradewegs weiter und auf Forststraße weiter bergan. Auf der Höhe nach links bis zu einer querlaufenden Forststraße, in die wir, ebenfalls nach links, einschwenken. Ebenen Weges weiter zum *Schnepfenstein* mit hölzerner Aussichtsplattform, von der aus man einen Blick hinab ins Leinleitertal hat. Nach links auf Unterleinleiter und Veilbronn mit Naturfreundehaus. Ganz links Schloß Greifenstein. Rechts Gasseldorf und der Hummerstein.

Dem Verlauf der mit blauen Schrägstrich markierten Forststraße folgen, bis wir auf die Markierung Grünstrich senkrecht stoßen. Links ab und auf breiter Forststraße durch den *Seidelberggraben* talwärts.

Bei der Forstwegverzweigung geradeaus, am Waldrand entlang weiter abwärts. Im Tal nach rechts, letztlich – achtgeben – über die Umgehungsstraße und geradewegs ortseinwärts. Nach links, über die Leinleiterbrücke, wiederum nach links in die *Leinleiterstraße* und auf dieser bis zur *Hummersteinstraße*. Rechts ab aufwärts. Weiter auf geschottertem Weg und nach etwa 5 Minuten nach halblinks auf Fußweg einbiegen. Über eine Wiese zum Wald, noch ein kurzes Stück leicht aufwärts, dann in etwa auf gleicher Höhe bleibend, durch den Hangwald zurück nach *Unterleinleiter.*

21 Unterleinleiter – Mühlholz – Veilbronn – Talweg – Unterleinleiter

Verkehrsmöglichkeiten   Siehe Wanderung Nr. 19.
Parkmöglichkeiten   Beim Gemeindeamt.
Wegemarkierungen   Schwarzer Punkt auf gelbem Grund bis Veil-
bronn. Gelbstrich waagerecht bis Unterleinleiter.
Tourenlänge   Etwa 6,5 km.
Wanderzeit   Etwa 1¾ Stunden.
Höhenunterschiede   Insgesamt 125 m. Mäßig steiler Anstieg von
Unterleinleiter (320 m) zur Wacht (420 m). Erst mäßig, dann stei-
ler Abstieg aus dem Mühlholz (400 m) bis Veilbronn (350 m).
Wanderkarten   1:50000 Fritsch Wanderkarte Blatt 53; Kompass
Wanderkarte Blatt 171.
Tourenbeschreibung   Über die Leinleiter in Richtung Kirche ge-
hen. Bei Gasthaus zur Alten Post nach rechts in die Straße nach
Dürrbrunn einbiegen. Nach etwa 300 m Straßenteilung. Hier halb-
rechts abgehen und bergan. Vorbei an der Schule auf Forststräßchen (im Hangwald) weiter bergan. Auf der Höhe (Wacht), bei
Wegweiser Veilbronn halbrechts ab (unten im Tal die Häuser von
Veilbronn, darüber auf hohen Felsen das Naturfreundehaus). Es
geht weiter durch ein kurzes Waldstück, über eine Wiese und wieder in den Wald *(Mühlholz)* und ganz leicht bergab. Nach etwa 15
Minuten (ab Wegweiser) fällt der Weg steil ab. Unten nach links
am Waldrand entlang. Noch einmal eine kurze Steigung (etwa
20 m), dann hinab zur Straße, über die Leinleiter und hinein nach
Veilbronn. Gleich am Ortsanfang (nach Wanderparkplatz) nach

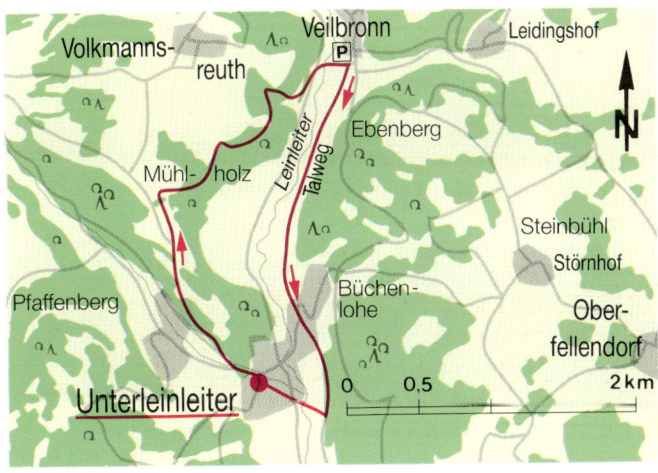

rechts gehen und nach dem Trafohäuschen in den zweiten nach rechts abgehenden Weg einbiegen (Gelbstrich waagerecht). Vorbei an den Sitzgruppen »Almrausch« und »Waldesruh« im Hangwald dahin. Aus dem Wald und auf Feldweg weiter, vorbei am Sportplatz (rechts) und Kinderspielplatz (links) nach *Unterleinleiter*.

Zu Tour 24   **Die Jugendherberge Streitberg, Gailling 6, Wiesenttal**
(Foto: Klaus Puntschuh)

22 Streitberg – Wolfsschlucht – Hummerstein – Unterleinleiter – Veilbronn – Leidingshofer Tal – Schauertal – Streitberg

Verkehrsmöglichkeiten Bahn bis Forchheim oder Pegnitz, weiter mit Bus bis Streitberg.

Parkmöglichkeiten In der Ortsmitte.

Wegemarkierungen Mit Rotem Pfeil durch die Wolfsschlucht, dann mit Rotstrich senkrecht weiter bis Veilbronn, Gelbes Dreieck bis Bauernhof, dann ohne Markierung bis Wegzeichen Schräger Gelbstrich, mit schrägem Gelbstrich bis Streitberg.

Tourenlänge Etwa 12 km.

Wanderzeit Etwa 4 bis 4½ Stunden.

Höhenunterschiede Insgesamt 391 m. Mäßig steiler Anstieg von Streitberg (320 m) bis Hummerstein (471 m). Steiler Aufstieg von Veilbronn (350 m) zum Naturfreundehaus (400 m).

Wanderkarten 1:50000 Fritsch Wanderkarte Blatt 53; Kompass Wanderkarte Blatt 171.

Abkürzung Ab Wegekreuz (im Wald zwischen Hummerstein und Unterleinleiter) nach rechts abbiegen und mit Markierung Grünkreuz durch Wald, später über freies Feld zur Wegkreuzung. Nach rechts abbiegen und durchs Schauertal hinab nach Streitberg, Tourenlänge etwa 6 km, Wanderzeit etwa 2 Stunden.

Bei Erreichen der Wegkreuzung oberhalb Veilbronns kann man mit Gelbschrägstrich nach rechts abbiegen und gelangt, ebenfalls durchs Schauertal, wieder zurück nach Veilbronn. Tourenlänge etwa 9 km, Wanderzeit etwa 3 Stunden.

Wissenswertes Streitberg, welches heute zusammen mit der Nachbargemeinde Muggendorf (und noch ein paar kleineren Orten) die Gemeinde Wiesenttal bildet, zählt mit zu den ältesten Fremdenverkehrsorten Deutschlands. Wahrzeichen des Ortes sind die Ruine Neideck und die Streitburg. Eine besondere Sehenswürdigkeit ist die am Westrand des Schauertales 50 m über dem Ort gelegene Binghöhle. Sie ist 400 m lang und weist eine Reihe von schönen Tropfsteingebilden auf. Besichtigung ganzjährig möglich.

Tourenbeschreibung Der Beschilderung folgend zur Jugendherberge. Nach links und durch Mischwald hangaufwärts. Weiter durch das Felsgewirr der *Wolfsschlucht* zur Höhe. Dort bei der Wegverzweigung nach links und nunmehr der Markierung Rotstrich senkrecht folgend bis zum *Hummerstein*. (Vom Gipfelplateau schöner Blick hinab ins Wiesenttal und nordwärts ins Leinleitertal.)

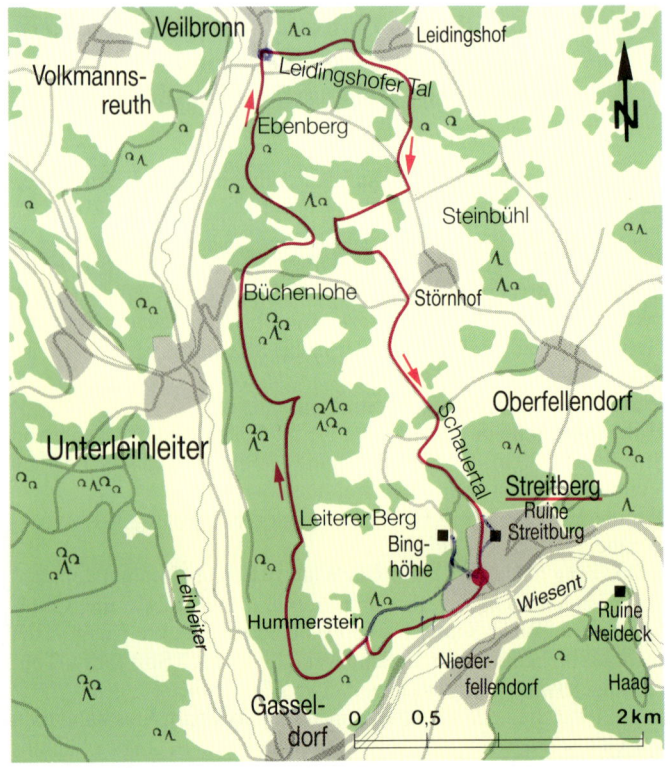

Nordwärts weiter durch Wald, Wiese und Feldflur bis zu einem Wegweiser. Nach links abbiegen und zum Wald. In diesem bis zu einer Wegverzweigung. (1. Abkürzungsmöglichkeit) Hier nach links schwenken und dem Forststräßchen folgend hinunter nach *Unterleinleiter*.

Bei Erreichen der ersten Häuser auf geschottertem Sträßchen etwa 200 m bergab. Dann (bei einer Garage) rechts abbiegen und zunächst auf einem von Strauchwerk gesäumten Weg dahin, später auf schmalem Pfad zum Wald. In diesem leicht ansteigend bis zu einer Wegkreuzung (2. Abkürzungsmöglichkeit: nach rechts mit Gelbem Schrägstrich zurück nach Streitberg).

Nach links abbiegen und mäßig steil hinab nach *Veilbronn* (gern besuchter Ausflugsort im Leinleitertal). Im Ort dem Wegweiser »Naturfreundehaus« folgend, über zahlreiche Stufen empor zum Haus der Fürther Naturfreunde. (In der Ferien-

Streitberg : Binghöhle
Streitberg
Kirche

zeit Juli/August – ansonsten nur am Wochenende – bewirtschaftet, herrlicher Rundblick). Nach erfrischender Rast die vielen Stufen wieder hinab und unten gleich nach links. Vorbei am Kriegerdenkmal in das Leindingshofer Tal. (Der nun folgende Weg ist Teilstück des Veilbronner Naturlehrpfades, links und rechts des Weges erklärende Text- und bunte Schautafeln). Steil ragen links Felsen empor, rechts plätschert ein Bächlein. Ein Talkessel mit Schutzhütte und Rastplatz wird erreicht. Auf schmalem Pfad wieder aus dem Tal heraus. Oben nach rechts, auf einem Feldweg zum Wald und an diesem entlang zu einem Sträßchen. Nach links abbiegen und auf der Straße entlang bis zu einem Bauernhof (links der Straße). Kurz danach nach rechts in einen Feldweg einbiegen und – ohne Markierung – teils durch Felder, teils am Waldrand entlang weiter bis man auf einen Querweg und die Markierung Gelber Schrägstrich stößt. Nach links abbiegen und durch den Wald, dann am Waldrand entlang bis zu einer Sitzgruppe. Hier biegen wir nach rechts ab und gehen durch die Felder bis zur Straße und folgen dieser (letztlich durchs Schauertal) bis *Streitberg*.

Bei den ersten Häusern nach rechts gehen und am Wedenbach entlang, vorbei am Wasserfall und Wasserrad zur Ortsmitte.

23 Streitberg – Niederfellendorf – Felsengrotte – Burgruine Neideck – Haag – Langes Tal – Klararuhe – Guckhüll – Brocksanlage – Muschelquelle – Streitburg – Schauertaler Turm – Binghöhle – Streitberg

Verkehrsmöglichkeiten Siehe Wanderung Nr. 22.
Parkmöglichkeiten In der Ortsmitte.
Wegemarkierungen Roter Ring bis Bundesstraße 470. Blauer Ring bis Langes Tal. Schwarzer Ring bis Streitburg. Grüner Ring bis Streitberg.
Tourenlänge Etwa 9,5 km.
Wanderzeit Etwa 3½ bis 4 Stunden.
Höhenunterschiede Insgesamt 395 m. Steiler Anstieg von Niederfellendorf (330 m) bis Ruine Neideck (399 m). Steiler bis sehr steiler Anstieg aus dem Langen Tal (350 m) bis Guckhüll (500 m). Steiler Abstieg von Brocksanlage (432 m) bis Muschelquelle

(350 m). Mäßig steiler Anstieg bis Streitburg (404 m). Steiler Abstieg von der Binghöhle (370 m) bis Streitberg (320 m).

Wanderkarten 1:50000 Fritsch Wanderkarte Blatt 53; Kompass Wanderkarte Blatt 171.

Abkürzungen Vor der Bundesstraße 470 nach links und auf Promenadenweg (neben der Bundesstraße) nach Streitberg. Tourenlänge etwa 5 km, Wanderzeit etwa 1 1/2 Stunden.

Im Langen Tal mit Markierung Blaues Kreuz nach links abbiegen und auf dem Talweg, vorbei an der Muschelquelle zurück nach Streitberg. Tourenlänge etwa 6 km, Wanderzeit etwa 1 3/4 Stunden.

Wissenswertes Die auf 50 m hohen Fels über der Wiesent stehende Burgruine Neideck ist die größte Burganlage in der Fränkischen Schweiz.

Tourenbeschreibung In Richtung Bundesstraße 470 gehen. Diese überqueren und dem Wegweiser Niederfellendorf – Schwimmbad folgen. Es geht über die Bahngleise und über die Wiesent. Am Feuerwehrgerätehaus in *Niederfellendorf* finden wir das Markierungszeichen Roter Ring. Biegen nach links ab, gehen am Schwimmbad vorbei, schwenken nach halbrechts und wandern erst mäßig, dann steil ansteigend (durch Buchenwald) zur Höhe. Oben nach links und in wenigen Minuten zur *Burgruine Neideck.*

Empfehlenswert ist jedoch ein Abstecher zur nahen Felsengrotte. Nach rechts abzweigen (Hinweisschild) und auf felsigem Steig, das letzte Wegstück auf Steinstufen empor zur *Felsengrotte.* (Auch *Neideck-Grotte* genannt. Mehrere kleine Höhlen, die letzte nur mittels Drahtseilsicherung erreichbar). Wieder zurück zum Rotring-Weg und weiter bis *Ruine Neideck* (Dauer des Abstechers etwa 30 Minuten).

Nach Besichtigung der Burganlage und Rundblick vom Bergfried, im Hangwald hinab in den Weiler *Haag.*

Über die Bahngleise und auf Holzbrücke über die Wiesent und weiter bis zur Bundesstraße 470 (Abkürzung: Links der Straße auf geteertem Weg zurück nach Streitberg).

Die Bundesstraße überschreiten und etwa 30 m leicht hangaufwärts zu einem Querweg. Nach links abbiegen und zunächst am Wandrand entlang, dann auf Holzsteg über einen Bach und weiter zu der ins *Lange Tal* führenden Forststraße. (Nach links abbiegend und Blaukreuz folgend, gelangt man auf Talweg zurück nach Streitberg).

Nach rechts abbiegen und zunächst bis zur Wegkreuzung marschiren (Rastplatz und Kinderspielplatz). Dort nach links schwenken und auf guter Forststraße leicht ansteigend zur

Zu Tour 8, 23, 27, 28, 36, 38, 42, 43, 45 **An der Wiesent**
(Foto: Ulrich Schnabel, Archiv DWV)

Klararuhe. Dem Forstweg weiter folgend leicht bergan. Dann (wo der Forstweg eine Linkskurve macht) geradeaus und auf Fußweg weiter. Zunächst mäßig, dann steil und in Serpentinen empor zur *Guckhüll* (Aussichtsplateau mit herrlichem Rundblick).

Von der Guckhüll, immer dem Wegzeichen Schwarzring folgend, durch den Wald abwärts und weiter bis zum Aussichtspunkt *Brocksanlage* (schöner Tiefblick auf Streitberg).

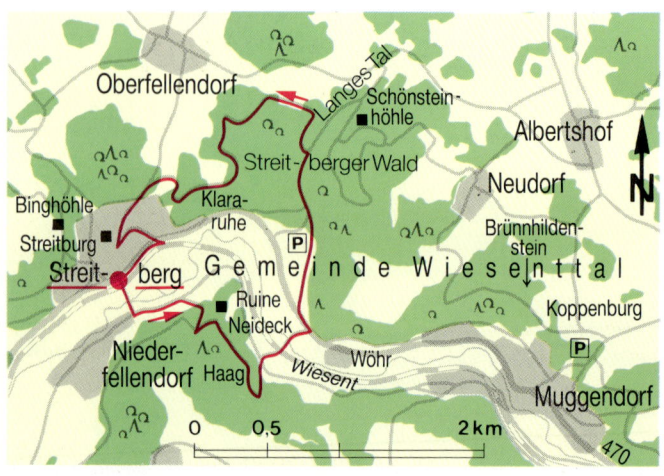

Steil im Wald abwärts bis zu einem querlaufenden Promenadenweg und nach rechts abbiegend weiter zur *Muschelquelle.*

Hier halbrechts abbiegen und mäßig steil empor zur Straße. Auf dieser etwa 100 Meter ansteigen, links spitzwinkelig abzweigend weiter und bei den ersten Häusern linkshaltend hin zur *Streitburg* (Erbaut 1120. Vom 17. Jahrhundert an allmählicher Verfall. Jetzt Ruine. Hinaus zur Aussichtskanzel direkt über den Häusern von Streitberg. Schöner Tiefblick).

Ein kurzes Stück des Weges wieder zurück und hinab nach Streitberg. Auf der (nach Störnhof führenden) Straße etwa 100 m aufwärts, dann nach links hinüber und im Hangwald, vorbei am *Schauertaler Turm* (Kletterfelsen der fränkischen Bergsteiger) zur *Binghöhle* (Siehe Wanderung Nr. 22). Steil, teils über Stufen hinab nach *Streitberg.*

24 Streitberg – Binghöhle – Pavillon – Hummerstein – Wolfsschlucht

Verkehrsmöglichkeiten Siehe Wanderung Nr. 22.
Parkmöglichkeiten In der Ortsmitte.
Wegemarkierungen Hinweisschild Binghöhle. Rotstrich senkrecht bis Hummerstein. Rotstrich senkrecht und Roter Pfeil bis Streiberg.
Tourenlänge Etwa 4 km. **Wanderzeit** Etwa 1½ Stunden.
Höhenunterschiede Insgesamt 151 m. Steiler Anstieg von Streitberg (320 m) bis Binghöhle (370 m) mäßig steil weiter bis Pavillon (400 m) und Hummerstein (471 m). Mäßig steiler Abstieg nach Streitberg.
Wanderkarten 1:50000 Fritsch Wanderkarte Blatt 53; Kompass Wanderkarte Blatt 171.
Tourenbeschreibung Bei der Höhlenklause (Likör »Streitberger Bitter«) die Stufen empor zur *Binghöhle*. (Besichtigung ganzjährig möglich. Dauer etwa 1 Stunde. Temperatur in der Höhle im Sommer und im Winter gleich. Etwa 12 Grad.

Nach der Höhlenbesichtigung wieder ein Stück des Weges zurück (nicht die Treppen hinunter nach Streitberg) und geradeaus weiter. Markierung Rotstrich senkrecht folgen und im Wald ansteigen. Zwischen Felsen hindurch und weiter bergan bis zum *Pavillon*. (Von hier schönster Blick auf Streitberg, ins Wiesenttal, zur Streitburg und hinüber zur Ruine Neideck).

Vom Pavillon ein Stück eben weiter bis zu einem Querweg. Auf diesem wenige Schritte nach rechts und gleich wieder

scharf links in den Wald. Dann am Waldrand entlang und im Linksbogen bis zu einer Wegverzweigung. Hier nach rechts abzweigen und weiter bis zum Hummerstein. (Schöner Blick ins Wiesenttal.)

Vom Hummerstein zurück bis zur Wegverzweigung, dort rechts ab und mit Wegzeichen Roter Pfeil durch die *Wolfsschlucht* (Felsszenerien) hinab zur Jugendherberge. Zur Bundesstraße und links schwenkend zurück in den Ort *Streitberg*.

25 Muggendorf – Oswaldhöhle – Quackenschloß – Engelhardsberg – Doos – Kuchenmühle – Albertshof – Muggendorf

Verkehrsmöglichkeiten Bahn bis Forchheim bzw. Pegnitz, weiter mit Bus bis Muggendorf, Anstieg über Klosterberg zum Parkplatz Am Weichselbaum.

Parkmöglichkeiten Wanderparkplatz am Weichselbaum, oberhalb Muggendorf an der Straße nach Doos.

Wegemarkierungen Rotstrich senkrecht bis Engelhardsberg. Gelber Ring bis Muggendorf.

Tourenlänge Etwa 14,5 km. **Wanderzeit** 4½ bis 5 Stunden.

Höhenunterschiede Insgesamt 318 m. Sehr steiler Anstieg von Muggendorf (324 m) bis Parkplatz (400 m) und mäßig steil bis Oswaldhöhle (450 m) und Adlerstein (530 m). Steiler Abstieg von Engelhardsberg (483 m) bis zur Straße unterhalb der Riesenburg (350 m). Mäßig steil von der Kuchenmühle (350 m) bis Albertshof (462 m). Steiler Abstieg vom Parkplatz bis Muggendorf.

Wanderkarten 1 : 50 000 Fritsch Blatt 53; Kompass Blatt 171.

Anmerkung Sehr reizvolle Höhenwanderung mit Abstieg ins Wiesenttal. Weiter durchs Aufseßtal und über die Hochfläche wieder zurück nach Muggendorf. Wer nicht ins Wiesenttal absteigen will, kann in Engelhardsberg links abbiegen und der Markierung Braunes Kreuz folgen. Diese führt ihn über das Hohe Kreuz (Aussichtspunkt) zurück nach Muggendorf. Tourenlänge etwa 8 km, Wanderzeit etwa 2½ Stunden.

Wissenswertes Muggendorf ist der älteste Kurort in der Fränkischen Schweiz. Von hier aus begann (etwa Ende des 18. Jahrhunderts) die Erschließung der Fränkischen Schweiz, die man damals noch das »Muggendorfer Gebirge« nannte. Rings um Muggendorf mehrere Höhlen und zahlreiche Aussichtspunkte.

Tourenbeschreibung Vom Parkplatz etwa 100 Meter die Straße bergab, dann nach links abbiegen und in etwa 5 Minuten durch

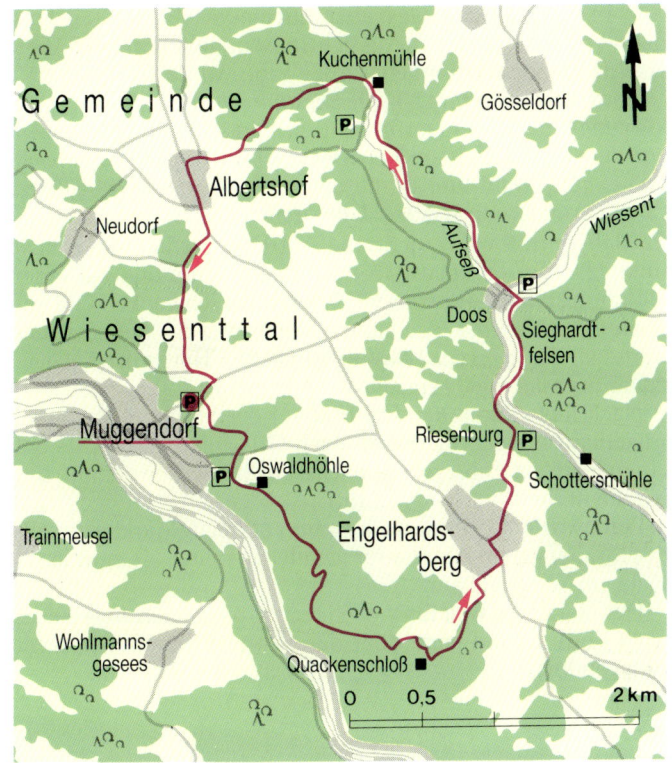

Wald zum *Pavillon*. (Schöner Blick hinab auf Muggendorf und hinein ins Wiesenttal).

Zurück zum Rotstrichweg und im Buchenwald leicht ansteigen, dann im Rechtsbogen hinab zu einem Sträßchen, welches gequert wird. Jenseits der Straße nach rechts in den Wald und in diesem weiter zur *Oswaldhöhle* (Zerklüftungshöhle von 60 m Länge). Das 16 m breite Eingangsgewölbe ist durch zwei Felsen in drei Gänge geteilt, die sich im großen Hauptraum wieder treffen. (In dieser Höhle soll, einem Roman zufolge, der Einsiedler Oswald gehaust haben).

Der Wanderweg führt durch die Höhle hindurch (Wegzeichen teils an der Wand, teils an der Decke) und dann links auf Felsstufen empor zur Höhe. Oben geht es nach rechts und auf den Felsensteig weiter. Dann durch Wald hinab in den *Zwecklesgraben*. Wieder ansteigend weiter zum *Quackenschloß* (Felsgrotte, benannt nach einer Sage).

Vom Quackenschloß fast eben, auf einem felsigen Steig hinüber zum Adlerstein. (Aussichtsfelsen, welcher über eine eiserne Treppe erklommen werden kann. Weite Sicht.)

Vom Adlerstein hinab nach *Engelhardsberg* (Beginn der Abkürzung) und bei der Dorflinde nach rechts und im Linksbogen aus dem Ort. Bei einem Felsbrocken (am Wegabzweig) nach rechts zum Wald und in diesem steil hinab zur *Riesenburg*. (Siehe Wanderung Nr. 38). Über gemauerte Treppen in dem Felslabyrinth abwärts zur Straße. Auf dieser wenige Meter nach links bis zum Parkplatz. Danach nach rechts und auf einer Holzbrücke über die Wiesent. Nach links schwenken und auf Wiesenpfad bis *Doos*. Auf breitem Wiesenweg das Aufseßtal aufwärts zur *Kuchenmühle* (Ausflugsgaststätte). Hinter der Kuchenmühle nach links und bergauf nach *Albertshof*.

Nach links durch den Ort und auf der Straße in Richtung Engelhardsberg. Etwa 200 m nach Ortsende nach rechts auf einen Feldweg einbiegen. Zunächst ein Stück eben dahin, dann bergab in Richtung Muggendorf.

Dort, wo der Gelbring nach rechts abzweigt (Markierung auf der Straße) gehen Autofahrer geradeaus weiter bis zum Parkplatz am Weichselbaum.

Der markierte Weg führt nach rechts, biegt nach etwa 200 m nach links ab und zieht über den Schmiedsberg hinab nach Muggendorf.

26 Muggendorf – Koppenburg – Brünnhildenstein – Neudorf – Schönstein-Höhle – Langes Tal – Muggendorf

Verkehrsmöglichkeiten Bahn bis Forchheim oder Pegnitz, weiter mit Bus bis Muggendorf.

Parkmöglichkeiten Wanderparkplatz Am Weichselbaum (oberhalb von Muggendorf) an der Straße nach Doos.

Wegemarkierungen Rotstrich senkrecht bis nach Brünnhildenstein. Blauer Ring bis Muggendorf.

Tourenlänge Etwa 9 km.

Wanderzeit Etwa 3½ bis 4 Stunden.

Höhenunterschiede Insgesamt 265 m. Steiler Anstieg von Muggendorf (324 m) bis Parkplatz (400 m). Mäßig steiler bis steiler Abstieg vom Brünnhildenstein (494 m) bis Querweg (435 m) und mäßig steiler Anstieg bis Neudorf (460 m). Mäßig steiler Abstieg ins Lange Tal (340 m). Steiler Anstieg zum Parkplatz.

Wanderkarten 1:50000 Fritsch Wanderkarte Blatt 53; Kompass Wanderkarte Blatt 171.

Anmerkung Busfahrer gehen den Schmiedsberg empor (Wegzeichen Gelber Ring) bis sie auf Markierung Rotstrich senkrecht stoßen. Biegen nach links ab und gehen laut Tourenbeschreibung weiter.

Tourenbeschreibung Oberhalb des Parkplatzes auf geteertem Sträßchen nach links und nach etwa 300 m in den Wald. In wenigen Minuten zum Aussichtsfelsen *Koppenburg* (Tiefblick auf Muggendorf, Blick ins Wiesenttal). Durch den Wald abwärts zu einem Fahrsträßchen (hier kommen die Busfahrer hoch) über dieses hinweg und jenseits im Wald weiter. Über Treppen geht es steil empor zur Höhe. Oben auf bequemen Forstweg nach links. Der Weg wird steiniger und schmäler und biegt schließlich nach links, zum *Brünnhildenstein* ab (Aussichtsfelsen). Weiter auf dem Rotstrichweg bis zur Wegteilung. Hier nach links und zunächst mäßig, dann steil hinab zur einem Querweg. Diesem etwa 20 m nach rechts folgen. Wiederum nach rechts – ab jetzt mit Markierung Blauer Ring – und im Wald leicht bergan. Aus dem Wald und über Feldflur in den schon sichtbaren Ort *Neudorf*.

Durch den Ort und am Ortsende nach links aufwärts. Auf der Anhöhe nach rechts schwenken und zum Wald marschieren. Durch den Wald abwärts bis zu einer Forststraße (gegenüber Felsgruppe). Auf dem Forsträßchen talwärts und in der Kurve nach links, zu den Felsen hin, abbiegen. Durch ein Felstor zum Eingang der *Schönstein-Höhle* (Spaltenhöhle mit einem

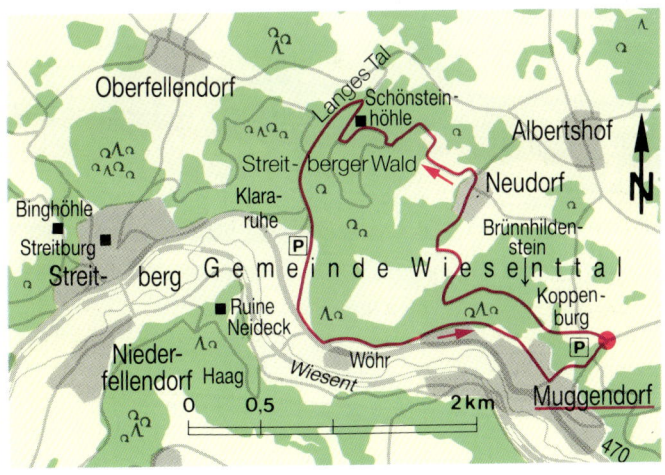

Zu Tour 27, 99, 100 **Waischenfeld** (Foto: Ulrich Schnabel, Archiv DWV)

besonders weit verzweigtem Netz von Höhlengängen. Gesamt-
länge etwa 100 m. Eine der größten Höhlen der Fränkischen
Schweiz. Durch einen schmalen Gang mit der Brunnsteinhöhle
verbunden. Wegen Unfallgefahr gesperrt. Betreten verboten!)
Wieder zur Forststraße und auf dieser weiter bergab *ins Lange
Tal*. Beim Rastplatz (mit Unterstellhütte) rechts abbiegen und
– immer die Forststraße lang – abwärts bis zu einer Wegverzweigung (rechts Rastplatz, Kinderspielplatz). Noch etwa
200 m in bisheriger Richtung weiter. Dann nach links abbiegen
und einige Treppen abwärts. Auf Holzsteg über einen Bach und
am Waldrand entlang weiter (nach rechts schöner Blick zur
Ruine Neideck). Dann durch den Wald, beim Muggendorfer
Schwimmbad links hoch in Richtung Cafe Rosenau. An diesem
unterhalb auf Promenadenweg entlang. Bei der großen Linde
entweder rechts abwärts zum Oberen Markt oder links abbiegen und sehr steil bergauf gehen, bis der mit Rotstrich senkrecht markierte Weg kreuzt. Nach rechts abbiegen und auf dem
Anfangsweg zurück zum Parkplatz.

27 Waischenfeld – Nankendorf – Russenlinde – Zochenreuth – Hochstahler Tal – Heckenhof – Aufseß – Draisendorf – Wüstenstein – Siegritzberg – Hubenberg – Heroldsberg – Waischenfeld

Verkehrsmöglichkeiten Postbus Bamberg – Aufseß – Waischen-
feld und Bayreuth – Waischenfeld – Gößweinstein.
Parkmöglichkeiten Am Bischof-Nausea-Platz.
Wegemarkierungen Gelbstrich bis Nankendorf. Diagonal geteil-
tes Rechteck rot-weiß bis kurz nach Heckenhof. Grünstrich bis
Aufseß. Gelbkreuz bis Wüstenstein. Ohne Markierung nach Sieg-
ritzberg. Blaustrich bis Waischenfeld.
Tourenlänge Etwa 28 km.
Wanderzeit Etwa 7–8 Stunden.
Höhenunterschiede Insgesamt 216 m. Mäßig steiler Anstieg von
Waischenfeld (346 m) bis Russenlinde (462 m). Mäßig steil von
Heckenhof (460 m) hinab ins Aufseßtal (397 m). Steil hinauf nach
Siegritzberg (467 m). Mäßig steiler Abstieg von Heroldsberg
(439 m) bis Waischenfeld. Steil hinab zum Parkplatz.
Wanderkarte 1:50 000 Fritsch Wanderkarte Blatt 65.

Anmerkung Diese zwar lange aber abwechslungsreiche Wanderung führt zunächst Wiesentaufwärts nach Nankendorf. Zieht dann über die Hochfläche hinüber bis ins Aufseßtal und in diesem entlang nach Wüstenstein. Dort geht es wieder auf die Albhochfläche und zurück nach Waischenfeld. Bei der Russenlinde besteht die Möglichkeit, den Weg zu kürzen. Man marschiert (allerdings auf der Straße) bis nach Siegritzberg, wo man mit Blaustrich nach links abbiegt und wie bei Hauptroute beschrieben nach Waischenfeld zurückwandert. Tourenlänge etwa 14 km. Wanderzeit etwa 4 Stunden.

Wissenswertes Waischenfeld ist eine der ältesten Siedlungen des ganzen Tales. Schon in der Steinzeit waren die Höhlen der Umgebung bewohnt. Wahrzeichen des Städtchens ist der »Steinerne Beutel«, ein auf freiem Fels stehender runder Turm, Überrest eines Schlosses. Insgesamt findet man auf den Felspartien westlich der Stadt die Ruinen von drei Burgen. An einer Ruinenwand, Gedenktafel für den Freiheitsdichter Ernst Moritz Arndt.

Jeder der drei Kirchen beherbergt beachtenswerte Kunstschätze. So die Stadtpfarrkirche eine stehende Muttergottes mit Kind aus der 2. Hälfte des 14. Jahrhunderts. 1322 erhielt Waischenfeld das Stadt- und Marktrecht. Viele schöne Fachwerkhäuser. Im ehemaligen Rentamtsgebäude, ein aus der Zeit um 1300 stammendes steinernes Wappen der Schlüsselberger.

Tourenbeschreibung Vom Parkplatz auf Fußweg an der Verbandsschule vorbei und etwa 200 Meter an der Wiesent entlang. Dann auf einem Holzsteg über die Wiesent und nach links in die Fischergasse einbiegen. (Ab hier die Wegmarkierung Gelbstrich waagerecht.) Weiter bis zum Ortsende, dort nach halblinks schwenken. Der Wanderweg führt nun, vorbei an einem Einzelhof, im Wiesenttal entlang bis *Nankendorf.*

Hier über die Wiesentbrücke und nach links ortseinwärts, bis nach dem Gasthof Polster Bräu nach rechts die Straße »Kirchberg« abzweigt. Auf dieser Straße, an der Kirche vorbei, sehr steil bergan zum Ortsende.

Geradeaus weiter, ohne irgendwelche Wegabzweigungen zu beachten. Bei der ersten Weggabel nach rechts, bei der nachfolgenden nach links, und bei der Wegkreuzung, kurz vor Breitenlesau, rechts ab und zu der an der Straße Plankenstein- Breitenlesau stehenden *Russenlinde.* (Die mächtige Linde steht unter Naturschutz. Daneben Rastplatz und Flurkreuz mit der Jahreszahl 1823. Abkürzungsmöglichkeit.) Links neben der Linde auf einem Feldweg weiter und in den schon bald sichtbaren Ort *Zochenreuth.*

In der Ortsmitte von Zochenreuth nach links abbiegen (Weiser Rauenberg) und nach rechts schwenkend den Ort verlassen.

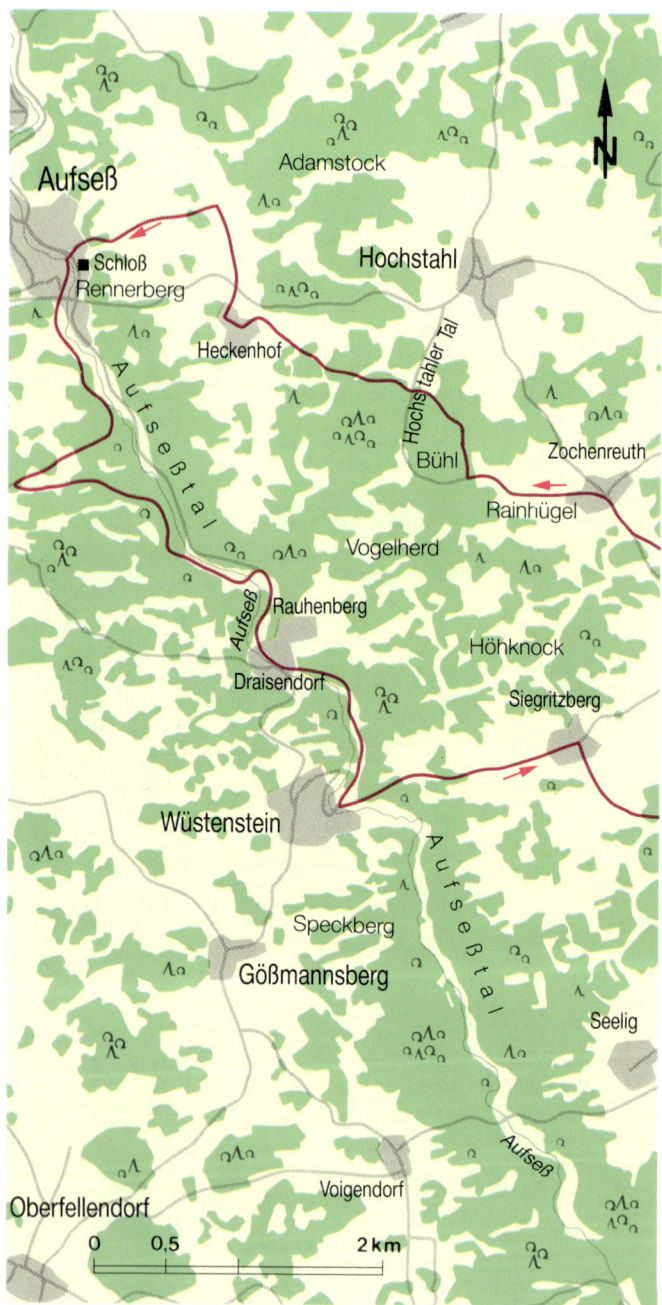

Über Feldflur (bei der Wegteilung rechts halten) zum Wald und in diesem – der Markierung vertrauend – mehrere Wege kreuzen bis man auf das, das Hochstahler Tal durchziehende, Sträßchen stößt. (Abkürzungsmöglichkeit siehe Anmerkung).

Zu Tour 27, 99, 100   **Waischenfeld**   (Foto: Ulrich Schnabel, Archiv DWV)

Hier etwa 250 Meter nach links abwärts, dann nach rechts und durch Wald und Flur bis nach *Heckenhof*. (Hier kredenzt die Kathi Meier – Kathi-Bräu – ein von ihr selbstgebrautes, süffiges Schwarzbier und serviert dazu eine deftige Brotzeit).

Von Heckenhof aus folgen wir noch kurz unserem bisherigen Wegzeichen (diagonal geteiltes Rechteck rot-weiß), überqueren die nach Aufseß führende Straße und gehen auf Fahrweg geradeaus weiter.

Bei der folgenden Wegkreuzung stößt, von rechts kommend, die Markierung Grünstrich zu uns, deren Führung wir uns bis Aufseß anvertrauen. Zunächst geht es noch ein kurzes Stück geradezu, dann links ab und auf Feldweg hinab nach *Aufseß*. Hier beim Gasthof kurz nach links, gleich wieder, jetzt mit der Markierung Gelbkreuz, nach rechts in die Straße »Unterer Schloßberg«. Über die nach Heiligenstadt führende Straße, geradeaus, am Teichwirtschaftlichen Beispielbetrieb des Bezirks Oberfranken vorbei und zum Wald.

Auf Waldpfad zu einem Rastplatz (unter Felsen), rechts ab und bergan. Schließlich scharf nach links, wieder bergab und durch das Aufseßtal bis *Draisendorf*.

In Draisendorf bis zum Andreasplatz, (von rechts kommt Wegzeichen Blaustrich) hier nach links abbiegen, hinter der Nützel-
mühle vorbei und weiter im Aufseßtal bis *Wüstenstein*.

In Wüstenstein verlassen wir die Markierung und folgen der
Straße geradewegs bergauf bis *Siegritzberg*.

Hier beim Gasthof Hubertushöhe, nach rechts in Richtung Hubenberg abzweigen. Über freies Feld, Wald und Flur marschie-
rend, wird *Hubenberg* erreicht.

Nach rechts in den Ort und weiter auf der Gemeindeverbindungsstraße, vorbei an einer Kapelle und einem Einzelhof, nach
Heroldsberg.

Bei der Linde nach rechts in den Ort. Durch diesen, und bei der
Wegteilung halbrechts abbiegen (links geht es nach Gösseldorf;
Wegweiser). Zunächst eben über die Feldflur, dann ab der Linden-
baumreihe (rechts Feldkreuz) leicht abwärts. (Schöner Blick auf
den »Steinernen Beutel«, das Wahrzeichen von Waischenfeld und
über die Albhochfläche). Bei Wegteilungen immer links halten,
schließlich durch einen Hohlweg und zum Friedhof von Waischenfeld. Hier nach links schwenken und vor dem *Alten Schloß* nach
rechts abbiegen. Über den Schloßberg und den Kaulberg sehr steil
hinab nach *Waischenfeld*.

28 Waischenfeld – Pulvermühle – Rabeneck – Schönhof – Rabenstein – Waischenfeld

Verkehrsmöglichkeiten Siehe Wanderung Nr. 27.

Parkmöglichkeiten Parkbucht an der Straße nach Langenloh
(beim Kindergarten).

Wegemarkierungen Gelbstrich waagerecht bis Rabenecker
Mühle (unterhalb Burg Rabeneck). Wegweiser bis Rabeneck.
Wegweiser und Grünring bis Schönhof. Diagonal geteiltes Rechteck rot-weiß bis Burg Rabenstein. Blaustrich waagerecht bis Waischenfeld.

Tourenlänge Etwa 11 km. **Wanderzeit** Etwa 3 Stunden.

Höhenunterschiede Etwa 60 m. Steiler Anstieg von der Rabenecker Mühle (350 m) bis Burg Rabeneck (400 m).

Wanderkarte 1:50000 Fritsch Wanderkarte Blatt 65.

Wissenswertes Die in der ersten Hälfte des 12. Jahrhunderts
erbaute Burg Rabeneck war bis 1527 Sitz der Ritter von Rabeneck.
Nachfolgende Besitzer der Burg waren die Schlüsselberger, die
Bischöfe von Bamberg, die Ritter von Rabenstein und die Herren
von Stiebar. Im Bauernkrieg 1525 wurde die Burg zerstört und

Zu Tour 28, 29 **Rabeneck** (Foto: Ulrich Schnabel, Archiv DWV)

Gailenfeld: Stadtbild
Kirche
Laurentiuskapelle

1635 (nach erfolgtem Wiederaufbau) von den Waischenfeldern ausgebrannt. Von Victor von Scheffel wurde die Burg besungen und 1837 wurde sie von dem berühmten Dresdener Maler Ludwig Richter gezeichnet. Die um 1415 erbaute Schloßkapelle ist dem Heiligen Bartholomäus geweiht. Das dreigeschossige Haus mit Satteldach diente einst als Getreidespeicher. Von der Burg prächtiger Tiefblick in das Tal.

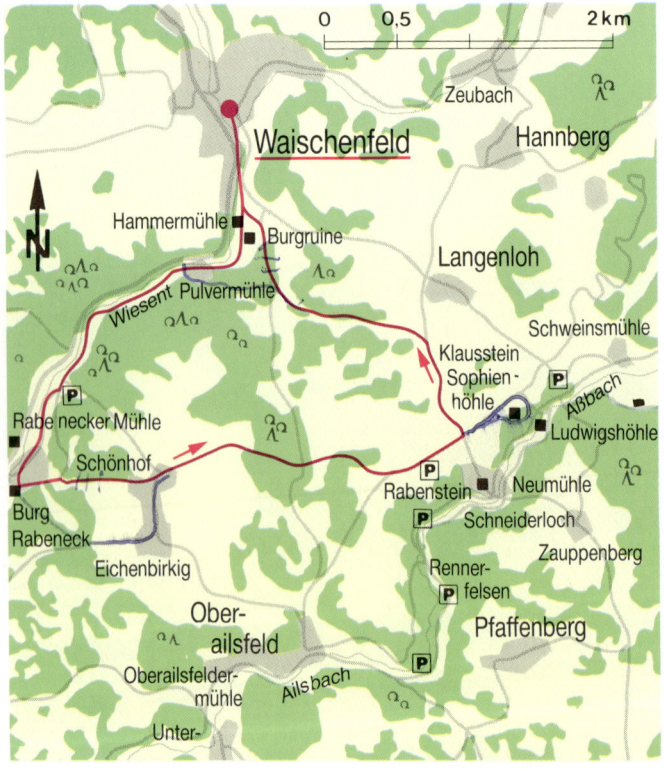

Tourenbeschreibung An der Wiesent entlang, vorbei an der *Hammermühle* und der *Pulvermühle,* über einen Wanderparkplatz und weiter bis zur *Rabenecker Mühle* (schöner Fachwerkbau) unterhalb der Burg Rabeneck.

Von der Rabenecker Mühle führt ein Waldsteig (vorbei an Felsen und durch Felsgrotten) hinauf zur *Burg Rabeneck.* (Halbruine, bewohnt wird nur der große Viereckbau. Einkehrmöglichkeit).

Von der Burg Rabeneck in den kleinen Ort *Schönhof.* Weiter auf schmalem geteertem Sträßchen und fast geradeaus bis zur *Burg Rabenstein* (Siehe Wanderung Nr. 29).

Am Campingplatz vorbei zurück zur Straße und dort geradeaus, mit Wegzeichen Blaustrich waagerecht, durch die Felder. Bei einer Wegegabelung kurz vor Langenloh den nach links abzweigenden Weg nehmen und durchs *Wassertal* zur Straße Oberailsfeld-Waischenfeld (welche beim Schlammspeicher erreicht wird).

Nach rechts abbiegen und auf der Straße abwärtsgehend zurück nach *Waischenfeld.*

29 Oberailsfeld – Rennerfelsen – Schneiderloch – Ludwigshöhle – Sophienhöhle – Burg Rabenstein – Oberailsfeld

Verkehrsmöglichkeiten Postbus Bayreuth – Oberailsfeld – Gößweinstein.

Parkmöglichkeiten In der Ortsmitte bei der Kirche.

Wegemarkierungen Blaues Kreuz bis Ludwigshöhle. Wegweiser bis Sophienhöhle und Burg Rabenstein. Grüner Punkt bis Oberailsfeld.

Tourenlänge Etwa 7 km.

Wanderzeit Etwa 2½ Stunden.

Höhenunterschiede Insgesamt 110 m. Mäßig steil bis steiler Anstieg vom Rennerfelsen (365 m) bis Schneiderloch (400 m). Steiler Abstieg bis Ludwigshöhle (365 m). Mäßig steil zur Sophienhöhle und Burg Rabenstein (400 m). Mäßg steil hinab nach Oberailsfeld (360 m).

Wanderkarten 1:50000 Fritsch Wanderkarte Blatt 65.

Wissenswertes In Oberailsfeld schöne Pfarrkirche aus dem 18. Jahrhundert, Barockausstattung. Burg Rabenstein wurde wahrscheinlich im 13. Jahrhundert auf einem etwa 60 m hohen Felsen erbaut. Einzig in seiner Art, das Burggärtlein. Die Sophienhöhle wurde 1778 entdeckt und 1833 zugänglich gemacht. Sie zählt mit zu den schönsten Höhlen in der Fränkischen Schweiz, ist etwa 112 m lang und 82 m breit. Die Höhle besteht aus drei Abteilungen und weist viele schöne Tropfsteingebilde auf. Die in der Sophienhöhle gefundenen Skelette von Höhlen-Löwen, -Bären und -Hyänen, können auf Burg Rabenstein besichtigt werden.

Tourenbeschreibung Von der Kirche in Richtung Ails gehen, jedoch gleich in die erste nach links abgehende Straße einbiegen

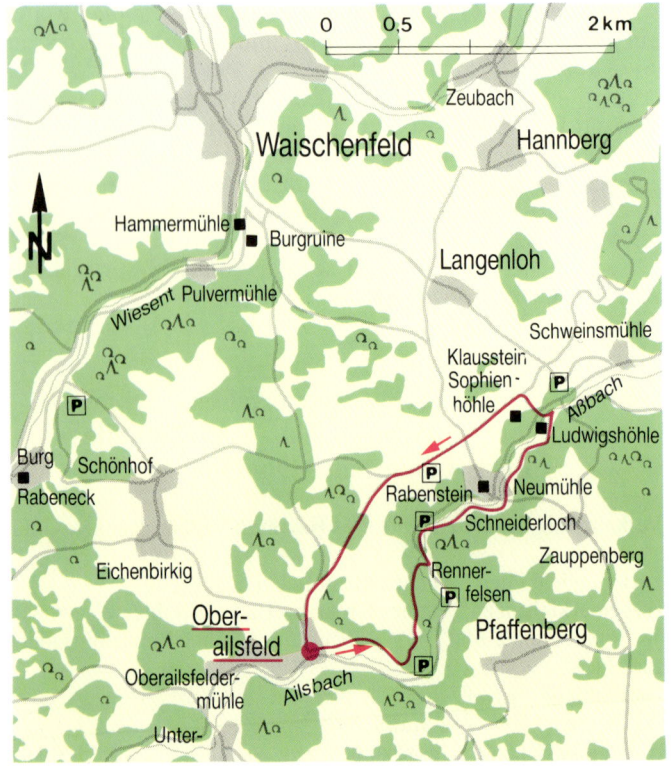

und den Ort verlassen. Über eine Wiese (links der Ails) zum
Wald. In diesem mäßig steil empor. Fast auf der Höhe durch
den Hangwald dahin (gelegentlich links und rechts des Weges
Felsgebilde). Dann fällt der Weg ziemlich steil ab. Ein mächtiger Fels steht im Weg. Durch einen Durchlaß und endgültig
hinab ins Tal. Auf einem Holzsteg über die Ails, über die Straße
und hin zum *Rennerfelsen* (Parkplatz).

Auf Fußweg (rechts der Ails), vorbei am *Theresenstein* (Fels),
zunächst mäßig, später steil, teils über Steinstufen empor zum
Schneiderloch. (35 m über dem Ailsbachtal, Zerklüftungshöhle
von etwa 30 m Länge, 12 m Breite und einer Höhe bis zu 5 m).

Der Wanderweg führt durch den vorderen Teil der Höhle und
zieht, auf schmalem Pfad und hoch über die Ails, im Hang-
weald dahin (nach links schöner Blick zur Burg Rabenstein), an
Felsgebilden vorbei und schließlich in Serpentinen steil talwärts.
Bei der Wegteilung nach links halten zur *Ludwigshöhle.*

Durch den domartigen Höhlenraum (etwa 13 m hoch, 15 m breiter und 11 m hoher Eingang) und weiter abwärts. Wiederum auf einer kleinen Holzbrücke über die Ails und hin zur Straße (Parkplatz Sophienhöhle). Nach rechts und über Steinstufen empor zur *Sophienhöhle* (eine der größten Tropfsteinhöhlen der Fränkischen Schweiz. Reichlich Tropfsteinbildungen, u.a. 2,50 m hoher einzeln stehender Stalagmit. Besichtigung bis Ende Oktober täglich, sonst nach Vereinbarung).

Von der Sophienhöhle noch ein Stück aufwärts zum Pavillon (schöne Talsicht). Im Hangwald (jetzt auf der anderen Talseite hoch über der Ails) zur *Burg Rabenstein* (Im 12. Jahrhundert gegründet. Kern der Anlage spätes 15. Jahrhundert. Hauptgebäude dreigeschossig mit Rundtürmen. Schloßhotel).

An der Gutsschenke vorbei, linkshaltend zur Straße, dort nach links abbiegen. Etwa in der Mitte, zwischen Trafohäuschen und dem Einzelhof geht links ein Feldweg ab. In diesen einbiegen und halbrechts haltend (nicht geradeaus zum Wald, dieser Weg führt zum Rennerfelsen!), an Hecken entlang, über freies Feld und längs des Waldes hinab nach *Oberailsfeld*.

Zu Tour 30, 31, 32, 33, 34, 35, 47, 98, 99 **Pottenstein**
(Foto: Ulrich Schnabel, Archiv DWV)

30 Pottenstein – Schöngrundsee – Teufelshöhle – Schüttersmühle – Klumpertal – Weidenloh – Deinzer Kreuz – Pottenstein

Verkehrsmöglichkeiten Bahnstation Pegnitz (14 km) und Ebermannstadt (28 km) jeweils mit Busanschluß nach Pottenstein. Buslinienverkehr von und nach Bayreuth, Pegnitz, Forchheim, Ebermannstadt, Gößweinstein und Behringersmühle.

Parkmöglichkeiten Städtischer Parkplatz Am Stadtgraben. Beim Kurzentrum.

Wegemarkierungen Mit Gelbstrich waagerecht bis ins Klumpertal. Nr. 2 bis Abzweig Weidenloh. Grünes Kreuz bis Deinzer Kreuz. Blaues Kreuz bis Pottenstein.

Tourenlänge Etwa 12,5 km.

Wanderzeit Etwa 3½ Stunden.

Höhenunterschiede Insgesamt 115 m. Mäßig steiler Anstieg aus dem Klumpertal (410 m) bis Kapelle (460 m).

Wanderkarten 1:50000 Fritsch Wanderkarte Blatt 53.

Abkürzung Mit der Markierung Nr. 2 beim Abzweig Weidenloh weiter geradeaus. Vorbei an einem Aussichtspunkt (Schöner Blick ins Klumpertal) und dem Entenstein (Felsgebilde) zum Parkplatz an der Straße Schüttersmühle – Kirchenbirkig. Über die Straße und im Wald weiter bis zu einem Querweg. Nach rechts abbiegen. Nach etwa 30 m zweigt nach rechts ein Steig (Markierung Gelbe Raute) zur Teufelshöhle ab. Der geradeaus weiterführende Weg ist ab hier mit einer weißen 4 auf grünem Grund markiert und leitet zurück nach Pottenstein. Tourenlänge etwa 10,5 km, Wanderzeit etwa 2¾ Stunden.

Wissenswertes Pottenstein ist ein von Felsen umrahmter Luftkurort. 1000 jährige Burg, auf der in den Jahren 1228/29 die heilige Elisabeth, Gemahlin des Landgrafen Ludwig von Thüringen, Zuflucht fand. Die Burg kann besichtigt werden, zu ihr empor führt ein Fußsteig mit 365 Treppen. Im Ort viele Fachwerkhäuser. Gotische Pfarrkirche.

Bei Pottenstein liegt die Teufelshöhle. Sie ist die größte Tropfsteinhöhle Deutschlands, auf einer Länge von eineinhalb Kilometer elektrisch beleuchtet und durch Treppen und Geländer zugänglich gemacht. Besichtigt werden kann die Höhle in der Zeit von April bis Oktober. Dauer der Führung etwa 1 Stunde.

Tourenbeschreibung Vom Parkplatz zur Bundesstraße und bei der Elisabethenstatue etwa 20 m auf der Straße nach Gößweinstein bergan. Dann nach links in das Weiherbachtal abbiegen.

Auf schönem Promenadenweg geht es zum *Schöngrundsee* (aufgestauter See, Bootsverleih).

Vom Schöngrundsee am Hang entlang weiter bis zur *Teufelshöhle* (Führungen von April bis Oktober täglich von 8 – 18 Uhr). Auf der rechten Seite des Weiherbachtales weiter bis zum Felsen *Weiherstaler Männchen.* Über die Brücke zur *Schüttersmühle* (Gasthaus).

Gleich nach der Brücke nach rechts ins *Klumpertal* abbiegen. An Felsgebilden vorbei zur *Mittelmühle.* Weiter im Tal entlang. Beim Wegweiser: »Kühlenfels, Kirchenbirkig, Teufelshöhle« mit der Markierung Nr. 2 spitzwinkelig nach rechts abbiegen und leicht ansteigen. Nach etwa 5 Minuten Wegteilung. Rechts halten. Es geht vorbei an der Felsgruppe »*Bei der schwarzen Frau*« (davor ein Marterl) und dem *Drachenfels.* Kurz danach ein Schild: »*Kirchenbirkig – Weidenloh*« und die Markierung Grünes Kreuz. Nach links abzweigen und im Wald ansteigen. Beim Wegweiser »*Weidenloh*« nach rechts und noch ein kurzes Stück durch den Wald. Dann durch die Feldflur hinüber zu einer kleinen Kapelle an der Straße Schüttersmühle-Kirchenbirkig. An dem Kapellchen vorbei und auf ein Wäldchen zu marschieren. Über freies Feld geht es hinüber nach *Weidenloh*. Durch den kleinen Ort und weiter durch den Wald bis zum *Deinzer Kreuz* (Gedenkkreuz vor drei Fichten). Hier nach rechts abwinkeln und nun der Markierung Blaukreuz folgend über Felder, am Waldrand entlang, über eine Wiese im Hummerstal und wieder durch Wald leicht ansteigend zur Straße empor. Nach links zur Straßenkreuzung, über diese hinweg und geradeaus weiter. Schon bald taucht Pottenstein vor uns auf. Wir nehmen bei der Wegegabelung den nach rechts abgehenden Weg und auch künftig immer rechts haltend, steigen wir hinab nach *Pottenstein*.

31 Pottenstein – Waldtempel – Hasenloch – Hofmannskapelle – Schöngrundsee – Pottenstein

Verkehrsmöglichkeiten Siehe Wanderung Nr. 30.
Parkmöglichkeiten Am Stadtgraben und beim Kurzentrum.
Wegemarkierung Grüner Punkt.
Tourenlänge Etwa 6,5 km.
Wanderzeit Etwa 1½ Stunden.
Höhenunterschiede Insgesamt 125 m. Mäßig steiler Anstieg von Pottenstein (368 m) bis Hofmannskapelle (483 m). Mäßig steiler bis steiler Abstieg bis Schöngrundsee – Pottenstein.
Wanderkarte 1:50 000 Fritsch Wanderkarte Blatt 53.
Wissenswertes Pottenstein siehe Wanderung Nr. 30.
Tourenbeschreibung Durch das Löhrgäßchen aus dem Ort und ein kurzes Stück an der Püttlach entlang. Bei der Wegteilung nach rechts und im Wald bergauf. (Links unten die Püttlach, rechts ein Fels mit einer Gedenktafel für den Heimatforscher Emil Riedel). Es geht weiter im Wald aufwärts bis zur *Waldkapelle* (vor einer Felsgruppe der gekreuzigte Heiland, davor Gebetsbank).

Wenige Schritte von der Waldkapelle entfernt, (auf der rechten Seite des Weges) das Große Hasenloch (Jägerstation des urgeschichtlichen Menschen, während der Eiszeit, etwa 70 000 Jahre vor der Zeitwende. Zuletzt 1866 Zufluchtshöhle). Nach der Hasenlochhöhle noch ein Stück durch den Wald, dann über eine Wiese und im Linksbogen zu der unter einer Linde stehenden *Hofmannskapelle.* (Vor der Kapelle eine Bank. Idealer Rastplatz).

Von der Hofmannskapelle nach rechts, an alten Linden vorbei bis oberhalb des Landschulheimes. Jetzt im spitzen Winkel nach links und durch ein Kiefernwäldchen bis zu einer Weg-

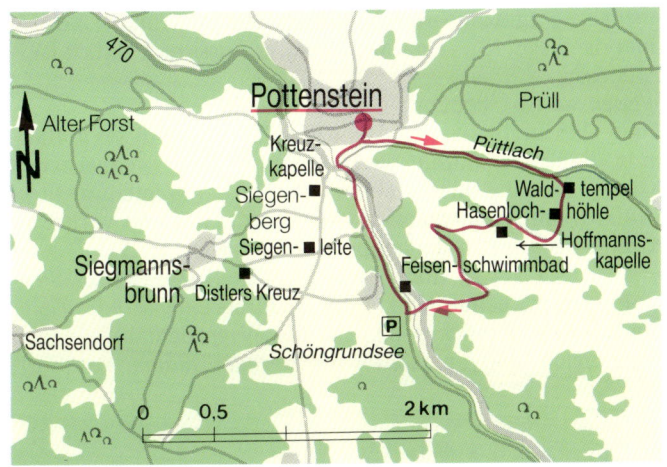

teilung. Den Weg nach rechts nehmen. Der Weg wird zum Pfad, führt über eine Wiese und (bei einem Apfelbaum) wieder in den Wald. In diesem steil hinab zum Felsenschwimmbad und zur Bundesstraße. Über diese hinweg und hinüber zum *Schöngrundsee* (Bootsverleih). Dort nach rechts abbiegen und auf schönem Promenadenweg nach *Pottenstein* zurück bummeln.

32 Pottenstein – Kreuzkapelle – Siegmannsbrunn – Distlers Kreuz – Siegenleite – Pottenstein

Verkehrsmöglichkeiten Siehe Wanderung Nr. 30.

Parkmöglichkeiten Am Stadtgraben und beim Kurzentrum.

Wegemarkierungen Blaustrich waagerecht bis Kreuzkapelle. Ohne Markierung bis Siegmannsbrunn und weiter bis zur Markierung Blaues Kreuz. Grünpunkt bis Pottenstein.

Tourenlänge Etwa 4½ km.

Wanderzeit Etwa 1½ Stunden.

Höhenunterschiede Insgesamt 42 m. Steiler Anstieg von Pottenstein (368 m) bis Kreuzkapelle (410 m). Steiler Abstieg nach Pottenstein.

Wanderkarte 1 : 50 000 Fritsch Wanderkarte Blatt 53.

Anmerkung Auf dieser Kurzwanderung geht es auf dem Stationsweg steil empor zur Kreuzkapelle. Auf bequemen Weg hinüber nach Siegmannsbrunn (Einkehrmöglichkeit) und schließlich über die Siegenleite – mit wunderbarer Aussicht – zurück nach Pottenstein.

Wissenswertes   Pottenstein siehe Wanderung Nr. 30.

Tourenbeschreibung   Zur Bundesstraße und auf dieser in Richtung Behringersmühle. Beim Schild »Zur evangelischen Kirche« über die Straße und bergan. Bei der Wegteilung links halten (nicht nach rechts ab zur ev. Kirche) und vorbei an Kreuzwegstationen steil empor zur *Kreuzkapelle.*

An dieser vorbei und geradeaus weiter. (Wegweiser Siegmannsbrunn, keine Markierung). Durch eine Mulde. Beim Wegabzweig geradeaus und bei der Weggabelung (vor dem Wald) nach links und weiter bis *Siegmannsbrunn.* Von Sieg-

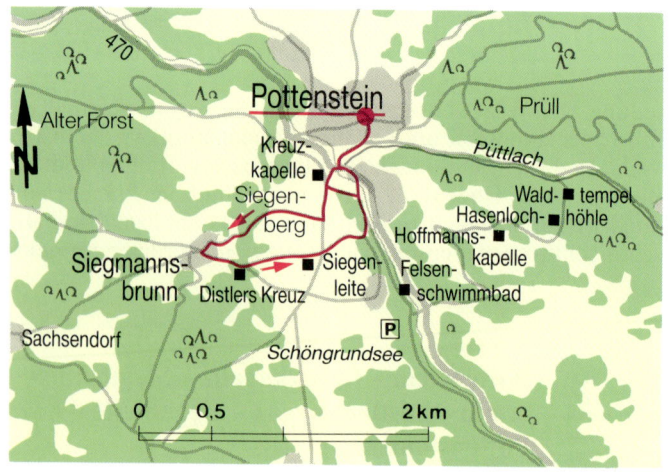

mannsbrunn aus etwa 150 m auf der Straße in Richtung Pottenstein gehen. Nach links in einen Feldweg einbiegen und leicht ansteigend zu einem Kreuz am Waldrand (*Distlers Kreuz).*

Rechtshaltend am Waldrand (Haselnußbüsche) entlang weiter. Bei Wegkreuzung geradeaus. Burg Pottenstein wird sichtbar, immer in diese Richtung marschieren, bis man bei einem Feldkreuz auf die Markierung Blaues Kreuz stößt.

Etwa 20 m nach links abwärts, wieder nach links und nun mit Markierung Grünpunkt über die *Siegenleite* (hoch über Pottenstein, herrlicher Tiefblick) zur Kreuzkapelle und auf schon bekanntem Weg hinab nach *Pottenstein.*

33 Pottenstein – Bärenschlucht – Weidmannsgesees – Vockenstein – Pottenstein

Verkehrsmöglichkeiten   Siehe Wanderung Nr. 30.
Parkmöglichkeiten   Am Stadtgraben und beim Kurzentrum.
Wegemarkierungen   Roter Ring bis Weidmannsgesees. Blaustrich waagerecht bis Pottenstein.
Tourenlänge   Etwa 7 km.
Wanderzeit   Etwa 2 Stunden.
Höhenunterschiede   Insgesamt 70 m. Mäßig steiler Anstieg aus dem Püttlachtal (350 m) durch die Bärenschlucht bis Weidmannsgesees (420 m). Steiler Abstieg vom Ortsteil Vockenstein bis Ortsmitte Pottenstein.
Wanderkarte   1:50 000 Fritsch Wanderkarte Blatt 53.
Wissenswertes   Die Bärenschlucht ist ein wildromantisches Felsental und die größte prähistorische Fundstelle der Fränkischen Schweiz.
Tourenbeschreibung   Durch die Franz-Wittmann-Gasse zur Bundesstraße 470 und auf dieser in Richtung Tüchersfeld einbiegen. Nach etwa 200 m (beim Steinschlagschild) nach links über die Straße und im Wald ansteigen, bis rechts ein Pfad abzweigt. Auf diesem dreifach markiertem Steig (Rotkreuz, MD = Main-Donau-Weg und Roter Ring) oberhalb der Straße im Wald dahin, bis Rotring nach rechts abgeht. Die Straße und die *Püttlach* überschreiten, den Campingplatz überqueren und durch die *Bärenschlucht* nach *Weidmannsgesees* ansteigen.

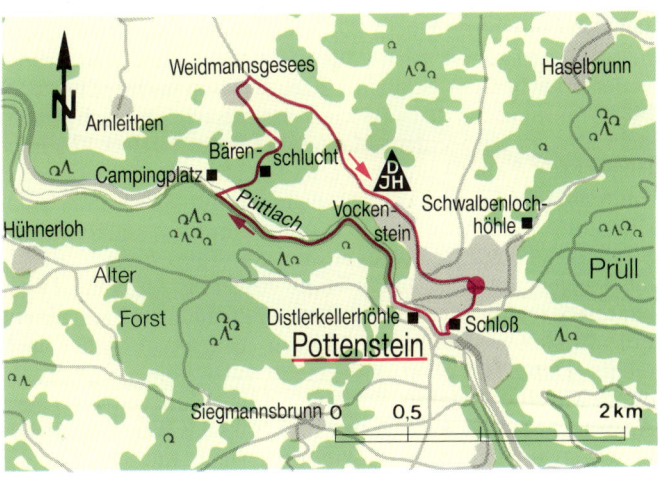

In Weidmannsgesees nach rechts abbiegen und auf verkehrsarmen Sträßchen bis *Vockenstein* marschieren. (Vockenstein ist ein Ortsteil von Pottenstein. Rechts der Straße schöner Rastplatz. Tiefblick auf Pottenstein und hinüber zur Siegenleite mit der Kreuzkapelle).

Über den Bayreuther Berg hinab nach *Pottenstein.*

34 Pottenstein – Bergwachthütte – Kirchenweg – Prüllsbirkig – Unterhauenstein – Püttlachtal – Pottenstein

Verkehrsmöglichkeiten   Siehe Wanderung Nr. 30.
Parkmöglichkeiten   Beim Kurzentrum oder Am Stadtgraben.
Wegemarkierungen   Ohne Markierung bis oberhalb Bergwachthütte. Blaupunkt bis Unterhauenstein. Ein kurzes Stück Gelbstrich waagerecht, dann Rotes Kreuz bis Pottenstein.
Tourenlänge   11 km.
Wanderzeit   Etwa 3½ Stunden.
Höhenunterschiede   Insgesamt etwa 100 m. Steiler Anstieg von Pottenstein (368 m) bis oberhalb Bergwachthütte (460 m). Mäßig steiler Abstieg von Prüllsbirkig (450 m) bis Unterhauensteiner Mühle (400 m).
Wanderkarte   1:50 000 Fritsch Wanderkarte Blatt 53.
Anmerkung   Durch den Staatsforst Prüll, auf dem Kirchenweg, nach Prüllsbirkig. Dann hinab zur verfallenen Mühle Unterhauenstein und durch das Obere Püttlachtal (vorbei an interessanten Felsgebilden) zurück nach Pottenstein, führt diese Wanderung.

Bei Erreichen des Schneider Kreuzes kann nach rechts abgebogen und über den Redwitzsteig (Aussichtskanzeln) nach Pottenstein abgestiegen werden. Markierung Rotes Dreieck. Tourenlänge etwa 4,5 km, Wanderzeit etwa 1 1/2 Stunden.
Tourenbeschreibung   Vom Stadtgraben zur Straße Mariental (Richtung Haselbrunn) gehen und dann nach rechts in das Sträßchen Fronfeste abbiegen. Bei der Tafel *Bergwachthütte* die Treppen aufwärts, an der Hütte vorbei bis zur Höhe. Oben kurz nach rechts. Markierung Blaupunkt taucht auf. Auf einem Forststräßchen nach links und nach etwa 100 m wieder nach rechts. Dann fast eben und gerade auf schöner Sandstraße durch Mischwald dahin. Vorbei an einer Schutzhütte bis zum Abzweig *Schneider Kreuz* (Etwa 10 m links des Weges, im Wald, verwittertes Steinkreuz. Abkürzung, siehe Anmerkung). Es

geht geradeaus weiter bis zum Waldende. Dann ein Stück über
Feldflur bis zu einem Apfelbaum (rechts des Weges). Hier acht
geben! Pfeil weißt nach rechts. Es geht über eine Wiese und
– kaum erkenntlich – auf ganz schmalem Pfad, direkt über
den Acker, immer Richtung große Linde! Hinter der Linde
nach links schwenken und hinein in den Ort *Prüllsbirkig*.

Rechtshaltend durch den Ort und auf der Straße in Richtung
Kosbrunn. Bei den zwei Linden, mit Marterl dazwischen (Rastplatz), nach rechts abbiegen. Durch Felder, bei der Wegverzweigung links haltend, weiter durch ein Waldstück und über
eine Wiese. Der Weg wird zum Steig und führt zunächst am
Waldrand entlang, dann durch den Wald hinab zur verfallenen
Mühle *Unterhauenstein*. Über die Püttlach und durch eine
Wiese hin zum Fahrweg. Auf diesem, Markierung Gelbstrich
waagerecht folgend, nach rechts bis zu einer Wegteilung. Auf
Markierung Rotes Kreuz wechseln, nach rechts und auf dem
sogenannten *Heiligensteg* (Holzbrücke) über die *Püttlach*. Auf
schmalem Pfad weiter. Vorbei an der *Gaiskirche* (Kletterwand),
auf allmählich breiter werdenem Weg, etwa 2 km, im Tal der
Püttlach entlang. Dort, wo Markierung Rotes Kreuz nach links
(über die Püttlach) abbiegt, gehen wir geradeaus weiter. Vorbei
am *Veilchenbrunnen,* dem *Predigtstuhl* (Felsen), dem Spielplatz
mit Kneipptretbecken (zum Füße erfrischen) und dem *Adam-
felsen* geht es zurück nach *Pottenstein.*

35 Pottenstein – Hühnerloh – Bösenbirkig – Gößweinstein – Tüchersfeld – Pottenstein

Verkehrsmöglichkeiten Siehe Wanderung Nr. 30.

Parkmöglichkeiten Parkplatz Am Stadtgraben und beim Kurzentrum.

Wegemarkierungen Blaustrich senkrecht bis Gößweinstein. Rotpunkt bis Tüchersfeld. Rotes Kreuz bis Pottenstein.

Tourenlänge Etwa 14 km.

Wanderzeit Etwa 4½ bis 5 Stunden.

Höhenunterschiede Insgesamt etwa 165 m. Steiler Anstieg von Pottenstein (368 m) bis Kreuzkapelle (410 m). Steiler Abstieg von Gößweinstein (458 m) bis Tüchersfeld (350 m).

Wanderkarte 1:50000 Fritsch Wanderkarte Blatt 53.

Abkürzung Von Hühnerloh mit der Markierung Schwarzer Punkt durch den Ort. Dann zunächst über Feldflur zum Wald und in diesem bis zu einem Querweg (Markierung Rotpunkt). Weiter wie bei Hauptroute. Tourenlänge etwa 11 km, Wanderzeit etwa 3½ Stunden.

Wissenswertes Pottenstein siehe Wanderung Nr. 30. Gößweinstein, bekannter Wallfahrtsort und Hauptfremdenverkehrsplatz in der Fränkischen Schweiz. Die Pfarr- und Wallfahrtskirche

Zu Tour 30, 31, 32, 33, 34, 35, 47, 98, 99 **Marktplatz Pottenstein**
(Foto: Stadt Pottenstein)

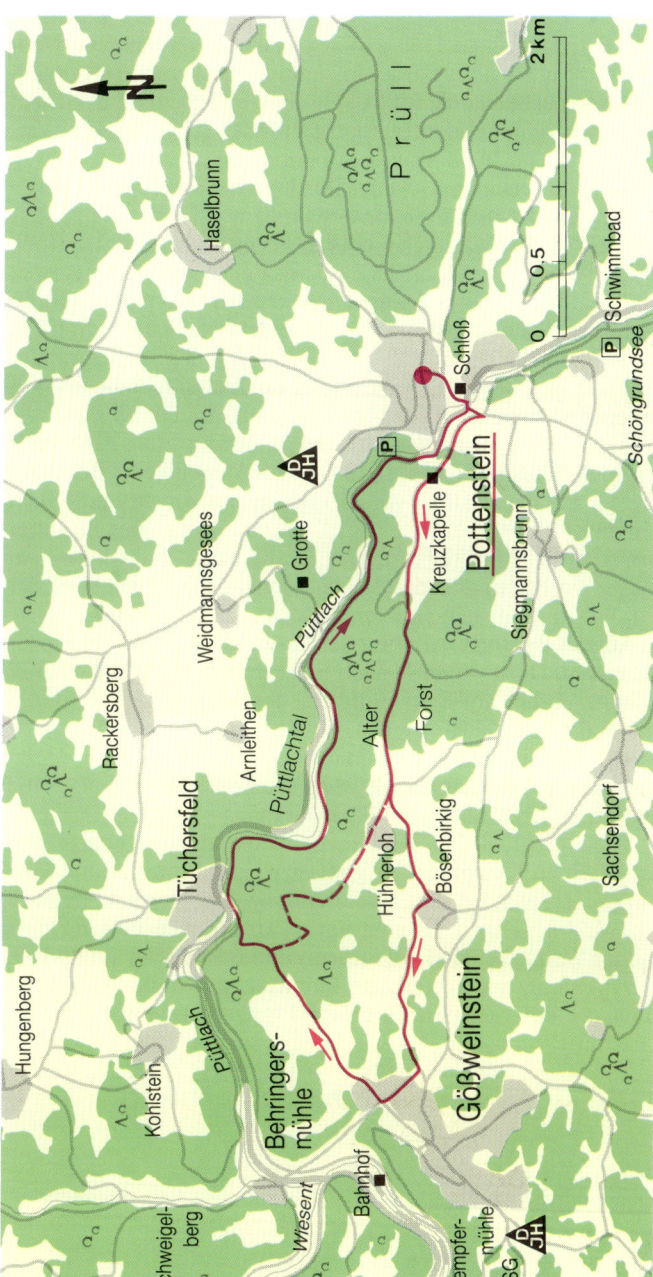

wurde in den Jahren 1730 – 39 nach Plänen von Balthasar Neumann erbaut. Reiche Barockausstattung. Gnadenbild (Krönung Mariens) der Spätgotik. Burg Gößweinstein, auf aussichtsreichem Felsen, wurde im 11. Jahrhundert gegründet. Starke, bauliche Veränderungen im 19. Jahrhundert. Führungen.

Tourenbeschreibung   Auf der Forchheimer Straße zur Bundesstraße gehen. Über diese hinweg und zur *Kreuzkapelle* aufsteigen. Bei der Kapelle nach rechts abbiegen und ein kurzes Stück hangabwärts. Wieder ansteigend aus dem Wald. Auf Feldweg bis zu einer Linde und weiter bis zu einer Wegekreuzung. In bisheriger Richtung weiter, durch Felder zum Wald. Durch den Wald, dann wieder über Feldflur nach *Hühnerloh* (Beginn der Abkürzung). Beim Buswartehäuschen über die Straße und auf einem Feldweg bis in den schon sichtbaren Ort *Bösenbirkig*.

Nach rechts durch den Ort und an dessen Ende nach links in einen Feldweg einbiegen. Schon bald tauchen die Burg und die Türme der Basilika von Gößweinstein vor uns auf. Noch ein gutes Stück über freies Feld, dann zieht der Weg hinunter bis zu einer Tankstelle (an der Straße nach Pottenstein). An dieser vorbei und – das letzte Wegstück nunmehr auf der Straße – hinauf nach *Gößweinstein*.

Auf der Behringersmühler Straße wird Gößweinstein wieder verlassen. Dort, wo diese nach links abbiegt, geradeaus weiter gehen. Vorbei am Schwimmbad, der Markierung Rotpunkt folgend, zum Wald ansteigen. Ein Stück eben dahin, dann steil hinab ins *Püttlachtal*. Kurz nach der Kapelle auf einer Holzbrücke hinüber nach *Tüchersfeld* (Felsendorf. Kühne Felstürme mitten im Ort. Malerische Fachwerkhäuser).

Wieder zurück zur Kapelle und links davon hoch in den Wald. Beim Campingplatz geht es wieder hinunter und jetzt ein gutes Stück im Püttlachtal entlang. Noch einmal heißt es im Wald ansteigen. Es geht vorbei an bizarren Felsen (Püttlacher Wand, Teufelskrallenturm) und im stetigen auf und ab, letztlich kurz vor Pottenstein hinunter zur Straße. Nach links über die Püttlach und durch die Franz-Wittmann-Gasse zur Ortsmitte.

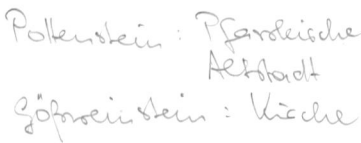

Pottenstein : Pfarrkirche
Altstadt
Gößweinstein : Kirche

Zu Tour 30, 35, 39, 47 **Gößweinstein, Wallfahrtskirche**
(Foto: Ulrich Schnabel, Archiv DWV)

36 Behringersmühle – Forsthaus Schweigelberg – Moschendorf – Weiße Marter – Köttweinsdorf – Doos – Schottersmühle

Verkehrsmöglichkeiten   Busverbindung von und nach Bayreuth, Ebermannstadt, Hollfeld, Pegnitz, Pottenstein, Waischenfeld.
Parkmöglichkeiten   Vor dem Verkehrsbüro.
Wegemarkierungen   Gelbes Kreuz bis Weiße Marter. Diagonal geteiltes Rechteck rot-weiß bis Doos. Gelbstrich waagerecht bis Behringersmühle.
Tourenlänge   Etwa 12 km.
Wanderzeit   Etwa 3½ bis 4 Stunden.
Höhenunterschiede   Insgesamt 130 m. Mäßig steiler Anstieg von Behringersmühle (340 m) bis Forsthaus Schweigelberg (430 m), steiler Abstieg von Köttweinsdorf (450 m) bis Doos (350 m).

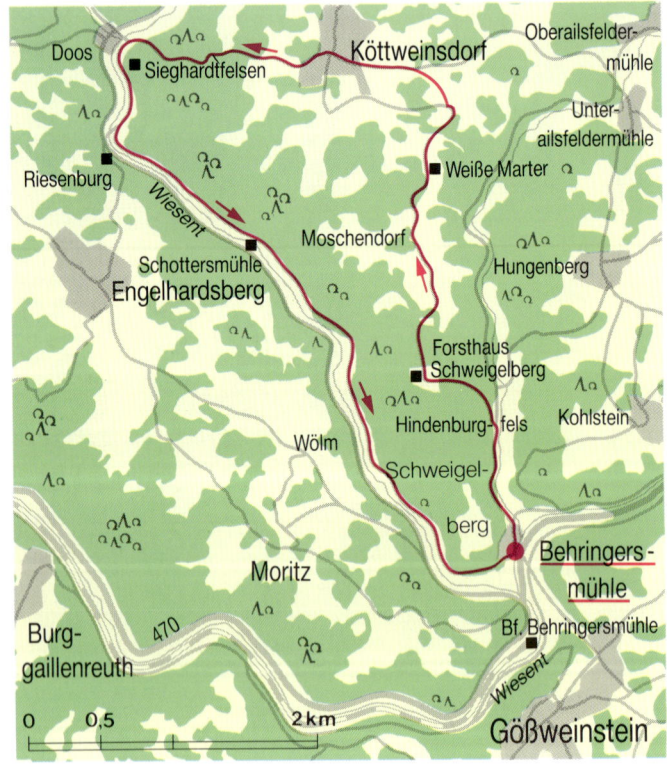

Zu Tour 30, 35, 39, 47 **Jugendherberge Gößweinstein, Etzdorfer Straße 142, D-8556 Gößweinstein.**
Gößweinstein liegt im Zentrum der Fränkischen Schweiz, rund 150 Meter über dem Wiesenttal. Die JH befindet sich am westlichen Ortsrand.

Wanderkarten   1:50000 Fritsch Wanderkarte Blatt 53; Kompass Wanderkarte Blatt 171.

Abkürzung   Nach Moschendorf beim zweiten Wegabzweig nach links abbiegen (Markierung Rotring) und direkt nach Köttweinsdorf gehen. Tourenlänge etwa 11 km, Wanderzeit etwa 3 1/2 Stunden.

Wissenswertes   Behringermühle ist staatlich anerkannter Luftkurort im Talkessel von Wiesent, des Ailsbaches und der Püttlach.

Tourenbeschreibung   In die Bayreuther Straße einbiegen und den ersten Weg nach links hoch bis an dessen Ende. Auf Fußsteig hinab zur Straße und auf dieser etwa 150 m in Richtung Oberailsfeld gehen. Nach links abbiegen und auf dem Fahrsträßchen (für öffentlichen Verkehr gesperrt) bis zum *Forsthaus Schweigelberg* ansteigen. Am Forsthaus rechts abbiegen und durch eine Obstbaumallee zum Wald. Nach Waldende auf Feldweg bis *Moschendorf.* Geradeaus durch den Ort, über Feldflur auf eine Waldspitze zu marschieren. (Beim zweiten Wegabzweig nach links, Abkürzungsmöglichkeit). Ein kurzes Stück durch den Wald, dann am Waldrand weiter bis zur *Weißen Marter* (Gedenkstein von 1767, zwischen zwei großen Linden).

Bei der Weißen Marter nach links und auf Feldweg bis Straße, in die wir nach links einschwenken, um in den bereits sichtbaren Ort

Köttweinsdorf zu wandern. Im Ort links abzweigen und zum Dorfende leicht ansteigen. Durch Felder zum Wald. An einem Felsen
vorbei (links des Weges) und bei der folgenden Wegteilung nach
rechts. Auch bei der zweiten Wegteilung rechts halten, jedoch kurz
danach nach links in den Wald. Auf schmalem Pfad bis zu einer
Bank. Dort scharf nach rechts abzweigen und sehr steil, zwischen
zwei Felsen hindurch, hinunter zur Wiesent. Über einen Holzsteg
hinüber nach *Doos* (wo die Aufseß in die Wiesent »doost«).

Wieder zurück über die Wiesent, nach rechts schwenken und auf
schönem Wiesenpfad bis zur *Schottersmühle* (Gasthaus). Ab Campingplatz (bei der Schottersmühle) im schattigen Hangwald weiter.
Dann folgt wieder ein Stück Wiesenweg und zuletzt auf Spazierweg
zurück nach *Behringersmühle*.

37 Behringersmühle – Tüchersfeld – Hungenberg – Kohlstein – Behringersmühle

Verkehrsmöglichkeiten Siehe Wanderung Nr. 36.
Parkmöglichkeiten Beim Verkehrsamt.
Wegemarkierungen Gelbe Raute bis Tüchersfeld. Ohne Markie-
rung bis Hungenberg. Mit Gelbpunkt nach Kohlstein und mit
Grünstrich zurück nach Behringersmühle.
Tourenlänge Etwa 10 km.
Wanderzeit Etwa 3 Stunden.
Höhenunterschiede Insgesamt 120 m. Mäßig steiler Anstieg von
Tüchersfeld (350 m) bis Hungenberg (450 m). Mäßig steiler Ab-
stieg von Kohlstein (427 m) bis Behringersmühle (340 m).
Wanderkarten 1:50 000 Fritsch Wanderkarte Blatt 53; Kompass
Wanderkarte Blatt 171.
Tourenbeschreibung Über den Ailsbach und dem Wegweiser
Tüchersfeld und der Markierung Gelbe Raute folgend, zunächst
auf Wiesenweg, dann am Waldrand entlang und schließlich durch
den Wald. Im spitzen Winkel nach links abbiegen und über Stufen
hinauf zur Straße nach Kohlstein. Hier nach rechts abwärts. Die
folgenden Häuser gehören bereits zu Tüchersfeld.

Um jedoch in den eigentlichen Ort zu gelangen, müssen wir bis
zur Bundesstraße gehen. Dort nach links abbiegen und auf
Fußweg neben der Straße in das *Felsendorf Tüchersfeld* gehen.
(Tüchersfeld ist wohl das am meisten fotografierte Dorf in der
Fränkischen Schweiz. Steil ragen die Felspartien mitten im Ort

empor. Zwischen den Felstürmen die Ruine einer mittelalterlichen Burg. Malerische Fachwerkhäuser).

Auf der nach Unterailsfeld führenden Straße durch das Dorf. (In Tüchersfeld besteht die Möglichkeit mit der Markierung Nr. 2 den Fahnenstein zu besteigen. Am Ortsende zweigt außerdem ein alpiner Steig ab – Markierung Rotes Blatt – seine Begehung erfordert jedoch Trittsicherheit und Schwindelfreiheit). Am Ortsende teilt sich die Straße. Halblinks abzweigen (Wegweiser Unterailsfeld) und auf der Ortsverbindungsstraße aufwärts bis ein Feldkreuz (rechts des Weges, zwischen drei Kiefern) erreicht wird.

Genau gegenüber geht ein Feldweg ab, der uns nach *Hungenberg* bringt.

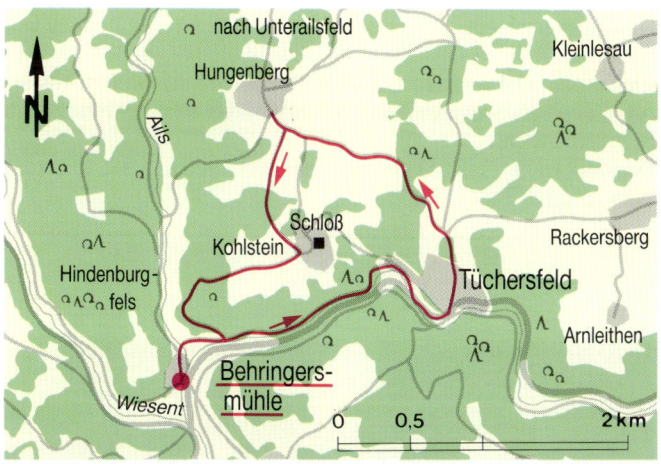

In Hungenberg nach links abbiegen und in etwa 15 Minuten hinüber nach *Kohlstein*. (Schloß Kohlstein, erbaut 1486, Umbau 1636. Nebengebäude aus dem 18./19. Jahrhundert. Im Besitz der Herren Groß von Trockau. Keine Besichtigungsmöglichkeit). Vom Schloß Kohlstein kommend, nach links, am Dorfteich vorbei und zunächst durch Felder (nach links schöner Blick auf Burg und Basilika Gößweinstein), dann im Linksbogen durch den Wald abwärts und zurück nach *Behringersmühle*.

38 **Behringersmühle – Moritz – Engelhardsberg – Riesenburg – Schillerfelsen – Schottersmühle – Forsthaus Schweigelberg –
Behringersmühle**

Verkehrsmöglichkeiten   Siehe Wanderung Nr. 36.
Parkmöglichkeiten   Vor dem Verkehrsbüro.
Wegemarkierungen   Rotstrich senkrecht bis kurz vor Engelhards-
berg. Gelber Ring bis ins Wiesent- bzw. Schottertal. Gelbstrich
waagerecht bis Schottersmühle bzw. Behringersmühle. Gelbe
Raute bis Forsthaus Schweigelberg und zurück nach Behringers-
mühle.
Tourenlänge   Etwa 12 km.
Wanderzeit   Etwa 4 Stunden.
Höhenunterschiede   Insgesamt 225 m. Mäßig steiler Anstieg von
Behringersmühle (340 m) bis Engelhardsberg (483 m). Steiler Ab-
stieg durch die Riesenburg ins Schottertal (350 m). Steiler Anstieg
zum Forsthaus Schweigelberg (340 m). Mäßig steiler Abstieg nach
Behringersmühle.
Wanderkarten   1:50000 Fritsch Wanderkarte Blatt 53; Kompass
Wanderkarte Blatt 171.

Zu Tour 36, 38   **Schottersmühle, Wiesent**   (Foto: Ulrich Schnabel, Archiv DWV)

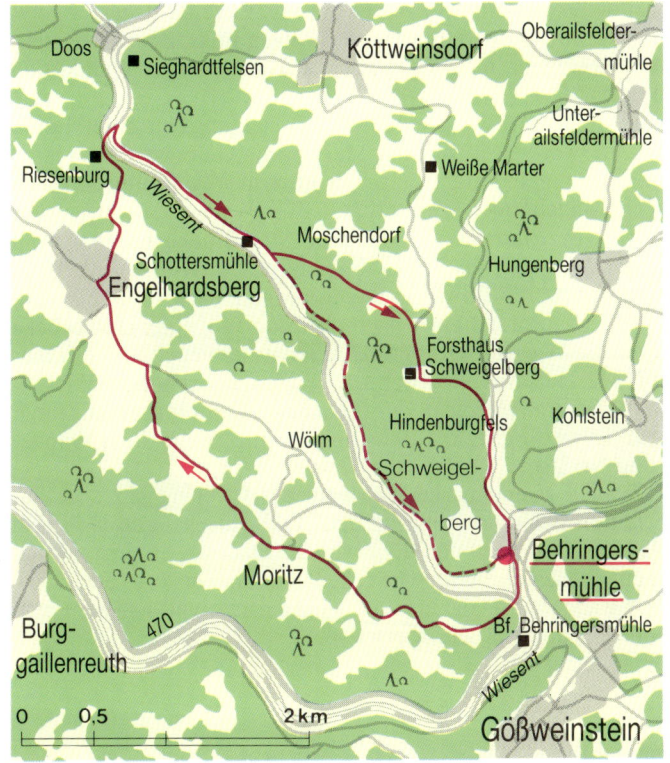

Abkürzung Nach dem Abstieg durch die Riesenburg über die Wiesent und im Schottertal direkt zurück nach Behringersmühle. Tourenlänge etwa 11 km, Wanderzeit etwa 3½ Stunden.

Wissenswertes Die Riesenburg ist eine Ansammlung gewaltiger, bizarrgeformter Felsen. Ein in der Fränkischen Schweiz einmaliges Wald- und Felsenlabyrinth, wild und zerklüftet. Durch Treppen und Geländer zugänglich gemacht.

Tourenbeschreibung Über die Wiesent, am Altersheim vorbei zur Straße nach Doos. Diese überqueren, nach links und den mit Rotstrich waagerecht markierten Wanderweg (Bistumweg) mäßig ansteigend bis *Moritz* (Von unterwegs schöner Blick hinüber nach Gößweinstein).

Durch den Ort und oberhalb des Campingplatzes, an einer Felsgruppe vorbei in den Wald. Durch den Wald, über Feldflur, Wald, Wiese und wieder Wald führt der Weg hin bis zur Straße nach Engelhardsberg. In diese nach links einbiegen und weiter bis *Engelhardsberg.* (Kurz vor Engelhardsberg zweigt Markierung Rotstrich waagerecht nach links, zum Adlerstein ab. Abstecher möglich. Adlerstein siehe auch Wanderung Nr. 25).

In Engelhardsberg gleich am Ortsanfang, an einer Linde Wanderwegweiser. Mit der Markierung Gelbring nach rechts und aus dem Ort. Bei einem Felsbrocken Wegteilung, den nach rechts abgehenden Weg nehmen. Zum Wald und in diesem abwärts zur *Riesenburg.* Über eine Steinbrücke hinüber zum *Schillerfelsen* (Von hier schöner Blick ins Wiesenttal). Über Treppen weiter abwärts. Wenige Meter nach links bis zum Parkplatz, hinter diesem nach rechts und auf einer Holzbrücke über die Wiesent. Drüben nach rechts abbiegen und (ab hier mit Markierung Gelbstrich waagerecht) auf schönem Wiesenpfad bis zur *Schottersmühle* (Gasthaus, Camping; Abkürzung: Auf Talweg weiter bis Behringersmühle. Siehe auch Wanderung Nr. 36).

Etwa 5 Minuten nach Passieren des Campingplatzes an der Schottersmühle nach links in den Wald abbiegen und in diesem steil ansteigen. Auf der Höhe wird ein Querweg erreicht, in welchen wir nach rechts einschwenken und zum *Forsthaus Schweigelberg* wandern. Bei diesem noch einmal nach rechts und auf Forststraße hinab nach Behringersmühle.

39 Gößweinstein – Heidekreuz – Wichsenstein – Burggaillenreuth – Sachsenmühle – Stempfermühle – Gößweinstein

Verkehrsmöglichkeiten   Wie bei Behringersmühle, Nr. 36.
Parkmöglichkeiten   Großer Parkplatz an der Pezoldstraße .
Wegemarkierungen   Blaues Kreuz bis Wichsenstein. Rote Raute bis Burggaillenreuth. Ohne Markierung ins Wiesenttal. Rotes Kreuz bis Stempfermühle. Gelbstrich waagerecht bis Gößweinstein.
Tourenlänge   Etwa 17½ km.
Wanderzeit   Etwa 5½ Stunden.
Höhenunterschiede   Insgesamt 320 m. Steiler Abstieg von Burggaillenreuth (400 m) ins Wiesenttal (320 m). Sehr steiler Aufstieg von der Stempfermühle (318 m) bis Gößweinstein (458 m).

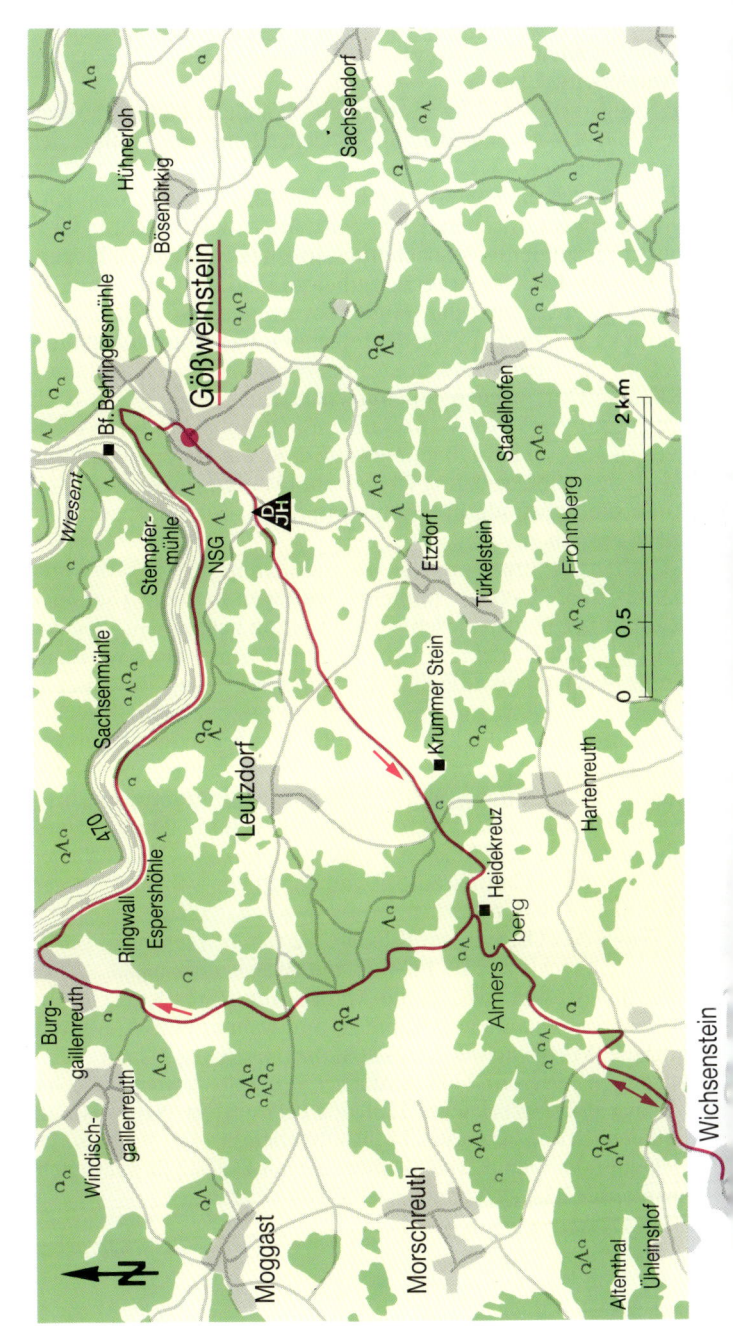

Wanderkarten 1:50000 Fritsch Wanderkarte Blatt 53; Kompass Wanderkarte Blatt 171.

Wissenswertes Gößweinstein siehe Wanderung Nr. 35. Wichsenstein, Dorf auf der Jurahochfläche. Beliebtes Ausflugsziel, Aussichtsfelsen.

Tourenbeschreibung Auf der Bezoldstraße, am BRK-Altenheim vorbei zur Straße nach Ebermannstadt. Auf dieser etwa 500 m bergauf. Auf der Höhe nach links, in einen Feldweg einbiegen. Durch Felder, ein Sträßchen überquerend, bis zum Wald. In diesem weiter. Über die Gemeindeverbindungsstraße Hartenreuth – Leutzdorf und bei der folgenden Wegteilung nach links gehen. Aus dem Wald über eine Wiese bis zu einer kleinen Kapelle. Dort nach rechts abbiegen. Nach etwa 100 m nach links zum Wald. Am Waldsaum entlang, zunächst durch Fichten- später durch Buchenjungwald, dann am Waldrand entlang bis zur Straßenkreuzung *Heidekreuz* (Marterl, Bushaltestelle). Über die Kreuzung und bergan in den schon sichtbaren Ort *Wichsenstein*.

Neben der Straße ragt der *Wichsenstein* empor. Er kann (und sollte) über Treppen mühelos bestiegen werden. (Schöner Rundblick). Von Wichsenstein auf schon bekanntem Weg zurück bis zum Heidekreuz. Am Waldrand weiter. Dort, wo Blaukreuz nach rechts abbiegt, mit der Markierung Rote Raute geradeaus weiter. Im Wald bei der Wegkreuzung halbrechts und zum Waldende, über freie Flur zum gegenüberliegenden Wald. Durch diesen bis zur Straße Gößweinstein – Ebermannstadt. Über die hinweg und jenseits auf der Straße etwa 600 m in Richtung Burggaillenreuth. Dann nach rechts in den Wald und über den Vogelherd hinab nach *Burggaillenreuth*. (Von der ehemaligen Burg Gaillenreuth ist nur noch ein wehrturmartiger Wohnbau erhalten).

Durch den Ort bis zum Schloß-Café (an Wochenenden geöffnet), nach rechts und auf Fußweg steil hinab bis *Wiesenttal*.

Unten stoßen wir auf die Markierung Rotes Kreuz (Leo-Jobstweg), biegen nach rechts ab und wandern im Wiesenttal entlang. Vorbei an der *Sachsenmühle* (Gasthaus) bis zur *Stempfermühle*. (Bereits 1468 urkundlich erwähnt. Ehemals beliebte Erlanger Studentenkneipe. Im Krieg 1945 zerstört. Neubau (ohne Mühlenbetrieb) als Gaststätte. Bootsverleih).

Hinter der Stempfermühle führt ein mit Gelbstrich waagerecht markierter Pfad steil hinauf nach *Gößweinstein*.

40 Ebermannstadt – Rote Marter – Eschlipp – Bamberger Weg – Ebermannstadt

Verkehrsmöglichkeiten Bahnbus Forchheim – Ebermannstadt – Heiligenstadt. Postbus Pegnitz – Pottenstein – Gößweinstein – Ebermannstadt.

Parkmöglichkeiten Am Ortsausgang an der Wiesentbrücke, gegenüber Landratsamt.

Wegemarkierungen Grüne Raute bis Rote Marter. Roter Ring bis zur Kapelle an der Straße Drügendorf – Ebermannstadt. Gelbstrich senkrecht bis Ebermannstadt.

Tourenlänge Etwa 13,5 km.

Wanderzeit Etwa 4 Stunden.

Höhenunterschiede Insgesamt 215 m, mäßig steiler Anstieg von Ebermannstadt (292 m) bis Rote Marter (465 m). Teilweise steiler Abstieg von der Straße Drügendorf – Ebermannstadt (495 m) über den Bamberger Weg bis Ebermannstadt.

Wanderkarten 1:50000 Fritsch Wanderkarte Blatt 53; Kompass Wanderkarte Blatt 171.

Wissenswertes In dem kleinen Wiesentstädtchen Ebermannstadt wurde 1748 der Bildhauer Friedrich Theiler geboren, dem die Kirchen und Kapellen in der Fränkischen Schweiz viele, schöne Holzplastiken verdanken. So unter anderem die Madonna im Strahlenkranz in der Ebermannstädter Marienkapelle. An der Wiesentbrücke (gegenüber vom Parkplatz) 1606 erbautes Wasserschöpfrad. Heimatmuseum.

Zu Tour 40, 41, 42, 43, 45, 46, 47 **Ebermannstadt, Rathaus an der Wiesent**
(Foto: Ulrich Schnabel, Archiv DWV)

Tourenbeschreibung   Vom Parkplatz über die Straße, am Wasserschöpfrad vorbei und durch die Grünanlage bis zur B 470. Diese überqueren, durch ein Neubauviertel, dann am Friedhof entlang zum Schotterberg. Beim Grubweg nach rechts abbiegen, an Felsenkellern vorbei (ein Stück gemeinsam mit dem Naturlehrpfad) auf geschotterter Straße mäßig steil bergauf. Dort, wo die Straße eine Rechtskurve macht, geradeaus auf Forstweg weiter. Es geht weiterhin bergan bis zu einem Steinbruch. An dessen oberen Rand bis zu einer Wegteilung. Halblinks haltend weiter (Wegweiser Unterleinleiter; Naturlehrpfad geht nach rechts ab zum Druidenstein), kurz danach erneut eine Wegteilung, diesmal nach halbrechts gehen, um bei der nächsten Wegteilung (nach etwa 200 m) links zu halten. Weiter bis zu einer Unterstellhütte auf sonniger Hochfläche. An dieser links vorbei und noch einmal etwa 5 Minuten gemeinsam mit dem von rechts kommenden Naturlehrpfad auf Forstweg entlang. Es geht durch Buchenwald, über eine kleine Lichtung, bis schließlich – bei einer größeren Lichtung – eine Wegverzwei-

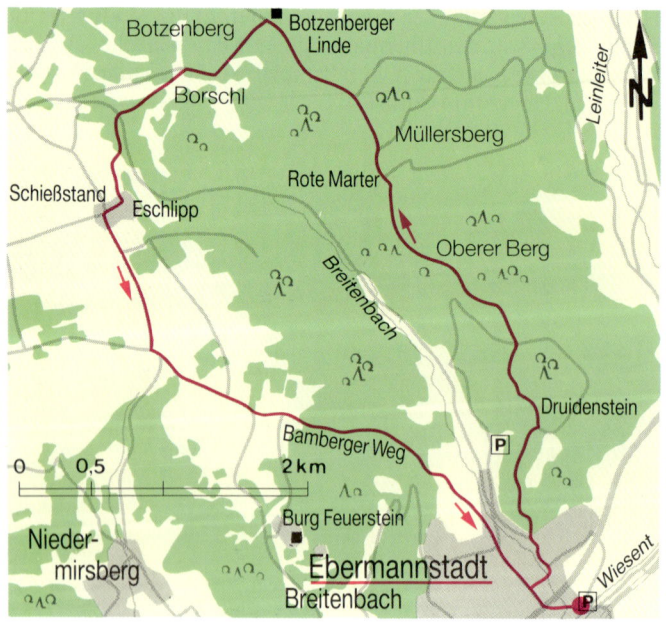

gung erreicht wird (Markierung Roter Ring kommt von links). Hier nach rechts abbiegen. Nach etwa 5 Minuten ist die Wegkreuzung an der *Roten Marter* erreicht. (Rote Marter. Rote Holzsäule links des Weges).

Auf neuer Forststraße leicht bergauf. (Nach etwa 300 m geht Grüne Raute nach rechts – Unterleinleiter – ab). Mit Markierung Roter Ring bis zur Wegschranke und Querweg marschieren. Nach links abbiegen und fast geradeaus bis zu der Wegekreuzung bei einer großen Linde. Hier nach links abzweigen und durch den Wald, später durch Felder, kaum merklich abwärts bis zur Straße nach Drügendorf. Auf dieser etwa 50 m nach rechts, aufwärts. Dann nach links und am Waldrand entlang einen Hang empor. Weiter über Feldflur bis nach *Eschlipp*.

Bis zur Hauptstraße, auf dieser ein paar Schritte nach rechts und – beim Gasthof zur grünen Linde – scharf nach links abbiegen. Auf Feldweg durch eine Senke und im weiteren Wegeverlauf leicht bergan bis zur Ortsverbindungsstraße Ebermannstadt – Drügendorf, welche bei einer kleinen Kapelle erreicht wird. Nach links und diese Straße etwa 500 m entlang. Dort, wo diese eine Rechtskurve macht, nach halblinks abbiegen. Auf einem Feldweg bis zum Wald. In diesem, auf den anfangs steinigen und recht steilen *Bamberger Weg* abwärts bis zu einem Wochenendhaus. Dort nach rechts aus dem Wald, über eine Wiese und am Waldrand entlang bis zur schon bald sichtbaren *Dreifaltigkeits Kapelle*. Nach links abzweigen und in einem Hohlweg abwärts bis zum Bach an diesem entlang zurück nach *Ebermannstadt*.

41 Ebermannstadt – Niedermirsberg – Burg Feuerstein – Wachknock – Ebermannstadt

Verkehrsmöglichkeiten Siehe Wanderung Nr. 40.
Parkmöglichkeiten Am Marktplatz und an der Wiesent (Nähe Landratsamt).
Wegemarkierungen Gelbe Raute bis Flugplatz auf der Mirsberger Höhe. Roter Ring (bzw. diagonal geteiltes Rechteck rot-weiß) bis Ebermannstadt.
Tourenlänge Etwa 16 km.
Wanderzeit Etwa 4½ bis 5 Stunden.
Höhenunterschiede Insgesamt 300 m, mäßig steiler Anstieg von Niedermirsberg (353 m) bis Flugplatz (500 m). Mäßig bis steiler Abstieg von Burg Feuerstein (524 m) bis Ebermannstadt (285 m).

Wanderkarten 1:50000 Fritsch Wanderkarte Blatt 53; Kompass Wanderkarte Blatt 171.

Abkürzung Von der Mirsberger Höhe über den Bamberger Weg (Markierung Gelbstrich senkrecht) zurück nach Ebermannstadt. Tourenlänge etwa 13 km, Wanderzeit etwa 3 1/2 bis 4 Stunden.

Wissenswertes Ebermannstadt siehe Wanderung Nr. 40.

Tourenbeschreibung Über die Wiesentbrücke und den Markt-platz zum Kirchplatz. Rechtsab zur Bundesstraße 470. In diese nach links einbiegen und bis zur Feuersteinstraße gehen. Nach rechts abbiegen und bergan, bis links der Mittelschulweg ab-geht. Diesen etwa 30 m aufwärts, dann nach links in die »von Kettelerstraße« einbiegen und der Markierung Gelbe Raute folgend durch das Neubaugebiet (Schlegelleithe, Danziger Straße, Breslauer Straße). Beim letzten Haus endet die Teer-straße, auf Feldweg weiter. Es geht oberhalb eines Obstbaum-haines entlang (rechts am Waldrand ein Kreuz) in Richtung Rüssenbach. Kurz vor der Kapelle scharf nach rechts und bei der folgenden Wegteilung halbrechts haltend weiter. Auf ver-wachsenem Feldweg durch Felder zu einer Nußbaumreihe. Hier scharf nach links und an Hecken entlang bis zur *Nieder-mirsberger Schule*. Dort erneut nach links abwinkeln und ab-wärts zur Straße gehen. Auf dieser hinein nach *Niedermirsberg.*

Durch den Ort. Am Ortsende den nach halblinks abgehenden Weg nehmen. Am Waldrand entlang bergan. Bei der Wegekreuzung (im Wald) in bisheriger Richtung weiter. Aus dem Wald, am Waldrand entlang weiter, dann über Feldflur bis zu einem Querweg. Diesem nach rechts abbiegend bis zum Flugplatz folgen. (Segel- und Motorflugbetrieb, Rundflüge über die Fränkische Schweiz).

Am Flugplatz vorbei, nach rechts (mit Markierung Roter Ring) und auf der Straße entlang weiter. (Diese ist werktags kaum befahren, an Wochenenden jedoch, vornehmlich bei schönem Wetter, herrscht hier reger Betrieb. In diesem Fall geht man auf dem Herweg ein Stück zurück, bis man bei einem Wäldchen, nach Wohnwagenplatz, links des Weges auf die Markierung diagonal geteiltes Rechteck rot-weiß stößt. Biegt nach links ab und folgt dieser Markierung, welche zunächst über die Hochfläche, dann am Waldrand bzw. im Wald entlang und schließlich hoch zur Straße führt). Der Straße bis zum Parkplatz (rechts des Weges) vor der Rechtskurve folgen. Hier nach links in den Bamberger Weg einbiegen (Markierung Gelbstrich senkrecht) und in Richtung Wald marschieren. Bei der Wegekreuzung (vor dem Wald) scharf nach rechts (Abkürzung: geradeaus weiter, Markierung Gelbstrich folgend auf dem Bamberger Weg nach Ebermannstadt. Siehe auch Wanderung Nr. 40).

Ohne Markierung, immer auf diesem Weg bleibend, bis zur *Burg Feuerstein.* (Schulungs- und Freizeitheim des Bundes der Katholischen Jugend. Sehenswerte, 1961 erbaute Kirche. Obwohl modern und schlicht in der Gestaltung – einziger Schmuck sind die wunderschönen Glasmalereien – ist dieses Gotteshaus dennoch von beeindruckender Schönheit.)

Nach der Besichtigung zur Straße und auf dieser leicht abwärts. Nach etwa 100 m zwei Wohnhäuser rechts, danach Sportplatz. Gleich nach diesem rechts ab und in etwa 5 Minuten (ohne Markierung durch den Wald, die letzten 10 m sehr steil) empor zum Kreuz auf dem *Wachknock.* (Schöne Weitsicht).

Zurück zur Straße. Am Steinbruch vorbei (nach rechts Tiefblick auf Ebermannstadt und hinüber zum Zuckerhut und zur Wallerwarte. Siehe auch Wanderung Nr. 42 und Nr. 43) und die Straße soweit bergab gehen, bis (in der Kurve) rechts ein Waldweg abzweigt. In diesen einbiegen. Nach etwa 15 m wird ein Trimmpfad erreicht. Diesem folgend im Wald abwärts. Beim Rastplatz (unter Nußbaum, rechts Abenteuerspielplatz) nach links und auf Trampelpfad zur Feuersteinstraße. Diese abwärts und zurück zum Parkplatz.

42 Ebermannstadt – Zuckerhut – Birkenreuth – Rothenbühl – Ebermannstadt

Verkehrsmöglichkeiten   Siehe Wanderung Nr. 40.

Parkmöglichkeiten   Gegenüber der Tankstelle an der Wiesent (Nähe Landratsamt).

Wegemarkierungen   Blaustrich schräg und Blaustrich senkrecht bis Birkenreuth. Gelbstrich senkrecht bis Rothenbühl. Ohne Markierung bis Ebermannstadt.

Tourenlänge   Etwa 10,5 km.

Wanderzeit   Etwa 3½ Stunden.

Höhenunterschiede   Insgesamt 225 m. Mäßig steiler bis steiler Aufstieg von Ebermannstadt (292 m) bis zum Zuckerhut (516 m). Mäßig steiler Abstieg über Birkenreuth (465 m) bis Rothenbühl (300 m).

Wanderkarten   1:50000 Fritsch Blatt 53; Kompass Blatt 171.

Tourenbeschreibung   Vom Parkplatz in Richtung Stadtpark gehen. Über die Wiesent, zwischen Scheunen hindurch und über die Bahn. Nach rechts schwenkend weiter bis zur Kapelle im Stadtpark. Links an der Kapelle vorbei und, Markierung blauer Schrägstrich folgend, leicht bergan zum Wald. Am Waldrand empor zu einer Forststraße. Auf dieser wenige Schritte nach links und wieder nach rechts und mäßig steil bergauf. Eine Forststraße wird überquert (schöne Ausblicke zum Hunnenstein und zum Zuckerhut) weiter bergan bis zur *Ramstertalstraße* (Straße nach Gößweinstein). Auf dieser etwa 150 Meter

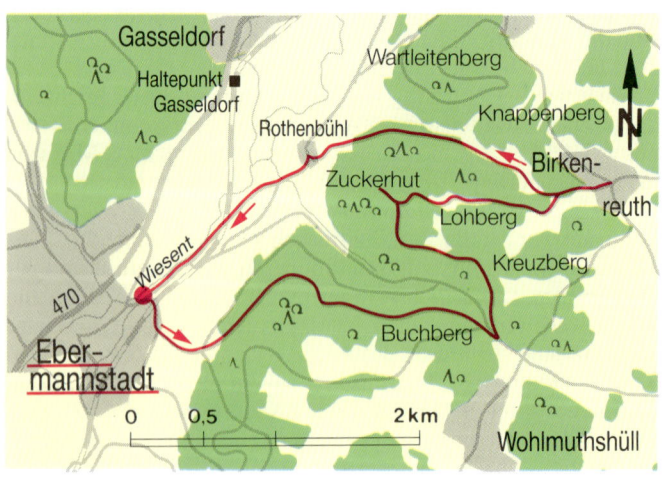

Zu Tour 40, 41, 42, 43, 45, 46, 47 **Ebermannstadt, Wasserschöpfrad** (Wiesent)
(Foto: Ulrich Schnabel, Archiv DWV)

nach rechts, dann nach links und jetzt mit Wegzeichen Blaustrich senkrecht durch den Hochwald (in einer guten halben Stunde) zum *Zuckerhut*. (Felsenkanzel. Den Gipfel krönt ein Holzkreuz mit der Inschrift: »Zeichen des Dankes und Mahnmal des Friedens – 1947 – von den Heimkehrern errichtet«. Rastplatz mit schöner Aussicht).

Zum Hauptweg zurück und links abzweigend, auf gut markiertem, abwechslungsreichem Weg in etwa 30 Minuten abwärts nach *Birkenreuth*. (Einkehrmöglichkeit). Zunächst den Wanderweg zurück bis dorthin, wo der vom Zuckerhut kommende Weg einmündet. Geradeaus weiter (Markierung Gelbstrich senkrecht). Der Weg führt an einer mit Obstbäumen bestandenen Wiese entlang bis zu einer Wegteilung. Hier nach links und durch den Hochwald, dann am Waldrand entlang und schließlich durch einen Hohlweg abwärts nach *Rothenbühl* (Ortsteil von Ebermannstadt).

Bei der Linde (vor der Kapelle) nach links. Vorbei am Campingplatz und beim letzten Haus nach rechts abbiegen und in Richtung Parkplatz (beim Freibad) gehen. Vor diesem nach links und über die Wiese bis zum Bahndamm. Links desselben etwa 20 Meter entlang, über die Geleise und rechts des Bahndammes bis zur Straße und auf dieser zurück nach *Ebermannstadt*.

43 Ebermannstadt – Schlüsselstein – Wallerwarte – Ebermannstadt

Verkehrsmöglichkeiten Siehe Wanderung Nr. 40.
Parkmöglichkeiten Am Marktplatz oder bei der Wiesentbrücke (gegenüber Tankstelle).
Wegemarkierungen Grüne Raute bis zur Höhe des Dickenberges, auf Blaustrich senkrecht wechseln und damit bis kurz vor Wohlmutshüll. Dann mit Schrägstrich blau bis Ebermannstadt.
Tourenlänge Etwa 9 km. **Wanderzeit** Etwa 3 Stunden.
Höhenunterschiede Insgesamt 221 m. Mäßig steiler bis steiler Anstieg von Ebermannstadt (292 m) bis zum Schlüsselstein (499 m). Mäßig steiler Abstieg von Ebermannstadt.
Wanderkarten 1:50000 Fritsch Wanderkarte Blatt 53; Kompass Wanderkarte Blatt 171.
Anmerkung Diese Wanderung führt zur aussichtsreichen Felsenkanzel des Schlüsselsteins (auch Kreuzberg genannt) und weiter

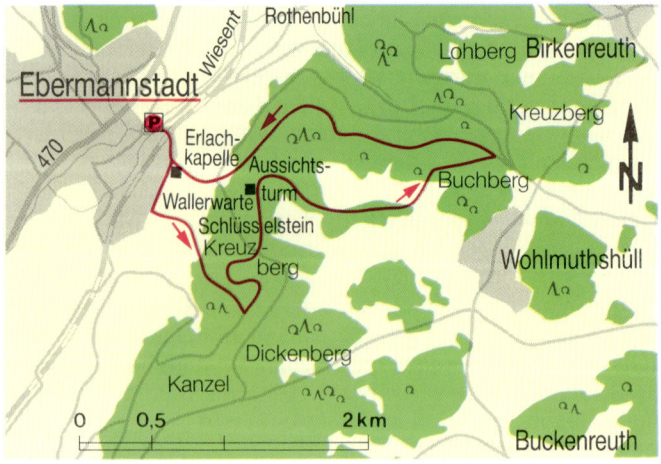

zum Aussichtsturm Wallerwarte. Von beiden Aussichtspunkten herrliche Tal- und Rundsicht.

Tourenbeschreibung Vom Parkplatz aus über die Wiesent, durchs sogenannte Scheunenviertel, über die Bahn und rechtsabbiegend durch den Stadtpark bis zur *Erlachkapelle.*

Ab hier der Markierung Grüne Raute folgend nach rechts und über die »Obere Bayerische Straße« in ein Neubaugebiet. Biegt dort nach links in die Straße »Zum Schlüsselstein« ein und steigt mäßig steil zum Wald empor. In diesem steil aufwärts weiter bis zu einer Forststraße. Diese überqueren und jenseits im Wald, zunächst mäßig, dann wieder steiler werdend bergauf, bis der Weg erneut in eine Forststraße mündet.

Auf dieser Forststraße etwa 30 Meter nach links, dann scharf nach rechts in den *Buckenreuther Steig* (Schild) einbiegen. Es geht weiterhin bergan bis zu einem mit Blaustrich senkrecht markiertem Quersteig. Diesem folgend nach links abwinkeln. Zunächst ein kurzes Stück am Waldrand entlang, dann durch Buchenwald bis zu einer Wegekreuzung.

Hier biegen wir nach links ab und folgen dem Schild und der Markierung Blauer Punkt bis zum *Schlüsselstein* (5 Minuten ab Wegekreuzung. Vom Schlüsselstein, einer Felskanzel mit Kreuz und Rastbank, schöner Blick hinab auf Ebermannstadt, ins Wiesenttal und hinüber zur Burg Feuerstein).

Wieder zurück zur Wegekreuzung, geradeaus weiter und in wenigen Minuten zur *Wallerwarte.* (Aus Natursteinen gemauerter Aussichtsturm. Noch umfassendere Rund- und Fernsicht als vom Schlüsselstein (zur Burg Feuerstein, weit hinein ins Leinleitertal bis zur Burg Greifenstein).

Aus dem Turm tretend nach links und weiter durch den Wald bis zu einer Wiese. An deren Ende scharf nach links abbiegen und über eine weitere Wiese (am Waldrand abwärts) bis zu einem verwachsenem Weg. Auf diesem nach rechts einbiegen und weiter bis zu einem geteerten Sträßchen. Zunächst bis zu einer Wegekeuzung gehen, hier geradeaus weiter bis zum Wald. Etwa 30 m am Waldrand entlang, dann nach links in den Wald und bis zur Wegteilung. Nach links abbiegen und leicht bergab, bis der Weg in eine Forststraße mündet.

Hier links ab und fast eben (mit Schrägstrich blau) weiter bis zu einer Wegschranke. Danach leicht abwärts – mit kurzer Gegensteigung – bis zu einer Wegteilung. Rechts halten und bergab bis zu einer querenden Forststraße. Auf dieser ein paar Schritte nach links und gleich wieder nach rechts, vorbei an einer Kreuzwegstation und hinab zur Kapelle. Durch den Stadtpark zurück zum Parkplatz.

Zu Tour 43, 81 **Pommelsbrunn, Am Kreuzberg**   (Foto: Hans Meier)

44 Naturlehrpfad »Langer Berg«

Verkehrsmöglichkeiten   Siehe Wanderung Nr. 40.

Parkmöglichkeiten   An der Wiesentbrücke (schräg gegenüber Touristinformation Fränkische Schweiz).

Wegemarkierung   Grüner Ring.

Tourenlänge   Etwa 6 km (Lehrpfad 4 km).

Wanderzeit   Etwa 2 Stunden.

Höhenunterschiede   Insgesamt etwa 200 m. Mäßig steiler Anstieg von Ebermannstadt (292 m) bis Unterstellhütte auf der Hochfläche des Langen Berges. Mäßig, teilweise steil bis sehr steil abwärts nach Ebermannstadt.

Wanderkarten   1:50000 Fritsch Wanderkarte Blatt 53; Kompass Wanderkarte Blatt 171.

Wissenswertes   Am Lehrpfad viele bunte Schautafeln mit erklärenden Texten. So u.a. darüber »Wie die Fränkische Schweiz entstanden ist« und über den »Geologischen Aufbau des Fränkischen Jura«. Ferner farbige Tafeln mit den Abbildungen »Einheimischer Singvögel« sowie »Tag- und Nachtgreifvögel«. Es werden (ebenfalls auf Tafeln) geschützte wildwachsende Pflanzen und geschützte wildlebende Tiere gezeigt. In einer Glasvitrine befinden sich naturgetreue Modelle der wichtigsten Pilzsorten. Der direkte Anschauungsunterricht (nur etwa 20 Tafeln vor Bäumen bzw. Sträuchern) kommt leider etwas zu kurz.

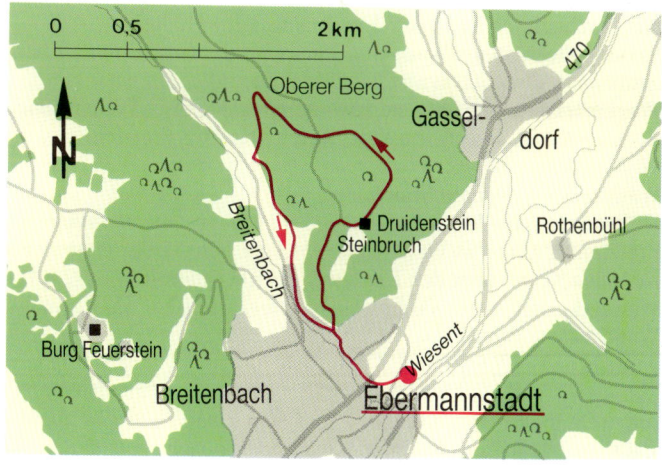

Tourenbeschreibung Vorbei am Wasserschöpfrad, durch die Anlage und über die Bundesstraße 470. Durch das Neubauviertel, vorbei am Friedhof und empor zum Schotterberg. Vor dem Grubweg nach rechts und auf geschotterter Straße bergauf bis zum Steinbruch. Diesen an dessen oberen Rand umrunden. Dann nach links in den Wald. Es geht weiter bergauf bis zu einer Sitzgruppe. Kurz danach nach rechts und hinaus zum *Druidenstein* (felsige Aussichtskanzel). Auf Waldweg weiter, im Rechtsbogen zu einer weiteren Sitzgruppe. Von dieser, mit öfteren Richtungswechsel (den Hinweisschildern und der Markierung Grüner Ring folgend) bis zu auf einer Lichtung stehenden, hölzernen Unterstellhütte (Rastplatz).

Rechtsabbiegend auf Forststraße weiter. Dann nach links ab, und im weiteren Wegverlauf steil, teilweise sehr steil, bergab. Nach links durch eine Mulde, über einen Kahlschlag im Hangwald entlang. Es geht noch einmal an einer Sitzgruppe vorbei und kurz danach ist der Grubweg wieder erreicht. Auf dem Herweg zurück zum Parkplatz.

45 Pretzfeld – Judenfriedhof – Schlüsselstein – Wallerwarte – Kreuzweg – Ebermannstadt – Pretzfeld

Verkehrsmöglichkeiten Bahn Forchheim – Pretzfeld – Ebermannstadt. Postbus Forchheim – Pretzfeld – Gößweinstein – Bayreuth und Forchheim – Pretzfeld – Egloffstein – Gräfenberg. Bahnbus Forchheim – Pretzfeld – Ebermannstadt – Heiligenstadt.

Parkmöglichkeiten Wanderparkplatz an der Straße nach Ebermannstadt (etwa 500 m ab Ortsende Pretzfeld).

Wegemarkierungen Blaustrich senkrecht bis Wallerwarte. Blauer Pfeil bis Ebermannstadt. Rotes Kreuz bis Pretzfeld.

Tourenlänge 10 km.

Wanderzeit 3 bis 3½ Stunden.

Höhenunterschiede Insgesamt 235 m. Mäßig steiler Anstieg von Pretzfeld (293 m) bis Wallerwarte (513 m). Sehr steiler Abstieg ab Kapelle (500 m) über den Kreuzweg bis Ebermannstadt (292 m).

Wanderkarten 1 : 50 000 Fritsch Wanderkarte Blatt 53; Kompass Wanderkarte Blatt 171.

Anmerkung Von Pretzfeld über den Judenberg zum Kreuzberg (Schlüsselstein) und zur Wallerwarte geht es bei dieser Wanderung. Dann auf dem Kreuzweg sehr steil hinab nach Ebermannstadt. Auf dem Talweg bummelt man zurück nach Pretzfeld.

Wissenswertes Pretzfeld ist ein großes Pfarrdorf mit altem Schloß. Obstanbauzentrum (Kirschen). Der sogenannte Stationsweg führt auf einer Länge von etwa 1 km sehr steil empor zum Kreuzberg. Am Wegesrand 6 in Sandstein gemeiselte Leidensstationen Christis. Den Weg benutzen die nach Gößweinstein wallfahrenden Gläubigen. Wir gehen auf diesen Weg abwärts nach Ebermannstadt.

Tourenbeschreibung Vom Parkplatz kommend nach links und auf geteertem Sträßchen bergan. Vorbei an Felsenkellern geht es im Wald aufwärts. Bei der Wegekreuzung, auf halber Höhe, halblinks zum *Judenfriedhof* (Im Trubachtal wohnten einst zahlreiche Juden, die hier ihre letzte Ruhestätte fanden).

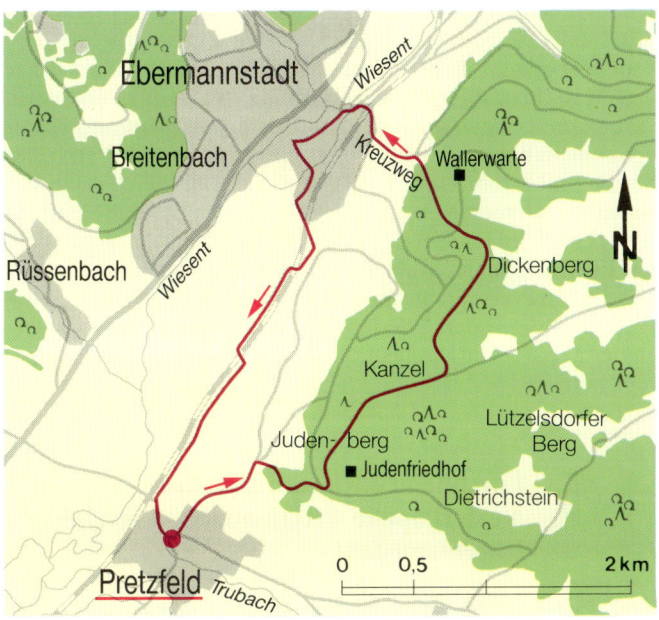

Hier nach links abzweigen (100 m geradeaus weiter, der leider verschlossene Eingang zum Judenfriedhof) und in etwa eben dahin. Bei der Wegteilung nach halbrechts gehen und im Buchenwald weiter. Kurz danach erneut Wegteilung, wir ghen geradeaus, auf schmalem Pfad bis in den Fichtenhochwald. Dort stoßen wir auf einen Querweg, gehen nach rechts und etwa 100 m bergab. Dann nach halbrechts und im Hangwald (etwa 15 Minuten) dahin. Anschließend geht es noch 300 Meter am Waldrand entlang. Noch einmal ein kurzes Stück durch den Wald bis zu einer Wegekreuzung. Hier Wegweiser nach links »Schlüsselstein«. In etwa 5 Minuten mit Markierung Blauer Punkt zur felsigen Aussichtskanzel (Siehe auch Wanderung Nr. 43. Schöner Rundblick). Zurück zur Wegkreuzung und geradeaus weiter. Vorbei an einer Kapelle und hin zur *Wallerwarte*. (Aussichtsturm, herrliche Fernsicht. Siehe auch hier Wanderung Nr. 43).

Von der Wallerwarte zurück bis zu der Kapelle und mit Markierung Blauer Pfeil, sehr steil (teils durch Treppen entschärft), zwei Forststraßen querend über den Kreuzweg hinab bis zur Kapelle im Ebermannstädter Stadtpark.

Durch den Stadtpark, dann nach links über die Bahn, zwischen Scheunen hindurch und über die Wiesent. Ein kurzes Stück an der Wiesent entlang zur Wiesentbrücke mit dem Brückenheiligen Nepomuk und dem Wasserschöpfrad. Über den Marktplatz bis zum Kirchenplatz. Nach links abbiegen, vorbei an der Post, noch einmal über die Wiesent und weiter bis zum Bahnhof. Kurz davor nach rechts in die Pretzfelder Straße einbiegen. Über die Bahngleise und gleich nach der Kapelle nach rechts. Auf Feldweg immer an der Bahn entlang zurück nach Pretzfeld. (Unterwegs nach rechts schöne Aussicht auf Ebermannstadt, Rüssenbach und Reifenberg mit Vexierkapelle). In Pretzfeld biegen Autofahrer nach der Schloßmauer links ab, steigen den Schloßberg hinauf und gelangen (vorbei an der Kirche) zur Hauptstraße. Auf dieser nach links und zurück zum Parkplatz.

46 Forchheim – Retterner Kanzel – Vexierkapelle – Reifenberg – Pretzfeld – Ebermannstadt

Verkehrsmöglichkeiten Bahn Nürnberg – Forchheim – Bamberg. Bahnbus Heiligenstadt – Ebermannstadt – Forchheim. Postbus Gößweinstein – Forchheim – Gräfenberg – Forchheim, Neunkirchen a. Brand – Forchheim.
Parkmöglichkeiten Am Bahnhof Forchheim.
Wegemarkierungen Rotes Kreuz bis Ebermannstadt. Oder Varianten: A) Mit Markierung diagonal geteiltes Rechteck rot/weiß Anstieg zur Retterner Kanzel und B) mit Gelbstrich waagerecht auf Talweg von Pretzfeld bis Ebermannstadt.
Tourenlänge Etwa 17 km.

Wanderzeit Etwa 5 bis 6 Stunden.

Höhenunterschiede Insgesamt 270 m. Steiler bzw. sehr steiler Anstieg zur Retterner Kanzel (507 m).

Wanderkarten 1:50000 Fritsch Wanderkarte Blatt 53; Kompass Wanderkarte Blatt 171.

Anmerkung Diese Streckenwanderung führt durch den Jägersburger Wald und dann hoch zum Aussichtspunkt Retterner Kanzel, umrundet – auf der Höhe – den Oberndorfer Talkessel bis hin zur Vexierkapelle oberhalb Reifenberg. Dann geht es hinab nach Pretzfeld und in der Ebene weiter bis Ebermannstadt.

Wissenswertes Forchheim, westliches Eingangstor in die Fränkische Schweiz, liegt an der Mündung der Wiesent in die Regnitz. 805, zur Zeit Karls des Großen, wird »Voraha« erstmals in einem Kapitulare genannt. Forchheim war einer der bedeutendsten Orte der deutschen Frühgeschichte und Stätte vieler Reichstage. Im Jahre 1007 kam Forchheim als Stiftung Kaiser Heinrichs II. an das neue Bistum Bamberg. Die Bamberger Bischöfe erhoben Forchheim zur Festung. Teile der Befestigungsanlage sind heute noch vorhanden, so die St. Veitsbastion, das St. Valentinsvorwerk, das (in eine Seitenstraße versetzte) Nürnberger Tor von 1698. Umstritten ist, ob man die Kaiserpfalz (wie man das ehemalige fürstbischöfliche Schloß fälschlicherweise immer wieder nennt) auf den Grundfesten der ehemaligen karolingischen Königspfalz erbaute. Bischof Otto der Heilige ließ hier zu Anfang des 12. Jahrhunderts sein »Steinernes Haus« erbauen. Es war dies der Kern der bischöflichen Sommerresidenz, welche im 14. Jahrhundert errichtet und im 16. und 17. Jahrhundert umgebaut und erweitert wurde. Die Säle des Palas, je zwei in jedem der vier Stockwerke, sind mit Wandfresken aus der Zeit um 1400 geschmückt. Heute beherbergt das ehemalige fürstbischöfliche Schloß das Stadtmuseum, das Prähistorische Museum, das Fränkische-Schweiz-Museum und die Städtische Gemäldegalerie.

Unweit des Pfalzgebäudes steht noch, als Teil der ehemaligen Stadtbefestigung, der Saltorturm, durch der den Einstieg in die Kasematten möglich ist. In der Nähe, das Salzmagazin, ein imposanter, dreigeschossiger Walmdachbau.

Sehenswert, die dem alten Frankenheiligen Martin geweihte Pfarrkirche mit ihrer barocken Ausstattung. Geschnitzter Abschied Christi. Die an den Pfeilern des Mittelschiffes angebrachten Tafelbilder des ehemaligen gotischen Hochaltars, zeigen auf den Vorderseiten Szenen aus der Passion Christi. Auf den Rückseiten Geschehnisse aus der Martinslegende.

Forchheim besitzt einen schönen, von Fachwerkhäusern gerahmten Marktplatz.

Tourenbeschreibung   Vom Bahnhof zum Kellerwald und weiter in Richtung Jägersburg. Dann der Markierung Rotes Kreuz folgend nach rechts in den Wald abbiegen, und durch diesen, später am Waldrand entlang und über Feldflur bis zum Straßendreieck Jägersburg – Rettern – Weilersbach. Auf der Straße in Richtung Weilersbach ein kurzes Stück bis zum Schild Wanderparkplatz gehen, nach links abbiegen und (am Parkplatz vorbei) zur Höhe ansteigen. Oben wenden wir nach rechts und machen einen Abstecher zum Aussichtspunkt *Retterner Kanzel*.

Oder wir gehen noch ein kurzes Stück auf der Straße weiter bis zu einem kleinen, links an der Straße gelegenen Parkplatz mit Rastbank und Tisch. Gleich neben dem Tisch zweigt ein schmaler Pfad ab. Er ist mit dem diagonal geteiltem Rechteck rot/weiß markiert und führt durch Laubjungwald sehr steil, direkt zur *Retterner Kanzel*.

Mit Rotkreuz zurück (bzw. weiter) zum Hauptweg. Nach rechts auf Forststraße entlang bis Überlandleitung den Weg kreuzt. Kurz danach Wegteilung. Halbrechts halten und auf Forstweg entlang, bis eine Waldwiese erreicht wird. In bisheriger Richtung weiter. Nach der Wiese, jetzt rechts des Weges Acker. Am Ackerende ein Querweg. In diesem nach rechts einbiegen und am Acker und Wiesen entlang wandern. Es geht über eine Hochfläche. Rechts des Weges Wald (dahinter fällt das Gelände steil ab), nach links Blick zur Burg Feuerstein.

Zu Tour 8, 23, 27, 28, 36, 38, 42, 43, 45   **Idylle an der Wiesent**
(Foto: Ulrich Schnabel, Archiv DWV)

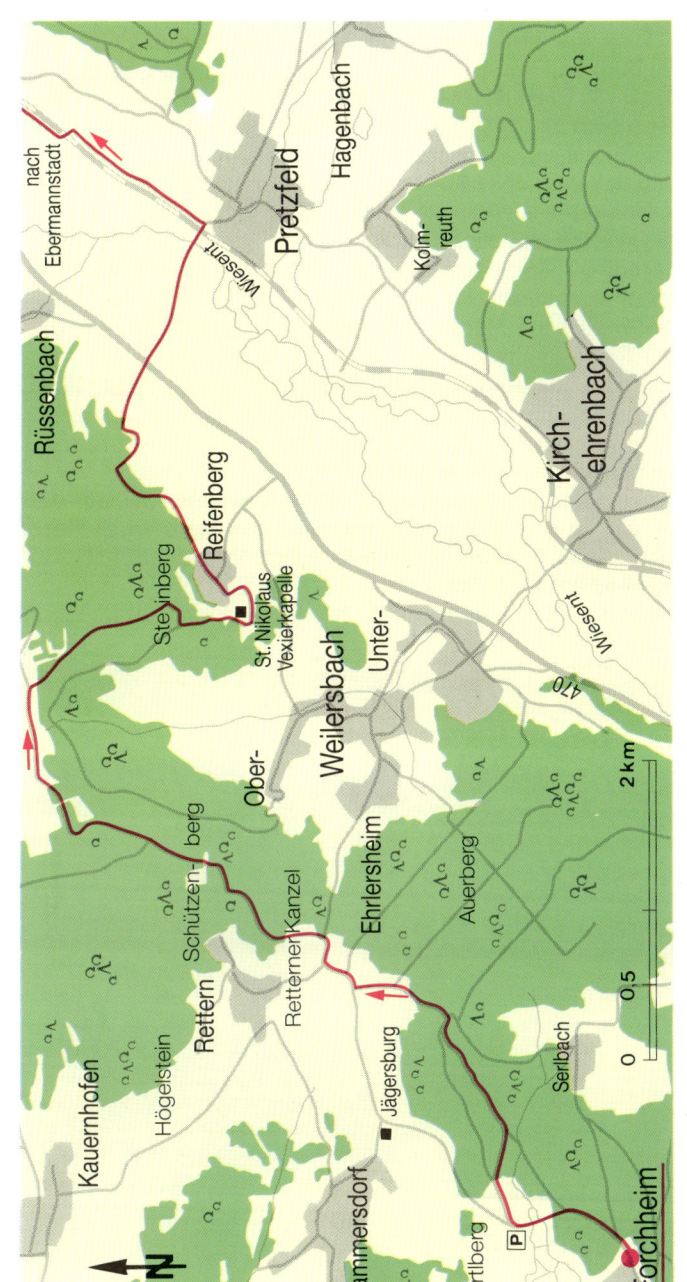

Kurz vor Ende der Feldflur scharf nach rechts abbiegen (Schild) und durch den Wald, am Rand des Talkessels entlang bis zur *Vexierkapelle* oberhalb Reifenbergs. (Die Vexierkapelle, eigentlich St. Nikolauskapelle Reifenberg, erhielt diese Bezeichnung, weil sie Wanderer und Autofahrer dadurch irritiert, daß sie von jeder Seite betrachtet einen anderen Anblick bietet).

Von der Vexierkapelle schöner Blick ins Wiesenttal und auf die gegenüberliegende Ehrenbürg (Walberla, siehe auch Wanderung Nr. 48). Abstieg in den Ort *Reifenberg*. Bei der Wegteilung geradeaus (nicht weiter abwärts) und zum Ortsende. Am Waldrand entlang weiter. Dann nach rechts schwenken und auf Feldweg abwärts zur Bundesstraße 470. Auf dieser etwa 250 m in Richtung Ebermannstadt gehen, nach rechts in die nach Pretzfeld führende Straße einbiegen und auf dieser bis kurz vor *Pretzfeld* marschieren. Hinter der Bahnüberführung biegt nach links ein Weg ab, der sich kurz danach teilt.

Wir können nun entweder geradeaus weiter gehen, und immer an den Bahngleisen entlang, der Markierung Rotes Kreuz bis *Ebermannstadt* folgen oder aber halblinks abzweigen und auf dem sogenannten Talweg (mit Gelbstrich waagerecht markiert) durch Feldflur nach Ebermannstadt wandern.

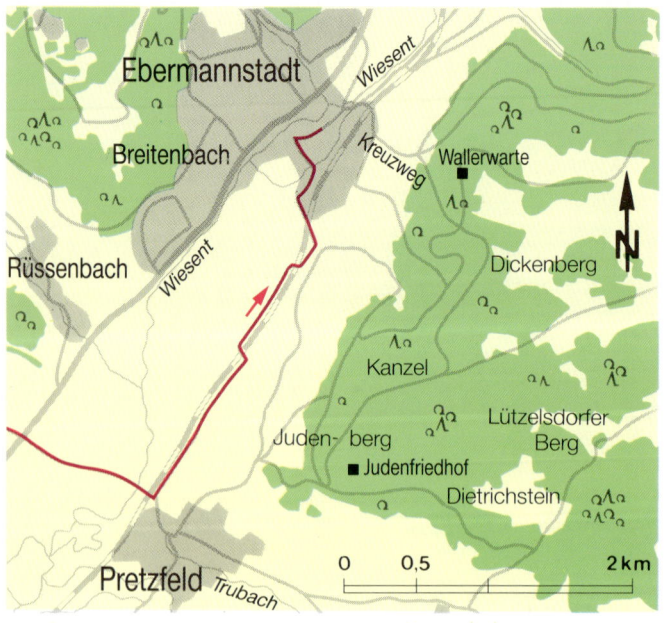

47 Ebermannstadt – Rothenbühl – Ruine Neideck – Haag – Muggendorf – Sachsenmühle – Stempfermühle – Behringersmühle – Tüchersfeld – Pottenstein

Verkehrsmöglichkeiten   Siehe Wanderung Nr. 40.
Parkmöglichkeiten   Siehe auch hier Wanderung Nr. 40.
Wegemarkierungen   Rotes Kreuz (Leo-Jobst-Weg) und bei Variante von Stempfermühle bis Gößweinstein Gelbstrich waagerecht. Rotpunkt von Gößweinstein bis Tüchersfeld.
Tourenlänge   Etwa 24 km.   **Wanderzeit**   Etwa 7 Stunden.
Höhenunterschiede   Insgesamt 200 m. Mäßig steiler Anstieg von Rothenbühl (300 m) bis Ruine Neideck (399 m). Ansonsten im Hangwald auf und ab.
Wanderkarten   1:50000 Fritsch Wanderkarte Blatt 53; Kompass Wanderkarte Blatt 171.
Anmerkung   Bei dieser Streckenwanderung (Fortführung der Wanderung Nr. 46) geht es auf dem Leo-Jobst-Weg durch die landschaftlich besonders reizvolle Gegend zwischen Ebermannstadt und Pottenstein. Der Wanderweg zieht zunächst das Wiesenttal später das Püttlachtal entlang.

  Wegvariante: Bei der Stempflermühle, Markierung Gelbstrich waagerecht folgen, und sehr steil nach Gößweinstein aufsteigen. (Besichtigung: Wallfahrtsbasikika, Burg) Gößweinstein in Richtung Behringersmühle verlassen. Jedoch nicht bergab, sondern geradeaus, am Schwimmbad vorbei (Markierung Rotpunkt) bergan. Dann durch den Wald steil hinab ins Püttlachtal. Bei Tüchersfeld wieder in den Leo-Jobst-Weg (Rotes Kreuz) einfädeln. Tourenlänge ebenfalls etwa 24 km. Wanderzeit etwa 7 1/2 bis 8 Stunden.

Tourenbeschreibung   Ebermannstadt in nördlicher Richtung verlassen und ein kurzes Stück auf der Straße in Richtung Wohlmutshüll entlang marschieren. Kurz vor den Bahngleisen nach links in den *Wiesenweg* einbiegen. Dieser führt zunächst zwischen Bahn und Wiesent, dann an den Geleisen entlang, schwenkt schließlich nach rechts und zieht quer über eine Wiese hinüber zum Schwimmbad bei *Rothenbühl*. (Der mit Rotkreuz markierte Weg führt auf dem Sträßchen entlang bis Rothenbühl).
  Durch den Ort und weiter auf schmalem Sträßchen in Richtung Niederfellendorf (Schild). Etwa 500 m nach Ortsende Rothenbühl teilt sich der Weg. Mit Rotkreuz halbrechts halten und zum Wald ansteigen. Der Weg zieht nun am Hang des

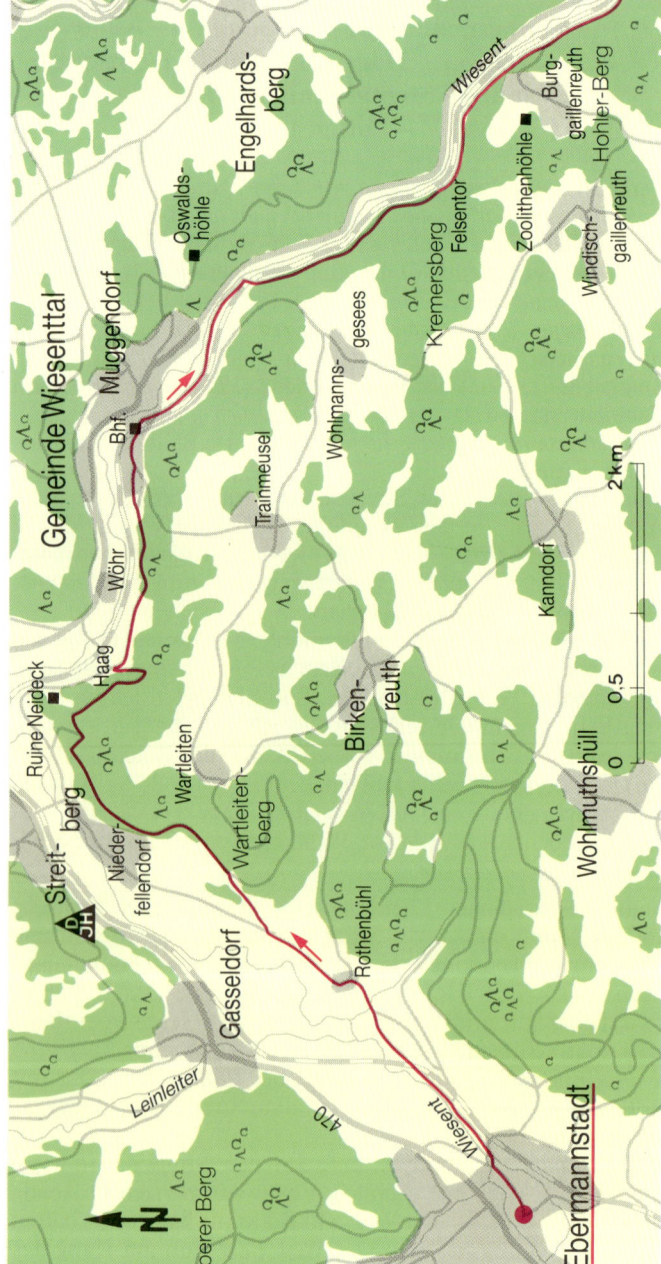

Engelhards-
berg

Wiesent

Burg-
gaillenreuth
Hohler-Berg

Zoolithenhöhle

Oswalds
höhle

Windisch-
gaillenreuth

Gemeinde Wiesenttal

Muggendorf

Felsentor

Kremersberg

Wohlmanns-
gesees

Bhf.

Traimmeusel

Wöhr

Kanndorf

Ruine Neideck

Streit-
berg

Haag

Birken-
reuth

Wohlmuthshüll

Wartleiten

Nieder-
fellendorf

Wartleiten-
berg

Gasseldorf

Rothenbühl

Leinleiter

470

Wiesent

Oberer Berg

Ebermannstadt

2 km

0,5

0

N

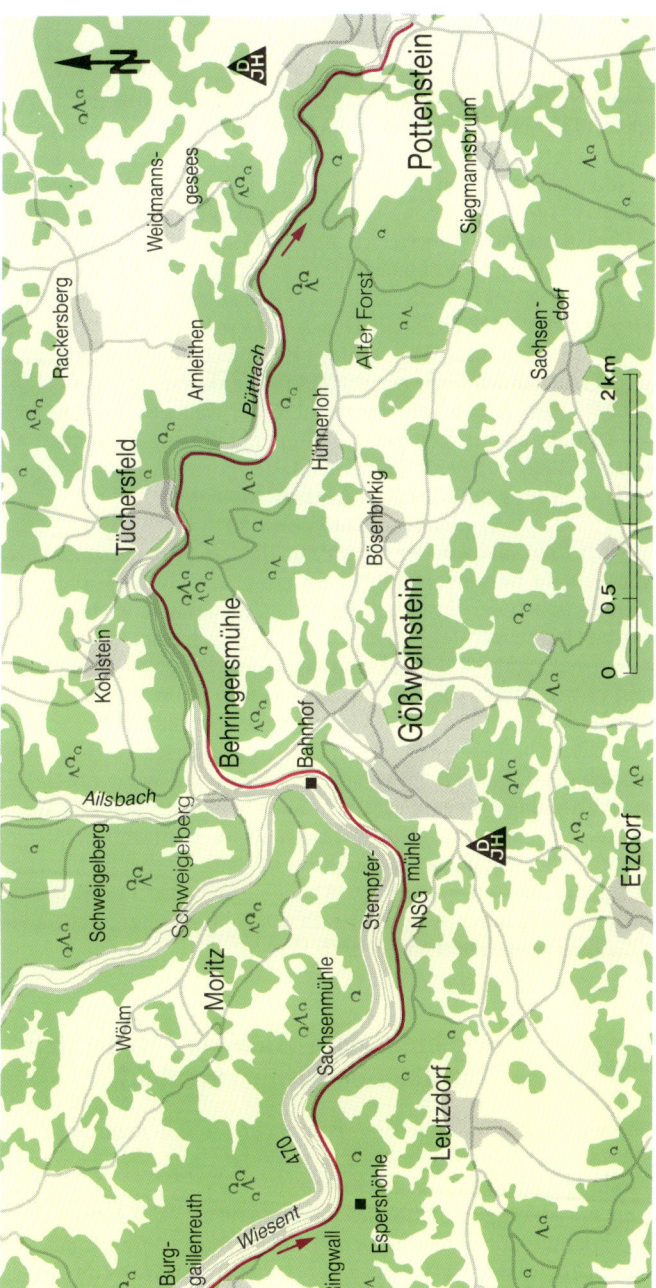

Wartleitenberges empor zur Höhe und führt weiter bis zur *Ruine Neideck* (siehe Tour 23).

Von Neideck geht es hinab in den Weiler *Haag* und weiter bis zur Straße Trainmeusel – Muggendorf. In diese nach links einbiegen und abwärts zum Bahnhof *Muggendorf.*

Noch 1 km sind von der Stempfermühle bis *Behringersmühle* zu wandern. In Behringersmühle geht es an den Hotels vorbei.

Dort nach rechts abzweigen und zunächst etwa 1 km auf der Straße in Richtung Wohlmannsgesees entlang marschieren. Bevor diese ansteigt, nach links abbiegen. (Rechts der Straße der Wanderparkplatz Alter Graben.) Der Wanderweg schlängelt sich nun anfänglich als breiter Weg, später als Fußweg, im Wiesenttal entlang. Gelegentlich heißt es auch einmal an den seitwärtigen Hängen emporsteigen und im Hangwald weiter wandern. Es geht vorbei an dem ehemaligen Bahn-Haltepunkt Burggaillenreuth und weiter bis zur *Sachsenmühle* (Gaststätte, etwa 5 km ab Muggendorf). – Weiter im Wiesenttal entlang wandernd wird nach etwa 2 km die *Stempfermühle* erreicht.

Noch 1 km sind von der Stempfermühle bis *Behringersmühle* zu wandern. In Behringersmühle geht es an den Hotels vorbei, auf Fußweg neben der Straße, in Richtung Tüchersfeld weiter. Beim letzten Haus endet der Fußweg. Jetzt nach rechts abbiegen, gleich wieder nach links und im Hangwald weiter. Kurz vor Tüchersfeld geht es wieder abwärts bis zu einer Kapelle. (Abstecher nach Tüchersfeld. Bei der Kapelle auf Holzbrücke über die Püttlach und in das malerische Felsendorf. Schöne Fachwerkhäuser.)

Nach der Kapelle heißt es noch einmal in den Wald ansteigen. Beim Campingplatz geht es wieder abwärts und im weiteren Wegverlauf ein gutes Stück auf Wiesenweg im Püttlachtal entlang. Dann geht es noch einmal hoch in den Wald. Vorbei an bizarren Felsen und im stetigen Auf und Ab im Hangwald weiter. Kurz vor Pottenstein fällt der Weg wieder ab. Es geht hinunter zur Straße. Über die Püttlach und hinein nach *Pottenstein.*

48 Kirchehrenbach – Walberla – Rodenstein – Schlaifhausen – Kirchehrenbach

Verkehrsmöglichkeiten Bus Forchheim – Kirchehrenbach – Ebermannstadt – Heiligenstadt.

Parkmöglichkeiten Bei der Kirche.

Wegemarkierungen Rotstrich waagerecht bis Wanderparkplatz am Ortsrand von Schlaifhausen. Ohne Markierung nach Schlaifhausen und weiter bis Wanderparkplatz. Auf dem Walberla-Rund-

Zu Tour 23, 47   **Burgruine Neideck**   (Foto: Ulrich Schnabel, Archiv DWV)

weg (= stilisiertes Walberla) und mit Blaupunktmarkierung zurück nach Kirchehrenbach.

Tourenlänge Etwa 7 km. **Wanderzeit** Etwa 2½ Stunden.

Höhenunterschiede Insgesamt etwa 315 m. Mäßig steiler Anstieg von Kirchehrenbach (280 m) zum Walberla (512 m) und zum Rodenstein (530 m). Steiler Abstieg nach Schlaifhausen.

Wanderkarten 1:50 000 Fritsch Wanderkarte Nr. 53.

Wissenswertes Kirchehrenbach, ein am Fuße des Walberla liegendes Pfarrdorf, wurde schon 1007 in der Stiftungsurkunde Kaiser Heinrich II. für das Bistum Bamberg aufgeführt. Sehenswerte Kirche. Der Turm, um 1200 romanisch begonnen, erhielt in gotischer Zeit den hohen spitzen Helm mit den Ecktürmchen. Die heutige Kirche wurde im Jahre 1766 erbaut. Altarausstattung und Kanzel von Martin Mutschler und Friedrich Theiler (Ebermannstadt). Renaissance-Grabmäler derer von Wiesenthau.

Die Ehrenbürg bei Kirchehrenbach, im Volksmund nur »Walberla« genannt, eine richtige Naturfestung, war schon um 1000 v. Chr. (Bronzezeit) besiedelt und wurde etwa 200 Jahre später befestigt. Etwa 500 v. Chr. verstärkte man die Anlagen, um sich den aus dem Osten kommenden Feinden besser erwehren zu können. Pfeilspitzen der Skythen, welche aus der südrussischen Steppe vorgedrungen waren, wurden bei Ausgrabungen in den Außenwällen der Ehrenbürg entdeckt.

Vom Westen kommend besetzten im 4. Jahrhundert v. Chr. die Kelten das Land und erbauten auf der Ehrenbürg eine Wallburg. Im 1. Jahrhundert n. Chr. Geburt siedelten Germanen auf dem Walberla. Nach der Landnahme durch die Franken setzten diese die Walpurgis-Kapelle auf die Höhe der Ehrenbürg. (Aus Walpurgis wurde die noch heute geläufige Bezeichnung »Walberla«).

Von der bewegten Vergangenheit der Ehrenbürg zeugen die sich um den ganzen Berg herumziehenden vorgeschichtlichen Wallanlagen und zahlreiche interessante Funde, welche im Pfalzmuseum zu Forchheim besichtigt werden können.

Anmerkung In Schlaifhausen Einkehr möglich und empfehlenswert. Die Gaststätte Kroder in Schlaifhausen ist eine bei Fuß- und Radwanderern sowie Kletterern gleichermaßen beliebte Einkehrstätte. Neben hausgemachtem Preßsack, Bratwürsten und Schinken, selbgebackenem Brot und Kuchen sind die ebenfalls selbgebrannten Schnäpse eine besondere Spezialität des Hauses.

Tourenbeschreibung Von der Kirche aus der Straße in Richtung Ehrenbürg folgen. Vorbei an der überdachten Brunnenstube und zum Ortsende. Weiter geradeaus, bei der Wanderwege-Übersichtstafel links ab und auf dem mit Rotstrich markierten Weg hangaufwärts. Der Weg führt vorbei an einer Quelle (Baumgruppe, Rastplatz) bis hin zum »Gipfelkreuz«, einem etwa auf zwei Drittel Höhe des Berges stehendes Holzkreuz. Weiter durch Buchen-Niederwald zur Höhe, zur *Walpurgiskapelle* und zur Absperrung (Steilabfall).

Nun quer über die baumlose Hochfläche und hinüber zu dem auf der Westseite des Plateaus stehenden *Gedenkstein.* (Die schwer zu entziffernde Inschrift lautet: 1911 errichtet von den Gemeinden Kirchehrenbach, Wiesenthau, Schlaifhausen, Leutenbach, dem historischen Verein Forchheim im 1000. Jahre der Gründung des deutschen Königstum, Konrad I. gewählt zu Forchheim 911, im 90. Geburts- und 25. Regierungsjahr des Prinzregenten Luitpold von Bayern.) Weiter, an den Steilabfällen entlang (Vorsicht! nur an wenigen Stellen gesichert) und hinab in den Sattel. Wieder mäßig ansteigend, das letzte Stück steil, und hinauf zum Gipfelkreuz am Rodenstein (höchste Erhebung des Bergzuges).

Vom Rodenstein mit Rotstrich in südlicher Richtung abwärts. Es geht über Feldflur, dann durch Kirschgärten hinab bis zu einem Wanderparkplatz am oberen Dorfende von Schlaifhausen.

Hier verlassen wir den Rotstrich-Wanderweg, gehen nach halbrechts und ohne Markierung in den Ort bis zur Kirche. Nach der Kirche halbrechts (Schild Parkplatz Walberla) und auf geteertem Sträßchen bergauf bis zum Wanderparkplatz. Diesen überqueren und mit der Walberla-Rundweg-Markierung (stilisiertes Walberla) am Fuße der Ehrenbürg entlang (in den Felsen sind oft Kletterer zu sehen) bis zu einer Weggabel. Hier wechseln wir zur Markierung Blaupunkt, wandern geradeaus weiter und zurück nach Kirchehrenbach.

49 Egloffstein – Wildpark Hundshaupten – Egloffstein

Verkehrsmöglichkeiten Postbus Forchheim – Pretzfeld – Egloffstein – Gräfenberg.

Parkmöglichkeiten Parkplatz am Ortsende an der Straße nach Obertrubach – Gräfenberg.

Wegemarkierungen Rotpunkt und Grüner Schrägstrich bis Wildpark Hundshaupten. Rotpunkt bis Egloffstein.

Tourenlänge Etwa 10 km.

Wanderzeit Etwa 3 bis 3½ Stunden.

Höhenunterschiede Insgesamt 205 m. Steiler Aufstieg vom Parkplatz (356 m) zum Schloß (451 m). Zunächst steil, dann mäßig steil vom Wildpark Hundshaupten (400 m) bis Schloßberg Egloffstein (450 m). Steil hinab zum Parkplatz.

Wanderkarten 1:50000 Fritsch Wanderkarte Blatt 53; Kompass Wanderkarte Blatt 171.

Anmerkung Abwechslungsreiche, durch Felder, Kirschgärten und Waldgebiete führende Wanderung zum Natur- und Wildpark Hundshaupten.

Wissenswertes Egloffstein, Sommerfrische und Luftkurort im malerischen Trubachtal. Der Ort, mit zahlreichen schönen Fachwerkhäusern versehen, baut sich terassenförmig am Westhang des Tales auf. Die Burg, Stammsitz derer von Egloffstein, steht auf steilem Fels, etwa 100 m hoch über dem Marktflecken. Die urkundlich um 1180 auftauchende Burg wurde mehrfach zerstört (Markgrafen Krieg, Bauernaufstand, Dreißigjähriger Krieg) und immer wieder aufgebaut. Die etwas unterhalb der Burg liegende Kapelle (mit sehenswerten Grabdenkmälern) dient heute als evangelische Pfarrkirche.

Tourenbeschreibung Vom Parkplatz in den Ort und zur Burg ansteigen. An dieser vorbei und – mit Markierung Rotpunkt – durch die Egilolfstraße ortsauswärts. Auf Feldweg weiter bis zu einer Wegteilung. (Nach links Abstecher zum Vogelherd. Noch bevor die Burg Egloffstein erbaut, hier Herrensitz. Rastplatz mit Pavillon. Schöne Aussicht). Nach rechts abbiegen und durch Feldflur und an Kirschgärten entlang weiter. Wegzeichen Grünschrägstrich taucht auf. Mit beiden Markierungen ein Stück des Weges gemeinsam. Dann mit Grünschrägstrich rechts ab zum Waldrand. In den Wald und nach halblinks bis zu einer Forststraße. In diese nach rechts einfädeln, und immer auf dieser neuen Forststraße bleibend, abwärts bis zum Parkplatz am *Natur- und Wildpark Hundshaupten*. (Die Gesamt-

fläche des Parkes umfaßt etwa 40 ha. Die Landschaft des Natur-
parkes mit Tal, Wiesen, Steilhängen, Wald und Felsgruppen
ist die Fränkische Schweiz en miniature. Im Gegensatz zu
zoologischen Gärten und anderer Wildparks leben hier die
Tiere nicht in Gattern, sonder großräumig in ihrer natürlichen
Umgebung. Der Wildbestand ist vielseitig und reicht von Rot-
wild, Dammwild, Schwarzwild über Feldhase, Marder, Biber,
Wildschwein und Steinbock bis hin zu Schafen, Kleinziegen
und Eseln. Die Länge der durch den Natur- und Wildpark verlaufenden Wege beträgt etwa 4 km).

Nach der Besichtigung etwa 500 Meter bergan in Richtung
Dorf Hundshaupten. (Abstecher empfehlenswert. Felsen-
schlößchen mit bis zu 5 m dicken Mauern, Laubengänge. Burg
Hundshaupten ist seit 1661 Eigentum und Wohnsitz der Freiherren von Pöllnitz.) Dann nach links in den Wald und in diesem (Markierung Rotpunkt) mäßig steil bergan. Nach Waldende über eine Wiese bis zu einem Fahrsträßchen. In dieses
nach links einbiegend zum Wald. Mehrmals die Richtung wechselnd, immer Wegzeichen Rotpunkt folgend weiter.

Aus dem Wald kommend durch Felder in Richtung Egloffsteiner Hüll. Kurz vor der Ortschaft, an Telegrafenmast Rotpunkt und Pfeil nach links. Über eine Wiese wieder zum Wald.
Nach durchqueren desselben wandern wir weiter, durch Feldflur und durch Kirschgärten, bis wir wieder auf das Wegzeichen
Grünschrägstrich stoßen. Jetzt mit beiden Zeichen – auf nun
schon bekanntem Weg – dahin und letztlich mit Rotpunkt zurück nach *Egloffstein.*

50 Egloffstein – Felswandlerhaus – Pfarrfelsen – Balkenstein – Pfarrwald – Egloffstein

Verkehrsmöglichkeiten   Siehe Wanderung Nr. 49.
Parkmöglichkeiten   Siehe ebenfalls Wanderung Nr. 49.
Wegemarkierung   Gelber Ring.
Tourenlänge   Etwa 3,5 km.
Wanderzeit   Etwa 1½ Stunden.
Höhenunterschiede   Insgesamt etwa 100 m. Steiler Aufstieg von Egloffstein (356 m) zum Pfarrfelsen. Steiler Abstieg vom Balkenstein (450 m) nach Egloffstein.
Wanderkarten   1:50000 Fritsch Wanderkarte Blatt 53; Kompass Wanderkarte Blatt 171.
Anmerkung   Diese Kurzwanderung führt, ebenso wie die Wanderung Nr. 51 und 52, zu schönen Aussichtsfelsen rings um Egloffstein. Dabei lassen sich Wanderung Nr. 50 und Nr. 51 zu einer größeren Rundwanderung zusammenlegen. Und wer über genügend Zeit und die entsprechende Kondition verfügt, kann gar alle drei Wanderungen (Nr. 50, 51 und Nr. 52) zu einer großen Rundtour kombinieren.
Wissenswertes   Egloffstein siehe Wanderung Nr. 49.
Tourenbeschreibung   Vom Parkplatz über die Trubach und auf der Talstraße entlang bis zum Gasthof zur Post. Hier biegen wir nach rechts ab und gehen, wieder die Trubach überquerend, aufwärts in Richtung zu dem am Waldrand liegenden Cafe

Haid. Kurz davor jedoch biegen wir nach halbrechts in den Wald ab. Nach wenigen Metern (bei einer Bank) Wegteilung. Nach rechts (Schild: Pfarrfelsen), und in Serpentinen steil – am *Felswandlerhaus* vorbei – empor. Oben nach links und fast eben dahin. Nach etwa 500 m steigt der Weg kurz an, biegt nach links und führt über eine Holzbrücke hinüber zum *Pfarrfelsen*. (Inselfelsen. Herrlicher Ausblick ins Trubachtal, Ort und Burg Egloffstein.)

Zurück zum Hauptweg und weiter in Richtung Balkenstein (Schild). Zunächst im Wald, dann ein Stück am Waldrand entlang und schließlich wieder durch den Wald zum *Balkenstein* (Aussichtsfelsen).

Vom Balkenstein geht es im Zick-Zack und sehr steil – teils über Treppen – abwärts. Unten nach links und im Hangwald weiter. Vorbei an einer Sitzgruppe und im stetigen Auf und Ab durch den Pfarrwald zurück bis zum Cafe Haid und von dort hinab nach Egloffstein.

Zu Tour 49, 50, 51, 52, 53 **Eggloffstein mit Burg**
(Foto: Ulrich Schnabel, Archiv DWV)

51 Egloffstein – Frauenhöhle – Felsentor – Wilhelmfelsen – Egloffstein

Verkehrsmöglichkeiten   Siehe Wanderung Nr. 49.
Parkmöglichkeiten   Siehe Wanderung Nr. 49.
Wegemarkierungen   Blauer Ring.
Tourenlänge   Etwa 4 km.   **Wanderzeit**   Etwa 2 Stunden.
Höhenunterschiede   Insgesamt etwa 100 m. Mäßig steiler, bis steiler Anstieg von Egloffstein (356 m) bis Frauenhöhle, Felsentor und Wilhelmfelsen (450 m).
Wanderkarten   1:50000 Fritsch Wanderkarte Blatt 53; Kompass Wanderkarte Blatt 171.
Wissenswertes   Egloffstein siehe Wanderung Nr. 49.
Tourenbeschreibung   Vom Parkplatz bzw. der Bushaltestelle bei der Post, an den Felsenkellern vorbei, aufwärts zum Maler-winkel und zum Gasthof Linde. Dort nach rechts abzweigen. Nun etwa 800 m auf ebenem Weg dahin, dann nach links in den Wald und ein kurzes Stück rechts steil empor. Rechtshaltend im Hangwald weiter. Wir kommen zu einer Tafel mit der Auf-schrift »Spitzbubenweg zum Felsentor«. Der Weg fällt leicht ab. Eine Forststraße wird erreicht. Nach links in diese Straße einbiegen und dieser folgen bis nach links ein Hohlweg ab-zweigt. In diesem Hohlweg steil hoch zur Höhe. Oben nach links wenden und am Waldrand entlang wandern. Ein Schild weist zur *Frauenhöhle* (Drei große Eingänge führen dort ins Berginnere. Die Höhle ist noch nicht erforscht).

Zurück zum Hauptweg und der Markierung Blauer Ring folgend, vorwiegend am Waldrand entlang, dann auf schmalem Pfad nach links in den Wald und hin zum *Felsentor*. (Felsgruppe mit Felsenfenster. Um dieses Fenster zu sehen, muß man allerdings (nach links) ein Stück im Wald absteigen).

Vom Felsentor ist es nur noch ein kurzes Wegstück bis zum *Wilhelmfelsen*. (Aussichtsfelsen mit wunderbarem Blick in das tief zu Füßen liegende Untere Trubachtal). Weiter durch den Wald bis zur *Burg Egloffstein*. Vorbei an der Pfarrkirche und über viele Treppen hinab ins Tal.

52 Egloffstein – Augustusfelsen – Kugelspiel – Dietersberg – Egloffstein

Verkehrsmöglichkeiten Siehe Wanderung Nr. 49.
Parkmöglichkeiten Siehe Wanderung Nr. 49.
Wegemarkierungen Roter Ring und Hinweisschilder.
Tourenlänge Etwa 4 km. **Wanderzeit** Etwa 2 Stunden.
Höhenunterschiede Insgesamt etwa 100 m. Steiler Anstieg vom Parkplatz (356 m) bis zum Augustusfelsen (450 m). Mäßig steiler Abstieg vom Dietersberg (456 m) nach Egloffstein.
Wanderkarten 1 : 50000 Fritsch Blatt 53; Kompass Blatt 171.
Tourenbeschreibung Vom Parkplatz aus über die Trubach und in die Talstraße einbiegen. Diese entlang bis nach links die

Angerstraße abzweigt. Diese Straße empor und beim letzten Haus nach rechts in den Wald. In diesem in Serpentinen steil empor zum *Augustusfelsen*. Ein riesiges Tor führt mitten durch den Felskoloß. Weiter zur Höhe, dort nach links und in wenigen Minuten ins Felsgebiet des *Kugelspiels*. (Von hier schöner Blick ins Todsfeldtal und zur Felsnadel Kapuziner auf der anderen Talseite.) Der Weiterweg führt uns am Waldrand entlang in etwa 20 Minuten hin zum Berghof Dietersberg (Hist. Siedlung. Etwa 80 m südlich vom Hof die Kirchenruine zu den Heiligen drei Königen mit Friedhof. Besichtigung.)

Aus der Ruine tretend nach rechts, an einem Drahtzaun entlang zum Wald und in diesem steil abwärts. Unten ein kurzes Stück eben dahin, dann ein Schwenk nach links und gleich wieder nach rechts zum Paradiesweg. Auf diesem zurück nach *Egloffstein*.

53 Egloffstein – Schwedenknock – Markgräflicher Wald – Schloßberganlage – Thuisbrunn – Todsfeldtal – Egloffstein

Verkehrsmöglichkeiten Siehe Wanderung Nr. 49.
Parkmöglichkeiten Siehe Wanderung Nr. 49.
Wegemarkierungen Grüner Ring.
Tourenlänge Etwa 11 km.
Wanderzeit Etwa 3½ bis 4 Stunden.
Höhenunterschiede Insgesamt etwa 240 m. Steiler Anstieg vom Parkplatz (356 m) bis zum Marktplatz (420 m) und kurzer, mäßig steiler Anstieg zum Schloßberg (569 m).
Wanderkarten 1:50000 Fritsch Wanderkarte Blatt 53; Kompass Wanderkarte Blatt 171.
Anmerkung Die Rundwanderung ist sehr abwechslungsreich. Durch den stillen markgräflichen Wald geht es zum Schloßberg (Altarstein und Aussichtspunkt). Dann hinab nach Thuisbrunn und durch das romantische Todsfeldtal zurück nach Egloffstein.
Wissenswertes Egloffstein siehe Tour 49.
Tourenbeschreibung Vom Parkplatz durch die Talstraße bis zur Post. Dort nach links und durch das Haidgäßchen zum Marktplatz hinauf. Nach links in die Markgrafengasse einbiegen und ortsauswärts gehen. Es geht leicht bergan bis zur Straßengabelung am *Schwedenknock*. In die nach links aufwärts führende Straße (Schild: Zum Sportplatz) einbiegen. Etwa 1 km auf der Straße entlang, dann, dort wo diese eine Linkskurve macht,

geradeaus weiter. An einem Kirschgarten vorbei zum Wald.
Immer unserem Wegzeichen Grünring folgend, etwa 20 Minuten durch den *Markgräfer Wald,* bis ein Schild mit der Aufschrift »Aufstieg zur Anlage« nach links weist. Ab hier ist der
Weg zusätzlich mit einem Grünen Dreieck gekennzeichnet.
Mäßig steil geht es den Schloßberg empor. (Burgruine, Altarstein). Auf schmalem Pfad zum äußersten Punkt des Felsens
hinaus (Herrliche Aussicht! Schöner Rastplatz).

Anschließend durch den Wald absteigen und hin bis zur
Gemeindeverbindungsstraße Ortspitz – Haidhof.

Auf dieser Straße etwa 20 m nach links. Am Waldrand entlang, an Kirschbäumen vorbei. Wegzeichen und Schild Egloffstein am Lichtmast. Nach links und auf Wiesenweg am Waldrand entlang bis zu einem querverlaufenden Feldweg. Ein
kurzes Stück nach rechts Richtung Haidhof. Jedoch nicht hinein in den Ort, sondern nach links zum Trafohäuschen. Dort
nach halbrechts und immer auf diesem Weg bleibend, über eine
Anhöhe, bis zur Straße Thuisbrunn – Egloffstein. In diese nach
rechts einbiegen und in den nahen Ort *Thuisbrunn* marschieren.

Bei der Kreuzung links ab und weiter bis zur Gaststätte
Seitz. Dort halblinks abbiegen und zur Kirche ansteigen. Bei
der Kirche nach rechts und hinab ins Todsfeldtal. Links taucht
das Kugelspiel auf (Siehe auch Wanderung Nr. 52). Der Wanderweg führt immer oberhalb eines Bächleins, weiter durchs
Todsfeldtal, schwenkt dann nach links. Es geht über eine Holzbrücke und ins Trubachtal. Durch dieses zurück nach Egloffstein.

157

54 Obertrubach – Ketteler Siedlung – Pitztal – Burgruine Leienfels – Bärnfels – Gründleintal – Obertrubach

Verkehrsmöglichkeiten Busverbindung von und nach Pegnitz – Plech – Betzenstein – Hiltpoltstein – Gräfenberg – Gößweinstein.

Parkmöglichkeiten Parkplatz beim Saustein, am nordöstlichen Ortsrand an der Straße nach Neudorf.

Wegemarkierungen Roter Ring bis Ketteler Siedlung. Gelbes Kreuz bis Leienfels. Rundwanderweg Nr. 2 u. 4 bis kurz vor Wegekreuzung (Feldkreuz). Mit Markierung Gelber Pfeil über Bärnfels, durchs Gründleintal bis kurz vor Ketteler Siedlung. Gelbes Kreuz bis Obertrubach.

Tourenlänge Etwa 11 km. **Wanderzeit** Etwa 4 Stunden.

Höhenunterschiede Insgesamt 290 m. Steiler Anstieg aus dem Pitztal (450 m) zur Burgruine Leienfels (590 m).

Wanderkarten 1:50000 Fritsch Wanderkarte Blatt 53; Kompass Wanderkarte Blatt 171.

Wissenswertes Obertrubach liegt in einem von Felspartien umgebenen Talkessel. Der Ort ist eine beliebte Sommerfrische. In der Nähe des Dorfes der Ursprung des Trubachflüßchens. Ausgrabungen bewiesen, daß die Obertrubacher Gegend bereits in der Steinzeit, etwa 4000 vor Christi, besiedelt war. Obertrubach selbst, war in der Karolingerzeit als »Troubaha« Teil des Forchheimer Königshofes. 1007 kam es zum Bistum Bamberg. Sehenswerte Barockkirche mit drei Altären und gotischem Chor.

Tourenbeschreibung Vom Parkplatz am Saustein etwa 150 Meter in Richtung Neudorf gehen, beim Wegweiser mit der Markierung Roter Ring nach links abbiegen. Beim Wald nach rechts und hangaufwärts. Im Linksbogen, zunächst am Waldrand, dann durch den Wald und in Serpentinen (teils über Treppen) steil empor zu einer hölzernen Aussichtsplattform (Schöner Tiefblick. Etwa 10 Minuten ab Parkplatz). Im Hangwald weiter bis zum Neubaugebiet *Ketteler Siedlung.*

Ab hier mit Markierung Gelbes Kreuz nach rechts und auf Forststraße bergab. Dort wo diese nach links abbiegt, geradeaus weiter und hinab ins Pitztal. Im Tal nach links und sehr steil bergauf. Über eine Hochfläche. Kurz vor dem Wald nach links und über eine Wiese. Nach etwa 80 m (beim Markstein mit der Nr. 11) scharf nach rechts und wenige Meter hoch zu einem Querweg. Über diesen und geradeaus einen steinigen Weg aufwärts. Zwischen zwei Felsen hindurch, danach nach links schwenken und über eine Wiese hinüber nach *Leienfels.*

Nicht in den Ort hinein, sondern gleich beim Forstamt über die Straße und nach links wendend hinauf zur *Burgruine.* (Ab 1372 egloffsteinischer Besitz. 1502 an das Bistum Bamberg. Seit dem 16. Jahrhundert Ruine. 1960 restauriert).

Von der *Burgruine Leienfels* wieder zurück, über die Wiese, zwischen den beiden Felsen hindurch und hinab bis zum Querweg. Hier nach rechts – und dem örtlichen Rundwegzeichen Nr. 2 und Nr. 4 folgend – bergab. Vorbei an Felsen, unterhalb der Burgruine entlang bis zu einer Wegkreuzung kurz vor dem Waldende. (Hier gehen Markierung Nr. 2 und 4 nach links, bzw. rechts ab). Geradeaus weiter bis zum Waldende. Nach links und etwa 100 m auf einem Teersträßchen entlang bis zu einer Straßenkreuzung (mit Feldkreuz).

Über die Kreuzung und auf Forstweg (ab hier mit Markierung Gelber Pfeil) in bisheriger Richtung weiter. Zunächst durch Wald, dann durch Felder, über eine kleine Anhöhe und hinab nach *Bärnfels* (Ab Parkplatz etwa 2 Stunden).

Nach links in den Ort bis zum Gasthaus Drei Linden. Vor dem Gasthaus wieder nach links und nach wenigen Schritten gleich wieder nach rechts. An der Rückseite des Gasthofes entlang. Nach etwa 20 Metern geht es erneut nach links und über Treppen empor zur *Burgruine Bärnfels* (ehemals Egloffsteinischer Besitz. 1525 im Bauernkrieg zerstört, seither Ruine).

Wieder abwärts zum Wanderweg, nach links und zwischen zwei Gebäuden hindurch (schmaler Durchlaß) zum Wald. An bizarren Felsgebilden vorbei in einen schönen Wiesengrund (*Gründleintal).* In diesem entlang bis zu einem Querweg. Hier

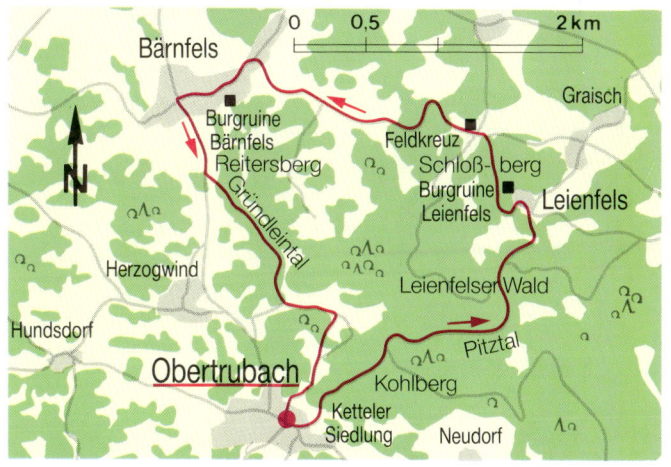

nach links ab und bergauf bis erneut ein Querweg erreicht wird. Hier stoßen wir auf das schon vertraute Wegzeichen Gelbes Kreuz, biegen nach rechts ab und gehen auf schon bekanntem Weg bis zur *Ketteler Siedlung.*

Hier entweder mit Rotring nach links abbiegen und direkt zurück zum Parkplatz gehen, oder mit Gelbkreuz geradeaus weiter, mäßig steil im Wald bergab nach *Obertrubach.* Bei der Kirche nach links und zum Parkplatz.

55 Obertrubach – Hundsdorf – Signalstein – Wolfsberg – Schossaritz – Obertrubach

Verkehrsmöglichkeiten Siehe Wanderung Nr. 54.

Parkmöglichkeiten Parkplatz Saustein, an der Straße nach Neudorf.

Wegemarkierungen Gelbes Kreuz bis Signalstein. Ohne Markierung bis Wolfsberg. Rotpunkt bis Schossaritz. Blauer Punkt bis Obertrubach.

Tourenlänge Etwa 11 km.

Wanderzeit Etwa 3½ bis 4 Stunden.

Höhenunterschiede Insgesamt 305 m. Mäßig steiler Anstieg von Obertrubach (434 m) über Hundsdorf (490 m) zum Signalstein (571 m). Mäßig steiler Abstieg nach Wolfsberg (390 m) und steiler An-

stieg nach Schossaritz (472 m). Mäßig steiler bis steiler Abstieg ins Trubachtal.

Wanderkarten   1:50000 Fritsch Wanderkarte Blatt 53; Kompass Wanderkarte Blatt 171.

Anmerkung   Die Wanderung führt über Hundsdorf zum Signalstein (Aussichtsfelsen), dann weiter zur Burgruine Wolfsberg und über Schossaritz wieder zurück nach Obertrubach.

Wissenswertes   Obertrubach siehe Wanderung Nr. 54.

Tourenbeschreibung   Vom Parkplatz in den Ort, an der Kirche vorbei und nach rechts in die nach Gößweinstein führende Straße einbiegen. Bei der folgenden Straßenkreuzung nach links zum Ortsende. Mit Markierung Gelbkreuz durch Flur und Wald in etwa 30 Minuten bis nach *Hundsdorf.*

Nach links durch den Ort, welcher bei den Lindenbäumen und der Kapelle wieder verlassen wird. Auf gut markiertem Weg geht es wiederum durch Wald und Flur bis zur Straße Wolfsberg – Geschwand. Die Straße überqueren und im jenseitigen Wald weiter, leicht ansteigend, bis zum *Signalstein.* (Dieser wird über eine eiserne Treppe bestiegen. Weite Rundsicht).

Vom Signalstein den Weg zurück bis zur Straße Geschwand – Wolfsberg. In diese nach rechts einbiegen und – ohne Markierung – hinab nach *Wolfsberg.* Beim ersten Haus, dem Schulhaus, nach rechts und über Stufen empor zur *Ruine Wolfsberg.* (Die ehemalige Burg wurde im 12. Jahrhundert von »Gozpold de Wolfsperch« erbaut. Im 14. Jahrhundert Bambergischer, dann Egloffsteiner Besitz. Ab 1544 Kastenamt. Im 17. Jahrhundert zerstört und wieder aufgebaut. Etwa 1880 bis auf die Grundmauern abgebrochen. Seither Ruine. Vom Burgfelsen schöner Blick ins Trubachtal).

Hinab in den Ort und zur Hauptstraße. Auf dieser nach rechts bis zum Bierstüberl Häfner gehen. Scharf nach links, über die Trubach und halblinks im Wald bergauf bis *Schossaritz.*

Auf der Hauptstraße nach links bis zum Ortsende, und ab hier mit der Markierung Blauer Punkt auf Fahrsträßchen steil hinab ins *Trubachtal.* Bei der Schlöttermühle über die Straße und hinter den Gebäuden im Hangwald entlang bis zum Rast- und Spielplatz (am Straßenabzweig nach Möchs). Dort noch einmal über die Straße und nach links wendend zurück nach *Obertrubach.*

56 Betzenstein – Klauskirche – Neudorf – Felsensteig – Langer Berg – Stierberg – Betzenstein

Verkehrsmöglichkeiten   Bahn- bzw. Postbusverbindung von und nach Bayreuth – Gräfenberg – Gößweinstein – Nürnberg – Pegnitz.
Parkmöglichkeiten   Am Marktplatz.
Wegemarkierungen   Rotring bis Klauskirche. Blaupunkt bis Neudorf. Grünes Blatt und Rotfuchs bis Stierberg. Gelbe Raute bis Betzenstein.
Tourenlänge   Etwa 11 km.
Wanderzeit   Etwa 3½ Stunden.
Höhenunterschiede   Insgesamt etwa 300 m. Mäßig steiler Anstieg von Betzenstein (511 m) zum Oberen Badersberg (551 m). Steiler An- und Abstieg zur Felsensteigkanzel (612 m). Ebenfalls steiler Auf- und Abstieg von Stierberg (543 m) zur Burgruine Stierberg (594 m).
Wanderkarten   1:50000 Fritsch Wanderkarte Blatt 53; Kompass Wanderkarte Blatt 171.
Anmerkung   Wer den zwar interessanten aber etwas mühevollen Weg über den Felsensteig nicht machen will, geht beim Wege-dreieck nach rechts ab. Folgt der Forststraße und der Markierung Grünes Blatt weiter bis zum Waldende. Dort stößt man auf einen

Zu Tour 56, 57, 97, 98   **Betzenstein, Kirche im Vordergrund**
(Foto: Verkehrsamt Betzenstein)

Querweg, in dem man nach links einbiegt. (Rechts die ersten Häuser von Münchs sichtbar, nach dort geht die Markierung Grünes Blatt) Marschiert nun, ohne Markierung (und immer auf diesem Weg bleibend) unterhalb des Langen Berges entlang, bis man auf die (von rechts kommende) Markierung Gelbe Raute trifft. Dieser und den Hinweisschildern folgend geht es weiter bis zur *Burgruine Stierberg.* Tourenlänge 12 km. Wanderzeit 3 1/2 Stunden.

Wissenswertes Betzenstein wurde erstmals 1187 urkundlich als die »Veste des Fr. v. Pezensteyn« erwähnt. Später zwei Burgen (im Besitz der Schlüsselberger und der Leuchtenberger unter der Lehensherrschaft der böhmischen Krone). 1359 Erhebung zum Markt durch Kaiser Karl IV. v. Böhmen mit den Rechten Stock und Galgen zu errichten und den Ort mit Mauern, Türmen, Toren und Gräben zu umgeben. Teile der Ortsbefestigung sind noch vorhanden, zwei Stadttore, noch bewohnt. 1504 Eroberung Betzensteins durch die Freie Reichsstadt Nürnberg. Die Nürnberger Herrschaft dauerte bis 1806. Während dieser Zeit erfolgte 1543–49 der Bau des tiefen Brunnens (Radziehbrunnen, 92 m tief, Besichtigung möglich) und 1611 die Erhebung zur Stadt. Der Bau der Stadtpfarrkirche erfolgte in den Jahren 1732–46. Besonderheiten in der Kirche sind: Orgelgehäuse aus 1680. Kronleuchter 1734. Taufstein 1736. Die beiden Betzensteiner Burgen sind in Privatbesitz und leider nicht zu besichtigen.

Tourenbeschreibung Durch das Untere Tor und gleich nach links in die Höchstädter Straße einbiegen. Am Ortsende erneut nach links abbiegen und im Wald zum *Oberen Baderberg* ansteigen. Dann hangabwärts bis zu einem Querweg. In diesen nach rechts einbiegen und leicht bergan (etwa 100 m), wiederum zu einem Querweg. Nach links schwenken und über den Platz zur *Schönen Aussicht,* dann am Zaun des Schwimmbades entlang bis zum östlichen Eingang der *Klauskirche.* (Überrest einer Meeresstrandhöhle. Durchgangshöhle von etwa 30 m Länge, 4 m Höhe und 3 m Breite). Durch diese hindurch und über Stufen hinab zu einem Parkplatz an der Straße Betzenstein – Leupoldstein.

Auf der Straße etwa 500 m leicht bergan gehen. Dann zweigt links ein Feldweg ab (Auf gleicher Höhe geht nach rechts das Sträßchen nach Kröttenhof ab. Wegweiser). In den Feldweg einbiegen – ab hier Wegzeichen Blaupunkt folgend – und im Wechsel durch Feld, Wald, Wiese und wieder Wald, letztlich am Waldrand entlang bis hin zur Straße Leupoldstein – Hiltpoltstein. Über die Straße hinweg und in bisheriger Richtung weiter, über Wiese und durch Feldflur bis nach *Neudorf.* (Abstecher nach Obertrubach möglich. Mit Blaupunkt 1 km geradeaus weiter. Auf dem gleichen Weg wieder zurück).

Beim Buswartehäuschen biegen wir links ab. Marschieren, nun der Markierung Grünes Blatt folgend, wieder aus dem Ort bis hin zu der nach Obertrubach führenden Straße. Überqueren diese und gehen weiter zu der in etwa 300 m Entfernung verlaufenden Straße Hiltpoltstein – Leupoldstein.

Auch diese Straße wird überquert. Geradeaus weiter und etwa 175 m auf der Gemeindestraße in Richtung Stierberg entlang. Dann biegt der Grün-Blatt-Weg nach rechts in den Wald ab. Nach etwa 300 m Wegedreieck (Unterstellhütte). Rechtsabbiegend gelangt man auf Talweg nach Stierberg. Siehe Anmerkung).

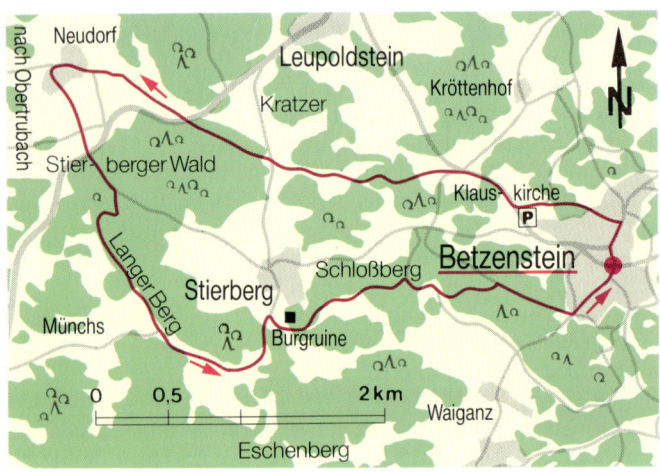

Mit Markierung Rotfuchs (auf grünem Grund) noch etwa 100 m geradeaus. Dann nach rechts, zu den Felsen hin abbiegen. Es geht durch eine Felsgasse und auf schmalem Steig, teils über Felsstufen weiter. Hinab in eine Senke und steil über Stufen wieder empor. Immer am Hang des *Langen Berges* entlang (linkerhand Felsen) bis der Weg nach links schwenkt und erneut zwischen den Felsen hindurchleitet. Weiter (die Felsen jetzt rechts des Weges) bis zu einer Bank. Dort nach halbrechts und über Treppen steil hinauf zu einer *Felskanzel.* (Hier endet der Felsensteig. Schöner Blick ins Tal und auf Stierberg). Über die Treppen wieder abwärts bis zur Bank. Nach rechts abbiegen und bis zum Waldende gehen. Erneut nach rechts, zuerst am Waldrand entlang, dann durch Felder nach *Stierberg*.

Von Stierberg aus mit Markierung Gelbe Raute (und Hinweis-schildern) hinauf zur *Burgruine Stierberg* (1187 als Bergschloß durch die Herren von Stör erbaut. 1525, im Bauernkrieg, zer-stört).

Zurück zum Wanderweg. Noch ein kurzes Stück auf Forst-weg entlang. Dann nach links und auf Pfad durch den Wald bis zu einer Forststraße (Wegedreieck). Jetzt etwa 200 m nach rechts, dann wieder links. Vorbei am Trafohäuschen (rechts im Wald) und kurz danach erneut nach links. Im Wald steil hoch. Auf der Höhe wird der Rotringweg gekreuzt. Ein kurzes Stück (etwa 20 m) steil abwärts. Dann eben dahin und aus dem Wald. Am Waldrand entlang und auf Feldweg zurück nach *Betzenstein.*

 Betzenstein – Schmidberg – Gerhardfelsen – Klauskirche – Großer Wasserstein – Berghäusl – Betzenstein

Verkehrsmöglichkeiten   Siehe Wanderung Nr. 56.
Parkmöglichkeiten   Am Marktplatz.
Wegemarkierungen   Roter Ring bis Klauskirche. Roter Punkt bis Großer Wasserstein. Zuerst ohne Markierung, dann erneut Roter Ring bis Betzenstein.
Tourenlänge   Etwa 7,5 km.
Wanderzeit   Etwa 2½ bis 3 Stunden.
Höhenunterschiede   Insgesamt etwa 160 m. Zahlreiche steile, aber kurze, Auf- u. Abstiege.
Wanderkarten   1:50000 Fritsch Wanderkarte Blatt 53; Kompass Wanderkarte Blatt 171.
Anmerkung   Diese sehr abwechslungsreiche Wanderung führt zu den schönsten Aussichtspunkten und Sehenswürdigkeiten rings um Betzenstein. Viel Auf und Ab.
Wissenswertes   Betzenstein siehe Wanderung Nr. 56.
Tourenbeschreibung   Von der Ortsmitte (Marktplatz) in Rich-tung zur Straße nach Leupoldstein, jedoch bei der Linde (Kurz vor Straßenkreuzung) nach links abbiegen und zum *Schmidberg* hochsteigen. (Vom hölzernen Aussichtsturm herrliche Weit-sicht. Auf dem Schmidberg Kinderspielplatz und Kneipp-becken).

Abstieg vom Schmidberg, vorbei an der *Laufer Hütte* des DAV und hin zur Straße (nach Eckenreuth). Über diese hin-weg und jenseits im Wald steil empor. Auf einer Wiese, zu-nächst am Waldrand, dann an einem Drahtzaun entlang weiter

ansteigen zu einem Sträßchen. Auf diesem etwa 100 m nach links, dann scharf nach rechts abbiegen. Es geht wieder auf eine Wiese und erneut an einem Drahtzaun entlang. Jetzt heißt es aufpassen, etwa 50 m nach Drahtzaunende zweigt nach rechts ein kaum sichtbarer Pfad in den Wald ab. Diesem müssen wir folgen. Es geht zunächst eben dahin, an Felsen vorbei. Dann zieht der Weg steil im Buchenwald empor, führt über eine Wiese und weiter durchs Unterholz links hoch zu einem Wochenendhaus. An diesem vorbei und hinab zur Straße. Über diese hinweg und jenseits über Wiese, dann am Waldrand und ein Stück durch den Wald und (wiederum an einem Drahtzaun entlang geht es hoch zum *Gerhardfelsen*.

Über Stufen abwärts. Wieder heißt es eine Straße überqueren. Am Waldrand entlang bergauf. Auf der Höhe im Buchenwald dahin. Vorbei am Sportplatz (rechts des Weges) und einem Wasserbehälter (links des Weges) bis zu einem *Aussichtsfelsen*. (Wenige Meter nach links. Hinweisschild). Dann zieht der Weg in einem großen Rechtsbogen hinunter zu der nach Leupoldstein führenden Straße. Nach rechts über einen Parkplatz, über die Straße und über Stufen empor zur *Klauskirche*. (Mächtiger Felsdurchbruch. Siehe auch Wanderung Nr. 56).

Durch diese hindurch, nach rechts und leicht bergan. Bei Wegteilung nach halblinks (am Zaun des Schwimmbades entlang) zum Platz zur *Schönen Aussicht*. Geradeaus weiter. Vorbei an der *Windmühle* zum Wald. Dort zweigt, kurz vor einer Bank, der nun mit Rotpunkt markierte Weg, zum Großen Wasserstein ab. Es geht im Wald abwärts, vorbei am *Hexentor* (Felsgebilde) und aus dem Wald. Über Feldflur hinüber zum Weiler *Krötten-hof*. Durch den Ort und beim letzten Haus nach rechts, über Wiese zum Wald. Rechts des Weges, im Wald, ein roter Fels. Wenig später geht es durch das *Wassersteintor* (Felsdurchbruch) und gleich danach scharf nach rechts zum *Großen Wasserstein*. (Mächtiges Dolomitmassiv. Ehemalige vorgeschichtliche Jägerstation. Fundstelle des kleinsten europäischen Säugetieres, der »Sorex minatissimus«).

Nur wenige Meter sind es vom *Großen Wasserstein* bis zur Gemeindeverbindungsstraße nach Höchstädt. In diese biegen wir nach rechts ein und folgen ihr, leicht ansteigend, bis zum *Aussichtsturm* (links der Straße) und weiter bis zum Schuttplatz. Hier biegen wir nach links ab, (Zeichen Roter Ring) und ziehen im Rechtsbogen hinüber zum Wald. Dort wenden wir nach links und wandern durch den Wald zum *Berghäusl* (Schöner Blick auf Betzenstein). Im Hangwald steil abwärts, vorbei am Friedhof und zurück in die Ortsmitte von Betzenstein.

58 Plech – Gottvaterberg – Eichenstruth – Viehhofen – Rohenloch – Fleischhöhle – Plech

Verkehrsmöglichkeiten Busverbindungen von und nach Pegnitz, Bayreuth, Nürnberg. In die Orte der Fränkischen Schweiz.
Parkmöglichkeiten An der Hauptstraße.
Wegemarkierungen Gelbe Raute bis Eichenstruth. Grünpunkt bis kurz vor Autobahn und ohne Markierung zurück nach Eichenstruth. Ohne Markierung bis Viehhofen. Gelber Keil bis Plech.
Tourenlänge Etwa 13 km.
Wanderzeit Etwa 4 Stunden.
Höhenunterschiede Insgesamt etwa 215 m. Steiler Aufstieg zum Gottvaterberg. Mäßig steil von Viehhofen (480 m) hinab zum Rohenloch (420 m). Steil hinab von der Fleischhöhle (470 m) nach Plech (450 m).
Wanderkarten 1:50000 Fritsch Wanderkarte Blatt 53; Kompass Wanderkarte Blatt 171.
Abkürzung Mit Grünpunkt geradeaus durch Eichenstruth. Tourenlänge: Etwa 10 km. Wanderzeit: Etwa 3 1/2 Stunden.
Wissenswertes Plech ist eine der ältesten Siedlungen in der Frankenalb. Der Name des Ortes erinnert an die früher hier betriebene Herstellung von Eisenblech. Sehenswert die 1661 erbaute Pfarr-

kirche mit einem 1731 von Johann Caspar Fischer geschaffenem Kanzelaltar. Unter Denkmalsschutz steht der Gemeindebrunnen. Es ist ein Radbrunnen und an das Haus Nr. 66 in der Hauptstraße (Gasthof zur Traube) angebaut. Errichtet wurde dieser Brunnen in den Jahren 1539 – 40. Der am westlichen Ortsrand gelegene Gottvaterberg ist über 500 m hoch. Auf dessen breitem Gipfelplateau befindet sich eine Aussichtsplattform.

Tourenbeschreibung Zur Kirche, an dieser rechts vorbei und kurz danach halbrechts – zunächst über Stufen – empor zum Gottvaterberg (506 m). Aussichtsplattform. Über das Gipfelplateau und beim Pavillon auf Fahrsträßchen abwärts bis nach rechts ein schmaler Pfad abzweigt. Auf diesem bergab.

Unten eine Reihe Markierungen. Mit Wegzeichen Gelbe Raute zum Waldrand, dort nach links abbiegen und hangaufwärts gehen. Nach rechts über eine Wiese und wieder bergab. Am Waldrand weiter bis zu einem Wegweiser und nach links zur Straße Plech – Riegelstein. Auf dieser wenige Schritte nach links, dann über die Straße und jenseits auf geteertem Sträßchen (welches später in einen Feldweg übergeht) über eine Kuppe. Im Talgrund zum Waldrand. Dort etwa 5 m nach links, dann scharf rechts und auf Waldfuhre aufwärts bis zu einem Querweg. Nach rechts zu einem wiederum geteertem Sträßchen und auf diesem in den schon bald sichtbaren Ort *Eichenstruth.* (Rechts im Hintergrund der Fernseh-Umsetzer bei Spies sichtbar).

In Eichenstruth in die erste nach rechts abgehende Straße einbiegen und nach etwa 20 m – mit Markierung Grüner Punkt – nach links wenden. Zwischen zwei Anwesen hindurch und zum Ortsende. Durch Felder zum Wald. Kurz vor einer Scheune links in den Wald. Zunächst im Hangwald, dann am Waldrand entlang bis zu einem Querweg.

Auf diesem Weg, wenige Meter nach rechts, dann nach links und über den Fußballplatz von Eichenstruth. Jenseits auf Feldweg leicht bergan. Vor uns die Autobahn, der Ort Riegelstein und dahinter der Spieser Fernseh-Umsetzer. Rechterhand eine Scheune. Hier nach links abbiegen. Ohne Markierung und weglos am Waldrand entlang. Vorbei an einer Felsgruppe, bis zu einem geteertem Sträßchen. Auf diesem nach links abbiegend zurück nach Eichenstruth. (Unterwegs vorbei an einem rechts im Feld stehenden Briefkasten für den Einödhof Steigenbauer).

Bei der Dorflinde treffen wir auf das Wegzeichen Gelber Ring und verlassen mit dieser Markierung, in Richtung Viehhofen, den Ort und bummeln auf dem verkehrsarmen Ortsverbindungssträßchen (Gelbring verläßt uns schon bald nach rechts) bis *Viehhofen.*

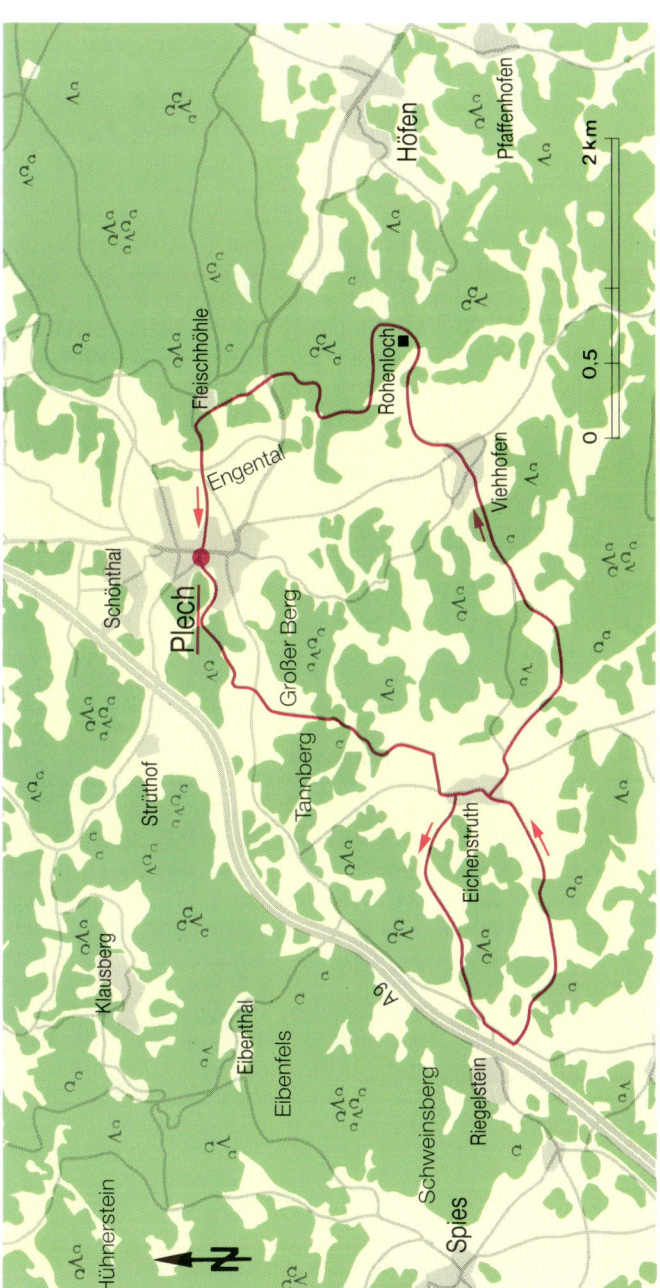

Beim Gasthof zur Linde treffen wir auf das Wegzeichen Gelber Pfeil, welches uns nach Plech zurückleitet.

Zunächst geht es bis zur Straße nach Velden. Auf dieser nach links gehend bis zum Feuerwehrgerätehaus. Rechts abbiegen, am Trafohäuschen vorbei und im Rechtsbogen leicht bergabwärts.

Im Talgrund auf die schon sichtbare *Rohenloch-Höhle* zu.

Nach der Höhle im Linksbogen über eine Wiese und der Stromleitung folgend bergauf. Wir erreichen erneut eine Wiese und wenden scharf nach links, gehen am Waldrand entlang bis zu einem Drahtzaun (Schonung). Hier (links ein Gemarkungsstein mit der Nr. 524) auf Holzfuhre in den Wald. Auf einem verwachsenem Weg bis zu einer Forststraße und auf dieser bis zur Straße Plech – Neuhaus gehen.

Auf der Straße etwa 20 m nach links, dann diese überqueren und am Waldrand entlang bergauf. Auf Trampelpfad in den Wald. Am Zaun einer Schonung entlang und nach links. Gut auf Markierung achtend quer durch den Wald zur *Fleischhöhle*.

An der Höhle vorbei und auf einem Pfad steil bergab. Aus dem Wald tretend, sehen wir vor uns schon Plech liegen. Durch die Felder zurück in den Ort.

59 Von Plech in den Veldensteiner Forst

Verkehrsmöglichkeiten Siehe Wanderung Nr. 58.
Parkmöglichkeiten An der Hauptstraße.
Wegemarkierungen Gelber Punkt bis zur Markierung Gelbstrich waagerecht (an der Wegkreuzung mit Marterl). Gelbstrich waagerecht bis Wegkreuzung »Beim Schutzengel«. Dann Blaues Kreuz bis Plech.
Tourenlänge Etwa 15 km.
Wanderzeit Etwa 3½ bis 4 Stunden.
Höhenunterschiede Insgesamt etwa 80 m. Am Beginn der Wanderung kurzer steiler Aufstieg in Richtung Fleischhöhle, ansonsten unbedeutend.
Wanderkarten 1:50000 Fritsch Wanderkarte Blatt 53; Kompass Wanderkarte Blatt 171.
Anmerkung Gemütliche Waldwanderung. Mit Ausnahme des kurzen, steilen Anstiegs am Beginn der Wanderung, ohne nennenswerte Steigungen. Es geht über bequeme, breite Waldwege, vornehmlich auf für Kfz. gesperrte Forststraßen dahin.

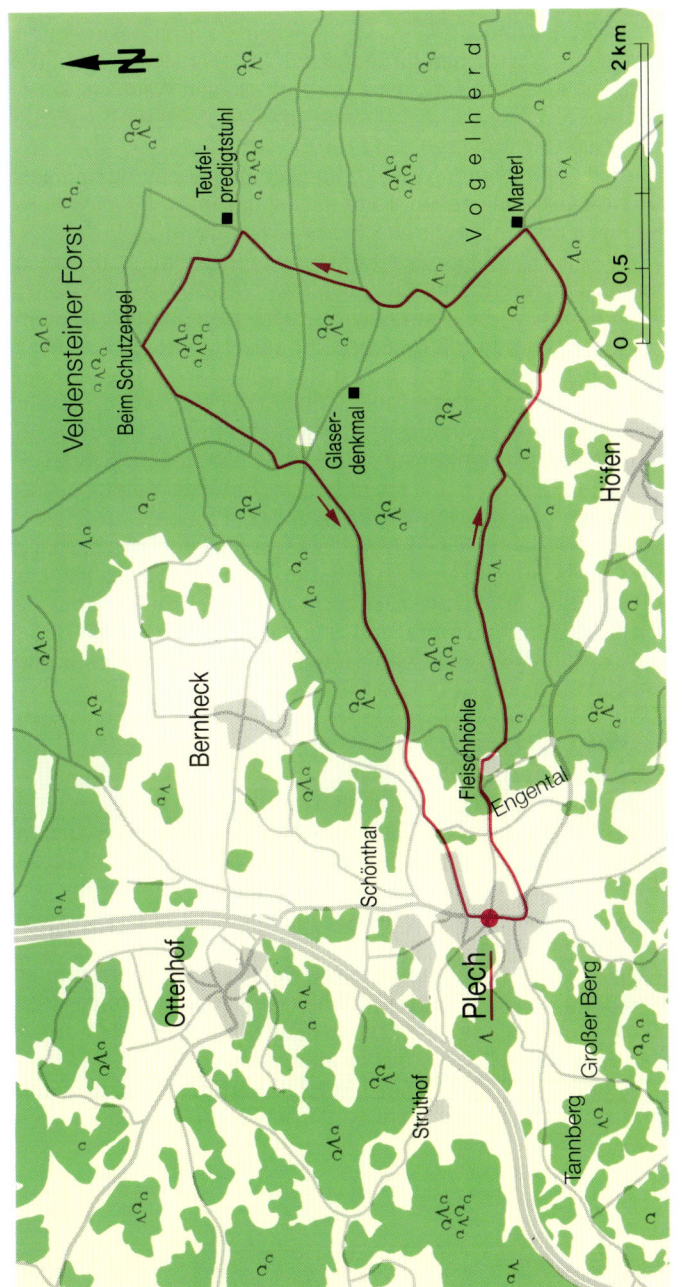

N

2 km

0,5

0

Veldensteiner Forst

Teufel-
predigtstuhl

V o g e l h e r d

Marterl

Beim Schutzengel

Glaser-
denkmal

Höfen

Bernheck

Fleischhöhle

Engental

Schönthal

Ottenhof

Plech

Großer Berg

Strüthof

Tannberg

Abkürzungsmöglichkeit: Bei Erreichen der Straße Bernheck – Ranna mit Wegzeichen Grünes Kreuz nach links abbiegen, ein Stück die Straße entlang, dann nach links in den Wald, auf Forstweg weiter bis dieser auf Querweg und Markierung Blaukreuz trifft. Nach links abbiegen und zurück nach Plech.

Tourenbeschreibung Auf der Hauptstraße in Richtung Neuhaus bis zum Ortsende gehen. Kurz nach der Tankstelle nach links abbiegen und auf geteertem Feldweg zum Wald.

Mit Markierung Gelber Punkt auf einem Pfad steil bergan bis zu einer Wegteilung. Geradeaus weiter, an der Rückseite der Fleischhöhle vorbei – nur noch leicht ansteigend – bis zu einem Forstweg. Diesen überqueren und auf etwas breiterem Weg weiter geradeaus. Wir erreichen einen Querweg und gehen auf diesem nach links. Es geht auf der Höhe des *Büchelberges* dahin bis zu einer Wegkreuzung. Hier halbrechts (neben Forstweg) in den Wald bis wir erneut auf eine Forststraße stoßen. Auf dieser nach links abbiegen und leicht bergab. Bei Wegkreuzung geradeaus. Bei der nächsten Wegkreuzung (mit Marterl) stoßen wir auf die Markierung Gelbstrich waagerecht und biegen nach links ab (Gelbpunkt geht rechts ab nach Neuhaus). Bei der folgenden Wegkreuzung nach rechts gehen und auf diesem Weg bleiben bis ein geteertes Sträßchen (Verbindungsstraße Bernheck – Ranna) erreicht wird. (Hier Abkürzungsbeginn, siehe Anmerkung).

Auf dem Sträßchen etwa 150 m nach rechts, dann scharf nach links und auf einer Forststraße bis zu einer Wegkreuzung vor dem *Teufelpredigtstuhl* (Felsen).

Hier biegt der Wanderweg nach links ab, um kurz danach bei einer Wegteilung nach rechts zu schwenken. Wir marschieren bis zur Wegteilung »Beim Schutzengel« (Schutzengelbild etwa 50 m weiter rechts an einer Buche). Hier nach links abbiegen und nach etwa 300 m erneut nach links gehen. Durch den Wald bis zu einer Teerstraße.

Diese überqueren und geradeaus weiter. Etwa 1 km geht es auf einem Forstweg entlang, dann tauchen vor uns die ersten Häuser von Plech auf. Doch noch heißt es ein gutes Stück durch den Wald marschieren, bis wir diesen (kurz nach einer Wegkreuzung) verlassen und am Sportplatz vorbei, links abbiegend, über eine kleine Kuppe gehend Plech wieder erreichen.

60 Hiltpoltstein – Gräfenberg – Großennohe – Hiltpoltstein

Verkehrsmöglichkeiten Bus Gräfenberg – Hiltpoltstein – Pegnitz.

Parkmöglichkeiten Parkbucht an der Hauptstraße.

Wegemarkierungen Blaustrich waagerecht bis Gräfenberg. Gelber Ring bis Großennohe. Grünstrich bis Hiltpoltstein.

Tourenlänge Etwa 15 km.

Wanderzeit Etwa 4 Stunden.

Höhenunterschiede Insgesamt etwa 100 m. Unbedeutend.

Wanderkarten 1:50 000 Fritsch Wanderkarte Blatt 53; Kompass Wanderkarte Blatt 171.

Wissenswertes Der kleine Markt Hiltpoltstein, in der reizvollen Landschaft zwischen Fränkischer- und Hersbrucker Schweiz gelegen, ist eine beliebte Sommerfrische. Überragt wird das Städtchen von der auf einem 40 m hohen Fels stehenden Burg. Urkundlich nachweisbar ist, daß auf der Burg um das Jahr 1200 die Ritter von Hildpoldstein wohnten. Ort und Burg gehörten bayerischen Herzögen und gingen 1329 an die Pfalz über. Kaiser Karl IV. erwarb 1354 Ort und Burg. 1449 wurde die Burg gebrandschatzt, später in der heutigen Form wieder aufgebaut. Nach dem Landshuter Erbfolgekrieg kam Burg Hiltpoltstein 1504 in den Besitz der Freien Reichsstadt Nürnberg, wo sie bis zum Jahre 1806 blieb. Seitdem in Staatsbesitz. Neben dem Burgfelsen reckt sich eine weitere Dolomitwand empor. Zwischen beiden Felsen, steht eingezwängt, die aus der ehemaligen Burgkapelle hervorgegangene evangelische Pfarrkirche. Auf dem Hochaltar schöne Tafelbilder eines unbekannten Malers von 1420, der nach diesem Werk den Namen »Meister des Hiltpoltsteiner Altars« erhalten hat.

Tourenbeschreibung Von der Wanderwegetafel (beim Gasthof Goldenes Roß) die Hauptstraße abwärts, und bei Gasthaus Schwane nach links in die Schnaittacher Straße einbiegen. Vorbei am Tonstudio Hiltpoltstein und (nicht nach links!) geradeaus weiter zum Ortsende. Vor dem letzten Haus nach links und auf einem Feldweg leicht ansteigend empor zu einem Wäldchen. Dort nach rechts schwenken (hier erstmals Markierung Blaustrich) und auf Feldweg, teils am Waldrand entlang weiter. Dann (wenn links die Häuser von Görbitz sichtbar) nach rechts in den Wald. Diesen durchqueren. Aus dem Wald tretend nach links bis zum Fahrweg. In diesen nach rechts einbiegen und geradeaus in Richtung Waldspitze gehen. Querweg (nicht nach links abbiegen!) geradeaus, auf der Wiese (am Waldrand entlang) weiter. Nach etwa 200 Metern schwenkt der Wanderweg nach links in den Wald ab. Ein kurzes

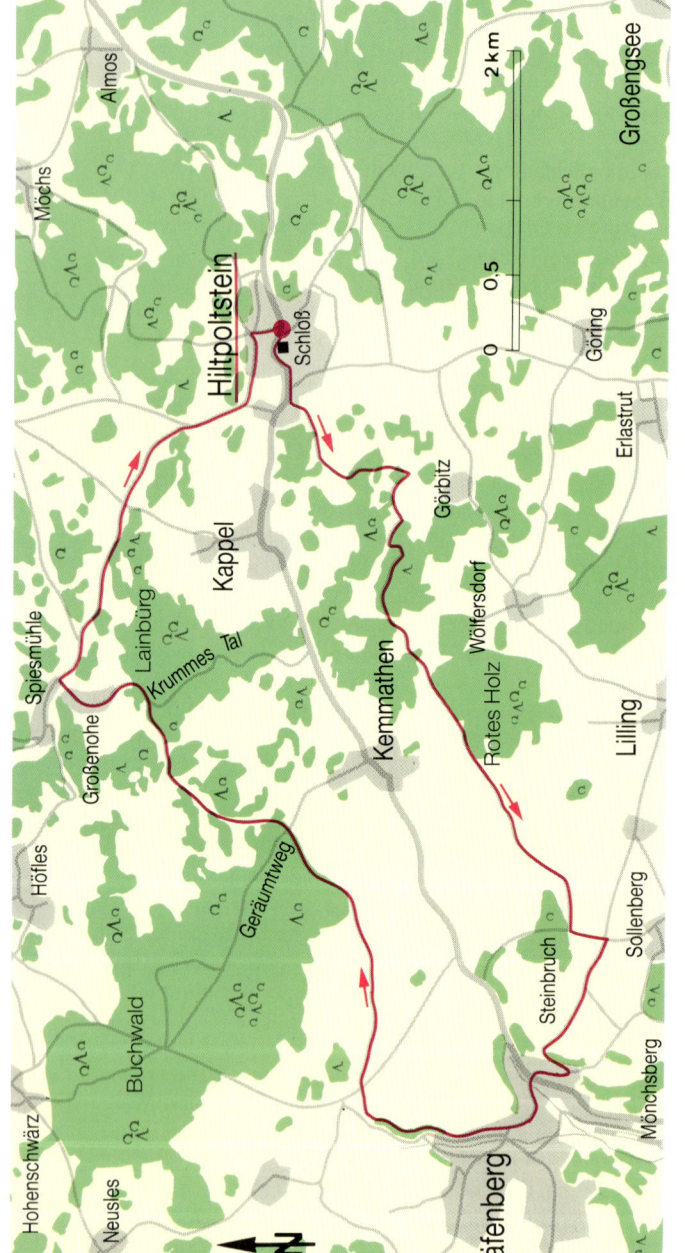

Großengsee

Göring

Erlastrut

2 km

0.5

0

Almos

Mochs

Hiltpoltstein

Schloß

Görbitz

Wölfersdorf

Lilling

Kappel

Lainbürg

Krummes Tal

Kemmathen

Rotes Holz

Spiesmühle

Großenohe

Höfles

Geräumtweg

Steinbruch

Sollenberg

Mönchsberg

Buchwald

Hohenschwärz

Neusles

Gräfenberg

N

Stück durch den Wald, bis zu einer Forststraße. Auf dieser wenige Meter nach links, gleich wieder nach rechts und etwa 300 Meter am Waldrand entlang. Dann nach rechts und der Markierung folgend, quer durch den Wald.

Aus dem Wald und geradeaus, über eine Wiese, an einer Reihe von Kirschbäumen vorbei. Dann über Feldflur nach links. Nach etwa 100 Metern nach rechts, und nach etwa weiteren 100 Metern halbrechts und auf eine Waldspitze zumarschieren. Am Waldrand entlang weiter bis zur Gemeindeverbindungsstraße Lilling – Gräfenberg. Auf dieser Straße nach links einbiegen und bis zur Straßenkreuzung gehen. An der Kreuzung nach rechts, am Steinbruch vorbei und hinab nach *Gräfenberg*. (Gräfenberg, altertümliches Städtchen mit malerischem Marktplatz. Ritterbrunnen, dem Minnesänger Wirent von Gräfenberg gewidmet. Sehenswerte Stadtpfarrkirche mit Türmerwohnung und Aussichtsaltane. Barockaltar, Kanzel in Weiß und Gold. Farbige Glasfenster mit Wappen Nürnberger Patrizierfamilien. 1172 wird Gräfenberg erstmals urkundlich erwähnt. Seit 1331 Stadt. Von 1537 bis 1806 zum Hoheitsgebiet der Freien Reichsstadt Nürnberg gehörig. Am 30. 7. 1866 wurden in Gräfenberg die Waffenstillstandsverhandlungen zwischen Bayern und dem Norddeutschen Bund geführt).

Zu Tour 60, 61 **Hiltpoltstein** aus südlicher Richtung
(Foto: Markt Hiltpoltstein/Wolfgang Vogel)

Durch den Ort, vorbei am Rathaus und durch den Torbogen zu der nach Egloffstein führenden Straße. Auf dieser ein Stück entlang. Dann beim Parkplatz mit Gelbring in den Hangwald. Durch die Unterführung der Umgehungsstraße und in der Folge, gut auf die Markierungszeichen achtend, quer durch den Wald nach *Großennohe*. – Den langgestreckten Ort durchqueren (rechts oberhalb des Dorfes die Felsgruppe Drei Zinnen) und am Ortsende beim Wegweiser: Hiltpoltstein 2 km mit Grünstrich rechts ab. Bei der ersten Weggabel rechts-, bei der folgenden linkshaltend und über eine kleine Anhöhe zurück nach *Hiltpoltstein*.

 ## Hiltpoltstein – Almos – Obertrubach – Schossaritz – Hiltpoltstein

Verkehrsmöglichkeiten Siehe Wanderung Nr. 60.
Parkmöglichkeiten An der Hauptstraße.
Wegemarkierungen Rotes Andreaskreuz bis Almos. Grünes Blatt bis Obertrubach. Blauer Punkt bis Schossaritz. Blauer Punkt und Gelbstrich bis Hiltpoltstein.
Tourenlänge Etwa 12 km.   **Wanderzeit** Etwa 3½ Stunden.
Höhenunterschiede Insgesamt 225 m. Mäßig steil abwärts von (490 m) zur Schlöttermühle (409 m). Steiler Aufstieg nach Schossaritz (475 m).
Wanderkarten 1:50000 Fritsch Wanderkarte Blatt 53; Kompass Wanderkarte Blatt 171.
Wissenswertes Hiltpoltstein siehe Wanderung Nr. 60.
Tourenbeschreibung Von der Wanderwegetafel beim Gasthof Goldenes Roß, die Hauptstraße aufwärts, durch den Torbogen und links ab in den *Möchser Weg*. Geradewegs über die Wegkreuzung und kurz danach halbrechts ab. Zunächst am Ortsrand von Hiltpoltstein entlang, schließlich leicht bergan und durch den Wald. In der Folge immer auf diesem Weg bleibend bis *Almos*.

Beim Gasthof Bock nach links und durch den Ort. Dort wo die Straße nach links schwenkt (beim Haus Nr. 1) geradeaus weiter. Auf Feldweg – und ab hier mit Markierung Grünes Blatt – durch Felder, an einem Wäldchen entlang, und wieder durch Felder bis zu einem geteerten Weg. Auf diesem etwa 10 Meter nach links und gleich wieder nach rechts, auf Feldweg weiter und leicht bergan. Nach halblinks in einen Hohlweg einbiegen und hinab zur Verbindungsstraße Möchs – Obertrubach. Nach rechts in die Straße einbiegen und etwa 500 Meter abwärts bis zu einem Rast- und Parkplatz, kurz vor *Obertrubach*. (Schöne, interessante Felspartien.

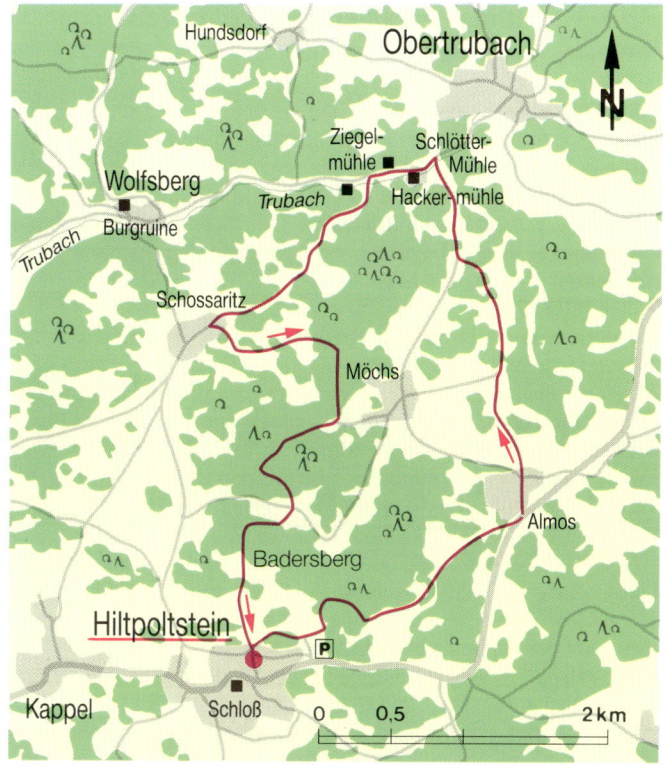

Nach rechts abbiegend Abstecher in den nahen Ort Obertrubach
möglich). – Mit Markierung Blaupunkt nach links, an einem Felsen
vorbei und halbrechts hoch in den Wald. Auf schmalem Steig,
oberhalb der Straße, im Hangwald entlang. Kurz hinter der Schlöttermühle fällt der Steig zur Straße hin ab. Über die Straße (Obertrubach – Wolfsberg) und auf Holzbrücke über die Trubach. Halbrechts haltend, am Trafohäuschen vorbei auf Fahrsträßchen steil
aufwärts bis *Schossaritz.*

Im Ort, gleich die erste Straße links ab (Taubenschläge). Vor
dem Trafohäuschen wiederum nach links und durch Felder ansteigend zum Wald. Am Waldrand entlang (immer der Stromleitung
folgend) bis wir auf die Markierung Gelbstrich treffen. Mit dieser
biegen wir rechts ab. In der Folge gilt es, wegen mehrfachem Richtungswechsel, besonders gut auf die Markierung zu achten. Der
Gelbstrich führt uns, das Fahrsträßchen Möchs – Hiltpoltstein querend, schließlich über den *Baderberg* zurück nach *Hiltpoltstein.*

62 Ittling – Strahlenfels – Wildenfels – Großengsee – Ittling

Verkehrsmöglichkeiten Autobahn Nürnberg – Berlin, Ausfahrt Hormersdorf und über Schermshöhe nach Ittling.
Parkmöglichkeiten Im Ort.
Wegemarkierungen Weiße 1 auf gelbem Grund bis Großengsee und mit Nr. 8 zurück nach Ittling.
Tourenlänge Etwa 10 km.
Wanderzeit Etwa 3 Stunden.
Höhenunterschiede Insgesamt etwa 170 m.
Wanderkarten 1:50 000 Fritsch Wanderkarte Nr. 53; Kompass Wanderkarte Nr. 172.
Wissenwertes Wildenfels, kleiner Ort in der südöstlichen Fränkischen Schweiz mit hoch über dem Dorf stehender markanter Burgruine. Die Burg, urkundlich erstmals im Jahre 1310 erwähnt, war Sitz der Ritter von Wildenstein. Im Markgrafenkrieg wurde die Burg 1553 von den Truppen des Markgrafen Albrecht Alkibiades zerstört. Von der Ruine schöner Ausblick.

Auch in Strahlenfels stand einst eine erstmals bereits 1302 genannte Burg der Wildensteiner. Auch sie wurde ein Opfer des Krieges von 1553. Bis auf ein paar kümmerliche Reste ist heute selbst von der Ruine nicht mehr viel zu sehen.

Großengsee hieß früher »Gsee bei dem Judenhof«. Gsee bedeutet Sitz, also großer Sitz. Im Ort ehemaliges Tucherschloß aus dem 16. Jahrhundert, das mit einem idyllisch wirkenden Dachreiter aus Holz und mit geschweifter Kuppel versehen ist. Dient heute als Pfarrhaus.

Tourenbeschreibung Durch den Ort bergauf und auf der Straße ein Stück in Richtung Betzenstein. Beim Ortsausgangsschild links ab und auf Fahrweg zum Wald. Durch diesen aufwärts bis Querweg, in den wir nach rechts einbiegen.

Bei der Wegkreuzung am Waldrand links ab und am Waldsaum entlang. Nach etwa 900 Metern stößt, von rechts kommend, die Markierung Grünstrich zu uns. Geradeaus weiter. Noch einmal ein Stück durch den Wald aufwärts, dann hinab zur Straße. Diese queren, halblinks weiter und auf Fahrsträßchen durch Mischwald bis zu den ersten Häusern von *Strahlenfels*.

Hinab zur Ortsmitte und mit einem Links-Rechts-Schwenk weiter in Richtung Wildenfels. Auf der Straße abwärts zum Dorfende. Kurz nach dem Ortsausgangsschild rechts ab und erneut zum Wald.

Der Weiterweg ist, da mehrfach markiert, eigentlich nicht zu verfehlen. Außer der Nr. 1 führen auch die Nr. 9, Grünstrich und

Almos

Münchs

Eschenberg

B 2

Teufelswinkel

Hetzendorf

Wildenfelser
Wald

Langenberg

Reiperts-
gesee

nach
Hiltpoltstein

Ⓟ

Wildenfels

610m

Hühnerstein

Ruine
Wildenfels

Schatzkammer

Ruine
Strahlenfels

Strahlenfels

492m

Schlehen-
stein

562m

Ortsberg

Hirschen-
grube

Ⓟ

Schloßberg

Durchschlupfen

Großengsee

Spies

Ittling

St. Helena

Scherms-
höhe

Ober-

Mittel-

Unter-

naifermühle

Ittlinger
Mühle

Judenhof

Oberachtel

Bernhof

0   1 km

Utzmanns-
buch

Unterachtel

A 9

Nr. 5 im offenen Keil im Bogen hinüber (unterwegs gesellt sich noch die gelbe Raute dazu) und hinauf zur *Burgruine Wildenfels.*

Auf Serpentinenweg hinab in den Ort *Wildenfels* und weiter abwärts bis zu der zur B 2 und nach Hiltpoltstein führenden Straße. Auf dieser einige Schritte nach links, beim Haltestellenschild rechts ab und auf dem Ortsverbindungssträßchen nach *Großengsee* wandern.

Abwärts zur Ortsmitte. Bei den Verkehrsspiegeln links ab und in Richtung Ittling zum Dorfrand. Beim Wegweiser: Strahlenfels 3 km biegen wir, der Markierung Nr. 8 folgend, links ab und wandern etwa 1 km auf Fahrsträßchen entlang. Bei der Bank verlassen wir dieses nach rechts, gehen zum Wald und wandern durch diesen leicht aufwärts. Am Waldende hinüber zur Straße. Nach links abwärts und zurück nach *Ittling.*

Neunkirchen am Brand, Forchheimer Tor   (Foto: Ulrich Schnabel, Archiv DWV)

63 Simmelsdorf – Bühl – St. Helena – Ittling – Großengsee – Winterstein – Simmelsdorf

Verkehrsmöglichkeiten Bahn bis Simmelsdorf.
Parkmöglichkeiten Beim Bahnhof.
Wegemerkierungen Blaustrich waagerecht bis Ittling. Nr. 8 bis Großengsee. Nr. 1 bis Gelbstrich und mit dieser Markierung zurück nach Simmelsdorf.
Tourenlänge Etwa 16 km.
Wanderzeit Etwa 5 Stunden.
Höhenunterschiede Insgesamt etwa 250 m. Viel auf und ab.
Wanderkarten 1:50 000 Fritsch Wanderkarte Nr. 53; Kompass Wanderkarte Nr. 172.
Wissenswertes Der Ort Simmelsdorf, an der Gabelung zweier Täler (Naifer- und Achtteltal) gelegen, wird 1195 erstmals urkundlich als Sumilidorf erwähnt. Inmitten einer schönen Parkanlage das Tucherschloß. Die Freiherren von Tucher gehören zu den ältesten ratsfähigen Patriziergeschlechtern der Freien Reichsstadt Nürnberg. Die von Tucher hatten im Nürnberger Umland große Besitztümer. Auf den Zwanzigmarkscheinen das Bildnis der Elsbeth Tucher, Gattin des Nikolaus Tucher. (Das von Albrecht Dürer stammende Originalgemälde befindet sich im Hessischen Landesmuseum zu Kassel.)

Großengsee siehe Wanderung Nr. 62.

Tourenbeschreibung Vom Bahnhof Simmelsdorf (Wanderwegetafel) der Markierung folgend durch den Ort und auf dem Kirchenweg empor zu der von Linden umgebenen Bergkirche *Bühl* (einst Missionskirche. Mutterkirche für zahlreiche umliegende Pfarreien. Barocke Innenausstattung. Bergfriedhof. Gefallenen-Ehrenmal.)

Von Bühl in nördlicher Richtung weiter. Vorbei an einem Feldkreuz und bei der folgenden Wegteilung nach rechts. Auf Fahrweg durch Waldstücke und zwischen Feldern und Wiesen entlang bis *St. Helena*. (Sehenswerte Kirche.) Auf Steig abwärts zur *Obernaifer Mühle*. Über die Straße und im jenseitigen Wald aufwärts. Der gut markierte Weg leitet wiederum wechselnd durch Wald und Flur nach *Ittling*.

Durch den Ort und auf der Straße bergan in Richtung Betzenstein. Am Ortsrand links ab und auf der nach Großengsee führenden Straße bergauf. Auf der Höhe verlassen wir die Straße nach rechts, folgen der Nr. 8 hinüber zum Wald, wandern durch diesen abwärts und weiter bis zum Ortsverbindungssträßchen Strahlenfels – Großengsee.

Hilt-
poltstein

B 2

Wildenfelser
Wald   Langenberg

Wildenfels

Ruine
Wildenfels

▲
610m

Schatzkammer

Strahlenfels

Burgruine

▲
Eschenberg
597m

▲
Leidstein
600m

Göring

492m

Schlehen-
stein

▲ Ortsberg
562m   Hirschen-
grube

Großengsee

Durchschlupfen

Vogel-
herd

▲
604m

Winter-
stein

St. Helena

Ittling

Kirche

Ober-
naifermühle

Mittel-
Unter-

Ittlinger
Mühle

Etzel-
berg

Oberachtel

Obern-
dorf

Judenhof

Utzmanns-
buch

Unterachtel

A 9

▲
Steinbühl
526m

Diepolts-
dorf

Bergkirche
Bühl

Bühl

A 9

Bahnhof

P

Brand

Altenberg   Haidling

Simmelsdorf

0   1 km

Zu Tour 63, 96, 97 **Simmelsdorf, Tucherschloß** (Foto: Ulrich Schnabel)

In dieses Sträßchen biegen wir nach links ein und wandern auf diesem bis *Großengsee*. – Nach rechts abwärts in den Ort, vorbei am Gasthaus, und ab jetzt der Markierung Nr. 1 folgend, geradeaus weiter, aufwärts zum Dorfende.

Beim Wegweiser St. Helena biegen wir links ab. Auf geteertem Sträßchen entlang, bis dieses eine Linkskurve macht. Hier geradeaus weiter und auf Feldweg bis Wegkreuzung. Hier rechts ab zum Wald. Durch diesen aufwärts bis zur Straße Großengsee – Winterstein, der wir, links einschwenkend, etwa 300 Meter folgen.

Wir verlassen dann die Straße nach rechts und wandern auf Feldweg zum Wald. Nach links und im Wald, an der Überlandleitung entlang, aufwärts und weiter bis Forststraßendreieck.

Hier treffen wir auf die Markierung Gelbstrich, deren Führung wir uns nunmehr bis zurück nach Simmelsdorf anvertrauen. Weiterhin dem Verlauf der Forststraße folgend, wandern wir bis zum Waldende und anschließend auf Feldweg bis *Winterstein*.

Hinab zur Ortsdurchgangsstraße, nach links, kurz vor dem Ortsausgangsschild rechts ab und durch Hohlweg abwärts bis Querweg.

Hier geht es zunächst nach links, in der Folge noch einmal nach links, dann nach rechts aufwärts (links von uns die Straße Winterstein – Großengsee) zu einem Querweg.

Wir folgen diesem nach rechts, biegen in den ersten nach links abzweigenden Weg ein und folgen diesen hinab bis zur der nach Hüttenbach führenden Straße.

In Pegnitz

(Foto: Christina Garstecki)

Beim Wegweiser Simmelsdorf 3 km auf der Straße ein paar Schritte nach links, gleich wieder nach rechts und auf Fahrsträßchen hinauf zum Wald, welchen wir geradewegs durchqueren. Ab Waldende auf Fahrweg bis Querweg, rechts ab zur *Bergkirche Bühl* und auf dem Herweg zurück nach *Simmelsdorf*.

 **64** **Rupprechtstegen – Ankatal – Raitenberg – Kreppling – Hohenstein – Treuf – Griesmühle – Harnbachmühle – Rupprechtstegen**

Verkehrsmöglichkeiten Station an der Bahnlinie Nürnberg – Bayreuth.
Parkmöglichkeiten Am Bahnhof.
Wegemarkierungen Rotes Andreaskreuz bis Hohenstein. Rotes Kreuz bis Rupprechtstegen.
Tourenlänge Etwa 13 km.
Wanderzeit 3½ bis 4 Stunden.
Höhenunterschiede Insgesamt 265 m. Von Rupprechtstegen (376 m) anfangs steiler, dann mäßig steil bis Raitenberg (447 m). Mäßig steil bis Hohenstein (580 m) und steiler Aufstieg zur Burg (624 m). Von Hohenstein gemächlich hinab zur Griesmühle (390 m).
Wanderkarten 1:50000 Fritsch Wanderkarte Blatt 80; Kompass Wanderkarte Blatt 172.
Anmerkung Diese durch das Ankatal und hinauf zum Hohenstein führende Wanderung ist mit eine der reizvollsten in der Hersbrucker Schweiz. Durch das TreuferTal, an zwei alten Mühlen vorbei, führt der Wanderweg zurück nach Rupprechtstegen.
Auch eine Abkürzungsmöglichkeit ist gegeben. In Kreppling zweigt gleich zwischen den ersten beiden Häusern nach links (ein allerdings nicht markierter) Weg zur Griesmühle ab.
Wissenswertes Rupprechtstegen ist ein, von Felspartien umrahmter, im Engtal der Pegnitz gelegener, gerne besuchter Ausflugsort. Aus dem Tunnel »Platte« kommend, hält die Bahn in Rupprechtstegen, um weiterfahrend gleich wieder in den durch den »Rotenfels« führenden, 218 m langen Tunnel zu verschwinden.
Urkundlich wird der Ort erstmals 1270 genannt.
Tourenbeschreibung Vom *Bahnhof Rupprechtstegen* nach links, über die Pegnitzbrücke, dann nach rechts und durch den kleinen Ort. Am Ortsende, linkerhand eine fast senkrecht auf-

steigende Felswand, hier führt der Weg hinein ins *Ankatal.* Am Eingang mehrer Wegzeichen, darunter auch das Rote Andreaskreuz (Markierung des sogenannten Albquerweges), dessen Führung wir uns anvertrauen. Das Tal ist eng, auf beiden Seiten ragen bizarre Felsgebilde aus dem Wald. Der anfänglich schmale Pfad wird breiter und folgt dem meist ausgetrocknetem Bach (nur zur Zeit der Schneeschmelze und nach Gewittern wasserführend). Überquert diesen und steigt allmählich an. Nach der Steigung Wegteilung. Nach links wenden und noch ein kurzes Stück bergauf. Dann fast eben (neben dem Graben her) weiter, bis nach etwa 200 Metern links im Fichtenwald, ein mächtiger Fels, die *Andreaskirche,* auftaucht. (Die riesige Höhle war einst in Kriegszeiten Fluchtstätte für die Bewohner der umliegenden Orte. Auch sollen in dieser Höhle die ersten Christen geheime Gottesdienste abgehalten haben).

Im Tal weiter aufwärts und aus dem Wald. Auf Fahrweg nach links und durch Felder ansteigend zum Weiler *Raitenberg.*

Im Ort über die Hauptstraße und geradeaus weiter in Richtung Treuf. Dort wo die Straße eine S-Kurve macht, verlassen wir diese, und biegen – der Markierung folgend – nach rechts ab. Auf Fahrweg entlang bis dieser einen Linksbogen macht. Jetzt auf Pfad geradeaus weiter. Im Wald abwärts (bei Wegkreuzung geradeaus) und nach Waldende auf Feldweg nach *Kreppling.*

Zur Ortsmitte und bei der Linde links schwenkend das Dorf wieder verlassen. Wir wandern auf der Straße bergan in Richtung Stöppach-Treuf. Auf der Kuppe verlassen wir die Straße nach halbrechts und gehen durch Felder und über Wiesen zum Wald. Bei der Weggabelung nach halblinks. Durch schönen Buchenwald auf Fahrweg weiter. Über den felsigen Sattel des Schwarzenberges, bergabwärts und ins Freie. Über eine Wiese mit Obstbäumen, vorbei an einer Scheune, am Waldrand abwärts zur Straße Wallsdorf – Hohenstein.

Diese überquerend geht es am Waldrand entlang weiter, bis zu einem Sträßchen, dem wir links einbiegend bis in den schon sichtbaren Ort *Hohenstein* folgen.

Neben dem Gasthof »Zur Felsenburg« führt der Weg empor zur Burg. (Wissenswertes Hohenstein siehe Wanderung Nr. 92. Vom Turm, mit 650 m Höhe der höchste Punkt in der Hersbrucker Alb, herrliche Fernsicht).

Auf dem Herweg wird Hohenstein wieder verlassen. Man überquert die Umgehungsstraße und geht auf Feldweg in bisheriger Richtung weiter. Dann geht es hinab zur Straße und auf dieser weiter bis *Treuf.*

Neuhaus an der Pegnitz mit Burg Veldenstein   (Foto: Christina Garstecki)

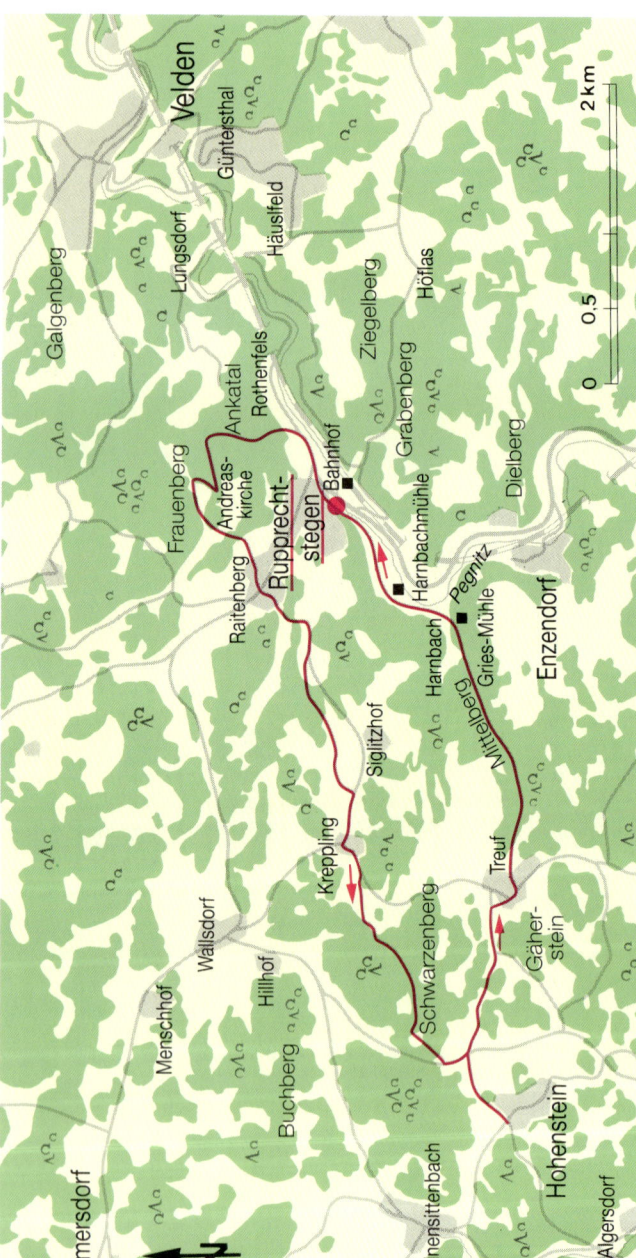

Nach rechts in das Dorf, welches man beim Gasthof links abbiegend wieder verläßt. Das stille Treufer Tal nimmt uns auf. Rechts des Weges ein Bach. Vor uns der Rupprechtstegener Steinbruch. Von links kommt ein Fahrweg herab. Nach rechts über die Wiese, über den Bach und hangabwärts zur *Griesmühle*. (976 soll hier bereits eine Mühle gestanden haben. Die jetzige wurde 1954 neu erbaut).

Nach der Mühle nach links über den Bach und auf schmalem Steg über den Mühlgraben. Auf Hangweg zum Talende. Bei der *Harnbachmühle* (wo sich noch heute ein fast 350 Jahre altes Mühlrad, von 4 m Durchmesser dreht) wird das *Pegnitztal* wieder erreicht.

Nach links und auf dem oberen Weg (in etwa 15 Minuten) zurück zum *Bahnhof Rupprechtstegen*.

65 Rupprechtstegen – Höflas – Hartenstein – Häuslfeld – Rupprechtstegen

Verkehrsmöglichkeiten Siehe Wanderung Nr. 64.
Parkmöglichkeiten Beim Bahnhof.
Wegemarkierungen Rotes Andreaskreuz bis Hartenstein. Rotes Kreuz bis kurz vor Häuslfeld. Gelbstrich waagerecht bis Rupprechtstegen.
Tourenlänge Etwa 8 km.
Wanderzeit Etwa 2½ bis 3 Stunden.
Höhenunterschiede Insgesamt etwa 150 m. Mäßig steiler Aufstieg von Rupprechtstegen (376 m) bis Hartenstein (517 m).
Wanderkarten 1:50000 Fritsch Wanderkarte Blatt 80; Kompass Wanderkarte Blatt 172.
Wissenswertes Rupprechtstegen siehe Wanderung Nr. 64 und Hartenstein Nr. 71.
Tourenbeschreibung Vom Bahnhof Rupprechtstegen abwärts und kurz vor der Straße scharf nach rechts, zwischen Pegnitz und Bahndamm flußaufwärts. Dann durch die enge Bahnunterführung und danach auf schmalem Steig im Wald aufwärts bis zu einem Querweg. Auf diesem etwa 5 m nach rechts, dann auf Waldpfad in bisheriger Richtung weiter, bis ein nach Höflas führendes Sträßchen erreicht wird. Der Markierung rotes Andreaskreuz folgend, die Straße aufwärts. Durch schönen Hochwald (teilweise auf Fußweg neben der Straße) zur Hochfläche. Weiter in den schon sichtbaren Ort *Höflas*.

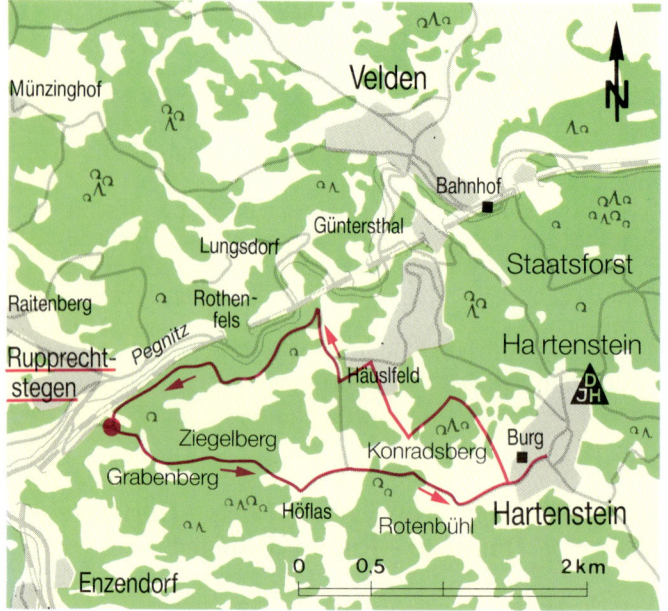

Von Höflas zuerst ein Stück auf der Straße in Richtung
Hartenstein entlang. Bei der Kurve nach links und auf Steig
zum Wald. Nach rechts am Waldrand entlang, unterhalb des
Konradsberges weiter. Ein Feldweg wird gequert. Weiter geht es
über eine Wiese und nach rechts durch Strauchwerk. Unter der
Überlandleitung entlang, hin zu einem Feldweg und auf diesem
zur Straße. Nach etwa 20 Straßenmetern, biegen wir nach links
ab, gehen auf schmalem Steig aufwärts und erreichen unterhalb der Burg den Ort *Hartenstein* (Siehe auch Wanderung
Nr. 71).

Von der Ortsmitte *Hartensteins,* mit den Markierungen Rotes
Kreuz und Rotes Andreaskreuz, soweit zurück, bis diese sich
trennen. Dann mit Rotkreuz nach halbrechts (rotes Andreaskreuz geradeaus) auf verwachsenem Feldweg und der Überlandleitung folgend durch Wald und Wiesenflur. Anschließend
im Kiefernwald aufwärts, über eine Ackerlichtung und durch
Mischwald weiter. Über freies Feld zum Wald. Aus diesem
tretend, vor uns *Häuslfeld.*

Kurz vor dem Einödhof stoßen wir auf das Zeichen Gelb-
strich und biegen, dieser Markierung folgend, nach links in den
Fahrweg ein. Bei der Hecke nach rechts wenden und an den
Haselnußsträuchern entlang abwärts zum Wald. Im Wald

mäßig bergan, und nach der Kuppe wieder leicht bergab. Bald treffen wir erneut auf die schon vertrauten Markierungen Rotes Kreuz und Rotes Andreaskreuz. Gemeinsam mit diesen, auf schon bekanntem Weg zurück nach *Rupprechtstegen.*

 Velden – Gotthardsberg – Petershöhle – Frauenbergkapelle – Hartenstein – Velden

Verkehrsmöglichkeiten Velden ist Station an der Bundesbahnlinie Nürnberg – Bayreuth.
Parkmöglichkeiten Am Marktplatz und gegenüber der Kirche.
Wegemarkierungen Blaustrich waagerecht bis Frauenbergkapelle. Rotpunkt bis Hartenstein. Grünstrich waagerecht bis Velden.
Tourenlänge Etwa 7,5 km. **Wanderzeit** Etwa 2½ Stunden.
Höhenunterschiede Insgesamt etwa 235 m. Steiler Anstieg von Velden (377 m) zum Roßtritt (470 m). Steiler Aufstieg aus dem Weidental (410 m) zur Petershöhle (523 m).
Wanderkarten 1:50000 Fritsch Wanderkarte Blatt 80; Kompass Wanderkarte Blatt 172.
Abkürzungen Ab Petershöhle kann mit Markierung Blauer Punkt zur Jugendherberge Hartenstein gegangen werden. Von dort, wie bei Haupttour, mit Grünstrich zurück nach Velden. Tourenlänge etwa 6 km. Wanderzeit etwa 1 3/4 Stunden.

Bei Erreichen des Querweges mit der Markierung Rotes Andreaskreuz, kann nach rechts abgebogen, und ebenfalls direkt zur Jugendherberge Hartenstein gewandert werden. Tourenlänge in diesem Fall etwa 6,5 km, Wanderzeit etwa 2 Stunden.
Wissenswertes Velden ist ein von bewaldeten Höhen und interessanten Felsgruppen umgebenes, malerisches Städtchen im oberen Pegnitztal. Velden war bereits im 9. Jahrhundert Reichshof. 1009 kam es zum Bistum Bamberg, gehörte dann den Hohenstaufen und später den Bayern. 1317 erhielt der Ort die Marktrechte. 1353 kam Velden zu Neuböhmen und erhielt 1376 von Kaiser Karl IV. die Stadtrechte verliehen. Von 1504 bis 1806 (den Übergang an Bayern) gehörte Velden zum Herrschaftsbereich der Freien Reichsstadt Nürnberg.

Von den ehemaligen Befestigungsanlagen sind außer dem 12 m hohen Mühltorturm nur noch spärliche Reste vorhanden. An der Pegnitz das ehemalige Nürnberger Stadtpflegerschloß. Eine Besichtigung der Evangelischen Stadtpfarrkirche St. Maria ist lohnenswert. Gotische Innenausstattung. Flügelaltar von 1470. Aus dem Anfang des 16. Jahrhunderts stammt der Vierzehn-Nothelfer-Altar. Apostelaltar um 1500.

Die im Kreitsberg, nahe Hartenstein gelegene und nach ihrem Entdecker Dr. Peters genannte Petershöhle, ist eine der bedeutendsten Fundstätten aus der älteren Steinzeit.

Tourenbeschreibung An der Kirche vorbei, auf der Bahnhofstraße zum Ortsende. Durch das Eisenbahnviadukt und gleich danach nach rechts auf einem Holzsteg über die Pegnitz. Im Wald steil empor zum sogenannten Roßtritt am *Gotthardsberg*. (Durch den Berg führt der »Gotthardtunnel«, mit 318 m Länge, der längste Eisenbahntunnel im Pegnitztal). Nach links wenden und entlang am Wald (rechts Feld) bis der Weg (bei einer Bank) eine Rechtskurve macht. Geradeaus weiter und auf Waldweg durch Mischwald gemächlich hinab ins *Weidental*. Unten geht es über eine Lichtung und kurz vor deren Ende, auf kaum sichtbarem Pfad, in den Wald und zu einem Forststräßchen. Auf diesem nach links. Es geht leicht bergan. Bei Wegkreuzung (Gemarkung »Saugarten« – kurz vor Wasserbehälter) nach rechts in den Wald. (Wegweiser Petershöhle). Links eine Felsgruppe. Kurz danach wiederum nach links und auf schmalem Pfad und über Stufen empor bis zur hölzernen Absperrung oberhalb der *Petershöhle*. Nach links hinab zur Höhle. (1 Stunde ab Velden, für die naturwissenschaftliche Forschung hat die Petershöhle große Bedeutung. Diese mit Erde und Steinen gefüllt gewesene Höhle wurde in der Zeit von 1914 – 1928 von Mitarbeitern der Naturhistorischen Gesellschaft Nürnberg ausgegraben und erforscht. Bereits vor mehr als 150 000 Jahren sollen in dieser

Höhle Menschen gehaust haben. Gefunden wurden hier neben Resten von etwa 1500 Höhlenbären auch solche von Höhlen-Pantern, -Löwen und -Hyänen. Ferner von Wildschweinen, Wildpferden, Urhirsch, Mammut und Rhinozeros. Auch fand man etwa 2000 Knochengeräte der altsteinzeitlichen Kultur).

Von der Höhle wieder hoch zum Weg. (Abkürzung, 50 Meter auf Herweg zurück und mit Blaupunkt links abbiegen). Nach links wenden und am Grat bzw. später am Bergrücken – gut auf die Markierung achtend – entlang, dann leicht abwärts zu einem Querweg. (Abkürzung Rotes Andreaskreuz bis Jugendherberge Hartenstein).

Ein kurzes Stück leicht ansteigend, dann eben bis zur *Kapelle auf dem Frauenberg.*

Bei der Kapelle nach rechts und (mit Markierung Rotpunkt) den Hang abwärts bis zu einem Querweg. Auf diesem (Stationsweg) nach rechts und nach passieren einer Kreuzwegstation wiederum nach rechts in den Wald. Über einen felsigen Sattel, zwischen *Hirten-* und *Frauenberg.* Hinab nach *Hartenstein.*

Zu Tour 66, 67   **Velden an der Pegnitz, ehemaliges Nürnberger Stadtpfleger-schloß**   (Foto: Ulrich Schnabel, Archiv DWV)

In Hartenstein empor zur *Jugendherberge*. Vor der Jugendherberge, bei zwei großen Linden mit Marterl nach links schwenken. Mit Markierung Grünstrich zum Ortsende und dort in den Wald. Auf schönem Forstweg entlang, über eine Lichtung und weiter bis zu der Bank, wo der Weg (Blaustrich) zur Petershöhle abzweigt. Nach links und auf dem Herweg zurück. Jedoch dann nicht den Gotthardsberg hinab, sondern geradeaus weiter. Durch eine Siedlung (Heinz-Neidhardt-Ring) und über die Bergstraße hinab nach *Velden*.

67 Velden – Kipfental – Münzinghof – Geißlochhöhle – Velden

Verkehrsmöglichkeiten Velden ist Station an der Bundesbahnlinie Nürnberg – Bayreuth.
Parkmöglichkeiten Am Marktplatz und gegenüber der Kirche.
Wegemarkierungen Rotring bis Geißlochhöhle. Rotpunkt bis Velden.
Tourenlänge Etwa 8 km.
Wanderzeit Etwa 2½ bis 3 Stunden.
Höhenunterschiede Insgesamt etwa 220 m. Steiler Anstieg von Velden (377 m) bis Wachtberg (470 m). Mäßig steil aus dem Kipfental (408 m) bis Münzinghof (490 m). Ab Geißlochhöhle (508 m) ein kurzes Stück (etwa 20 m) sehr steil abwärts.
Wanderkarten 1:50000 Fritsch Wanderkarte Blatt 80; Kompass Wanderkarte Blatt 172.
Anmerkung Wer die Geißlochhöhle besuchen will, muß Beleuchtung (starke Taschenlampe oder Fackel) mitnehmen.
Wissenswertes Velden siehe Wanderung Nr. 66.
   Die in der Nähe von Velden, mitten im Wald gelegene Geißlochhöhle ist relativ leicht zu begehen (Einziges Erschwernis der rutschige Lehmboden). Die Höhle besteht aus vier größeren Räumen, deren erster etwa 5 m hoch ist. In der Grotte, ein kleiner unterirdischer See. Einige Tropfsteine vorhanden.
Tourenbeschreibung Vom Marktplatz in die Mühltorstraße, durchs Mühltor und auf der Straße »Am Wachtberg« steil empor und weiter bis zum Ortsende. Dort, beim Trafohaus Wegverzweigung. Den mittleren, verwachsenen Weg nehmen und an Hecken entlang leicht aufwärts. Bei Wegteilung halbrechts. Kaum merklich weiter ansteigend, über freies Feld zum Wald. In diesem abwärts ins *Kipfental*. Nach rechts wenden und durch den Talgrund zum gegenüberliegenden Wald. Auf

Zu Tour 66, 67 **Velden an der Pegnitz**   (Foto: Ulrich Schnabel, Archiv DWV)

Forstweg aufwärts. Am Waldende, auf Feldweg nach links bis
zu einem Sträßchen. In dieses nach rechts einbiegen und durch
eine schöne Kastanienallee zum *Münzinghof.* (Im Münzinghof,
einem alten fränkischen Gutshof, ist heute »Die Dorfgemeinschaft Münzinghof« beheimatet, in welcher – seit dem Herbst
1977 – behinderte und gesunde Menschen harmonisch und
ohne Leistungsdruck zusammenleben.

Eine Familie innerhalb der Gemeinschaft, setzt sich aus
einem pädagogisch geschultem Mitarbeiterpaar, auch mit
eigenen Kindern und aus 8 – 10 betreuenden Jugendlichen
oder Erwachsenen zusammen, die man bewußt nicht als
»Behinderte«, sondern als Dörfler anspricht.

Grundlage und Orientierung des gemeinsamen Lebens ist
die im Jahre 1924 von Dr. Rudolf Steiner begründete anthro-
posophische Heilpädagogik, die jeden Menschen, auch den
geistig behinderten, als Individualität und Persönlichkeit ernst
nimmt und zu fördern strebt.

Als Vorbild dient dem Münzinghof die Dorfgemeinschaft
Sassen bei Schlitz in Hessen, die seit gut einem Jahrzehnt besteht, mit großem Erfolg arbeitet und weithin anerkannt ist.)

Vor dem Münzinghof im spitzen Winkel nach rechts, und
nach etwa 200 m nach links auf einen Hochstand zu. An der
Einzäunung einer Schonung entlang bis zu einem Querweg.
Nach rechts bis zu einem Wegdreieck und hier in die nach
links abgehende Forststraße einbiegen. Nach etwa 250 m heißt
es die Forststraße verlassen, nach rechts abbiegen, um auf
Waldweg bis zur *Geißlochhöhle* zu wandern. (Wer die Höhle

besuchen will, geht nach links und über die kleine Anhöhe hinab zum Eingang. Durch einen natürlichen Torbogen gelangt man zunächst in eine Art Vorhof und dann durch eine kleine Felsöffnung, gebückt, ins Höhleninnere. Durch die erste, große Höhle und nach links, um einen Felsen herum (vorbei an einem Tropfstein), durch einen schmalen Gang in den zweiten Raum mit dem kleinen See. Über einen Damm geht es in die dritte, etwas kleinere Höhle. Hier ein etwa 4 m hoher Tropfstein. Auf demselben Weg zurück. Rechts der vierte, mit Geröll übersäte Höhlenraum).

Ab *Geißlochhöhle* mit Wegzeichen Rotpunkt zunächst etwa 20 m steil abwärts. Dann, auf gut markiertem Weg, öfters die Richtung wechselnd, leicht bergab. Schließlich über eine Waldwiese und hinab zu einem Sträßchen (Rechts geht es zum Münzinghof). In dieses nach links einbiegen und durch einen Wiesengrund bis zu der aus Viehhofen kommenden Straße. Nach rechts, und auf dieser verkehrsarmen Straße zurück nach *Velden*.

Über die Plecher Straße, vorbei an der Schule, über die Jacob-Eckart-Straße und die Friedhofstraße, steil hinab zum Marktplatz.

68 Neuhaus – Krottensee – Opfersteine – Vogelherdgrotte – Raubschloß – Weisingkuppe – Maximiliansgrotte – Schlieraukapelle – Mysteriengrotte – Distlerhöhle – Neuhaus

Verkehrsmöglichkeiten Neuhaus an der Pegnitz ist Station an der Bundesbahnlinie Nürnberg – Bayreuth. Bahnbusverbindung von Auerbach/Oberpfalz nach Neuhaus.
Parkmöglichkeiten Am Bahnhof.
Wegemarkierung Grünpunkt.
Tourenlänge Etwa 13 km.
Wanderzeit Etwa 4 Stunden.
Höhenunterschiede Insgesamt etwa 150 m. Mäßig steil bis Vogelherdgrotte (499 m). Ansonsten zahlreiche kurze, teilweise steile bis sehr steile Auf- und Abstiege.
Wanderkarten 1:50000 Fritsch Wanderkarte Blatt 80; Kompass Wanderkarte Blatt 172.
Anmerkung Diese Wanderung führt uns auf dem »Karstkundlichen Wanderpfad« rings um Krottensee.

Wissenswertes Der Marktflecken Neuhaus an der Pegnitz wird von der etwa 60 Meter über dem Pegnitzgrund stehenden Burg Veldenstein überragt, einer festungsartigen Schloßanlage mit Wällen, Mauern, Bastionen, Türmen und 21 Meter hohen, auf Fels stehenden Bergfried. 1008 kam Neuhaus und Burg Veldenstein als Schenkung Kaiser Heinrichs II. an das Bistum Bamberg, wo sie bis 1805 verblieben. Seit 1815 mehrmaliger Besitzerwechsel. Heute Eigentum des Freistaates Bayern. An Brauerei verpachtet. Ausflugsgaststätte.

Der Karstkundliche Wanderpfad, vom Fränkischen Albverein angelegt und betreut, macht mit den Eigenarten der Karstlandschaft (Trockentäler, Höhlen, Dolinen, Wasserschlingern und Karstquellen) bekannt und ist gewißermaßen eine Art Naturkundliches Freilandmuseum.

Tourenbeschreibung Vom Bahnhof in Neuhaus nach rechts, über die Pegnitz und durch die Unterführung. Etwa 200 m auf der Straße in Richtung Krottensee entlang und in die zweite, nach links abgehende Straße einbiegen (Krottenseer Weg). Am Ortsende geht die Straße (Sackgasse) in einen Feldweg über und führt – mit Markierung Grünpunkt – im weiten Rechtsbogen, vorbei an einem Feldkreuz, hinüber nach Krottensee (Straßendorf, etwa 1 km lang. Ein Obelisk aus Felsgestein, an der Straße Neuhaus – Königstein, erinnert an die während des spanischen Erbfolgekrieges hier am 24. Mai 1703 stattgefundene Schlacht zwischen bayerischen und den auf österreichischer Seite kämpfenden fränkischen Truppen. Die Toten dieser Schlacht warf man einfach in das Windloch der heutigen Maximiliansgrotte, wo sie 1833 von Dorfbewohnern entdeckt wurden). Auf der Dorfstraße nach rechts aufwärts, beim Feuerwehrhaus nach links und abwärts zum *Wallerweiher,* einem aus unterirdischen Quellen gespeister Karstweiher.

Am Wallerweiher vorbei auf Fahrsträßchen aufwärts. Nach etwa 10 Minuten (ab Weiher), kurz vor der Kuppe, biegen wir nach links zum Waldrand ab. Hier zwei Quarzitsandsteinblöcke mit schüsselartigen Vertiefungen, die sogenannten *Opfersteine* (Vermutlich natürliche Bildungen. Fälschlicherweise oft als vorgeschichtliche Kultstätte bezeichnet).

Zurück zum Fahrweg und bei den Hecken nach links in den Feldweg einbiegend zum nahen Wald. Beim Feldstein wenige Schritte nach rechts und auf schmalem Pfad durch den Wald zur *Vogelherdgrotte.* (Mächtige, offene Hallenhöhle).

Nach der Höhle steil abwärts. Rechtshaltend durch Niederwald (auf Markierung achten!) zu einem Sträßchen. In dieses nach rechts einbiegen. Beiderseits des Weges Felsen. Ein Pfeil

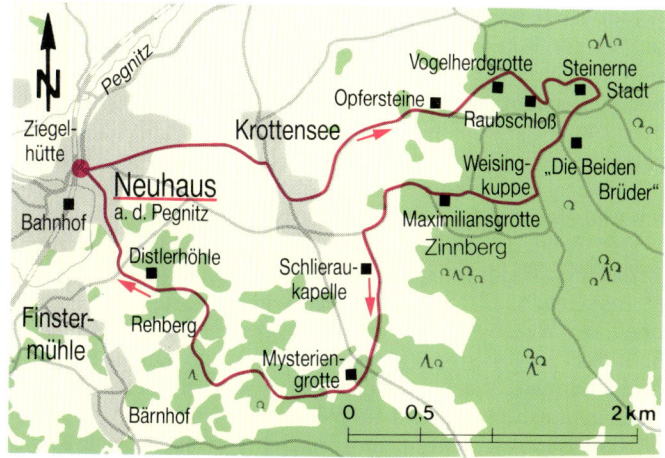

weist nach links den Weg zur Steinernen Stadt. Der Weg dorthin
ist verwachsen, schlecht begehbar und deshalb wenig begangen.
Er führt zunächst hinab in die trockene *Wildbachschlucht*.
Gleich links oben ein eindrucksvolles Felsgebilde, das *Raub-
schloß* (eine Höhlenruine). Am Felshang empor zur *Steinernen
Stadt* (Interessante Felsszenerien). Der Weg führt mitten durch
und leitet hin zu den *Beiden Brüdern* (zwei wie Pilze aussehende,
vollkommen gleichgeformte Felsen. Daher die Bezeichnung:
Die Beiden Brüder).

Von da auf Steig steil abwärts. Unten über eine Forststraße
und in den Wald. Wieder über ein Sträßchen und erneut in den
Wald. An Doline (links des Weges) vorbei und im weiteren Wegverlauf durch den Wald aufwärts, auf eine Felsgruppe zu. Nach
rechts (teils über Steinstufen) empor zur Höhe und schließlich
hinüber zum Felsriff *Weisingkuppe*. Der Weg schlängelt sich
nun zwischen Felsen hindurch und zieht dann im Wald abwärts
bis zu einer Forststraße. Diese wird überquert und in bisheriger
Richtung weiter, durch den Wald zur *Maximiliansgrotte* gewandert (Wissenswertes Maximiliansgrotte, siehe Wanderung
Nr. 70).

Links vom Höhleneingang aufwärts, am *Windloch* (oberer
Einsturztrichter der Grotte) vorbei und an der Einzäunung entlang bis zu einem Fahrweg. In diesen nach rechts einbiegen und
abwärts bis zur Straße (Krottensee – Maximiliansgrotte) gehen.
Dieser ein kurzes Stück nach links folgen, dann erneut nach
links abzweigen und hinab zu der bereits sichtbaren, in einer
Mulde liegenden, *Schlieraukapelle* (Einsame Feldkapelle).

Dort nach rechts aufwärts, durch einen Waldstreifen und weiter bis zur Straße. Über diese hinweg und jenseits auf Pfad weiter. Rechts im Felsgeklüft die *Mysteriengrotte* (leicht zugängliche – Taschenlampe! – Höhle mit glatten, übersinterten Wänden. Interessant der nur wenige Meter, unterhalb der Grotte gelegene Wasserschlinger. Nach Regen und bei Schneeschmelze verschwindet hier das Wasser in unterirdischen Spalten und Hohlräumen, sogenannten Schlucklöchern).

Der Wanderweg führt am Waldrand entlang, über Wiese und am rechten Waldrand im *Feilersgrund* weiter. Beim Felsen nach rechts schwenken. Nach links Blick zur Einöde Rehberg. Rechts oben, im Wald versteckt, die *Distlergrotte* (Nicht zugänglich, Schlüssel in Privatbesitz). Burg Veldenstein taucht auf. Ein Sträßchen wird erreicht und bei dem Marterl überquert. Jenseits geht es linkshaltend auf Wiesenweg weiter. Am Pegnitzufer entlang (Am Uferrand und im seichten Wasser einige Karstquellen) zurück nach *Neuhaus.*

 ## Königstein – Ossinger – Breitenstein – Steinberge – Kühloch – Kühberg – Königstein

Verkehrsmöglichkeiten Bahnstation Neuhaus a. d. Pegnitz (Strecke Nürnberg – Bayreuth) und Neukirchen bei Sulzbach-Rosenberg (Strecke Nürnberg – Furth im Wald). Bahnbus Amberg – Sulzbach-Rosenberg – Königstein – Auerbach.
Parkmöglichkeiten Am Marktplatz.
Wegemarkierungen Rotes Andreaskreuz bis Ossinger. Blaues Kreuz bis Breitenstein. Roter Ring bis Königstein.
Tourenlänge Etwa 11 km.
Wanderzeit Etwa 4 Stunden.
Höhenunterschiede Insgesamt etwa 285 m. Steiler Anstieg zum Ossinger (650 m) und ebenfalls steiler Abstieg. Mäßig steiler Aufstieg nach Breitenstein (612 m). Sehr steiler Anstieg zum Kühloch (580 m) und noch steiler bergab. Kurzer, steiler Anstieg vom AW-Heim zum Kühberg (566 m). Mäßig steil hinab nach Königstein.
Wanderkarte 1:50 000 Fritsch Wanderkarte Blatt 53; 1:50 000 Kompass Wanderkarte Blatt 172.
Anmerkung Beim Durchstreifen der Felsen am Steinberg und beim sehr steilen Abstieg vom Kühloch ist einige Trittsicherheit erforderlich.

Von Breitenstein aus kann man der Rotring-Markierung in nordöstlicher Richtung folgen und über den Thorsteinsattel zurück nach Königstein laufen. Tourenlänge etwa 6,5 km, Wanderzeit etwa 1 3/4 Stunden.

Varianten: Ab Aussichtsplattform beim Zwinger, über den Felsensteig (Blaustrich waagerecht markiert) durch die Steinberge zurück nach Königstein.

Wer nicht mehr zum Kühberg ansteigen will, zweigt bei der Wegekreuzung im Tal zwischen Steinberg und Kühberg, halbrechts ab und marschiert auf einem Feldweg nach Königstein zurück.

Wissenswertes Die Berg- Wald- und Felsenlandschaft um den 653 m hohen Ossinger bezeichnet man nach der in einem Talkessel der Hochalb gelegenen Marktgemeinde Königstein als das Königsteiner Bergland. Königstein ist trotz seiner verkehrstechnisch nicht guten Lage, ein gerne und vielbesuchter Ferien- und Ausflugsort. Westlich der Kirche findet man die Überreste des ehemaligen Schlosses.

Die Flora der Königsteiner Landschaft ist besonders reichhaltig und reizvoll. So findet man hier u.a. die große Küchenschelle, den Frauenschuh, die Berganemone sowie zahlreiche Orchideenarten (weißes und rotes Waldvögelein, Fliegenorchis), Seidelbast und verschiedene Enzianarten. Sie alle stehen unter Naturschutz! Dringende Bitte an alle Wanderer: Nicht pflücken und auch die übrige Pflanzenwelt schonen.

Tourenbeschreibung Am Marktplatz in die Hüftgasse einbiegen und bis zum Ortsende gehen. Dort nach links wenden. Zu-

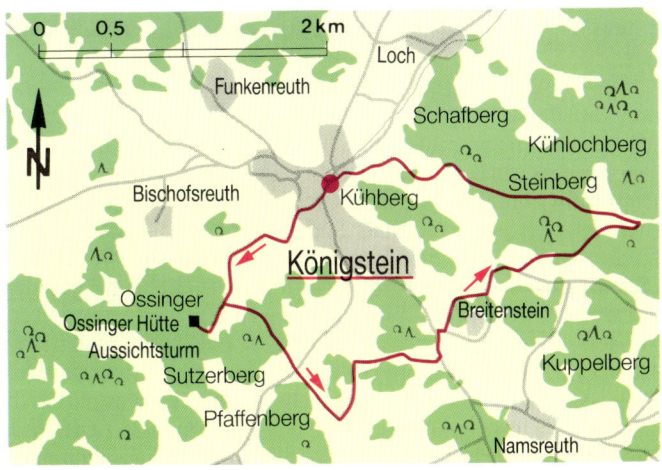

nächst zwischen Gärten entlang, dann über Feldflur auf den vor uns liegenden Ossinger zu. Im Wald steil bergauf bis zur *Ossinger Hütte* (einfach bewirtschaftet) und dann weiter bis zum *Ossingergipfel*. Auf dem Gipfel ein Aussichtsturm, der gegen geringe Gebühr (in der Hütte zahlbar) bestiegen werden kann. (Herrliche Fernsicht, die bei gutem Wetter bis zum Fichtelgebirge und zum Bayerischen Wald reicht).

Wieder hinab zur Hütte und ab hier der Markierung Blaues Kreuz folgend über den Osthang des Ossingers absteigen. Unten halbrechts über eine Wiese und hinüber zum Wald. Im Wald am Hang des *Sulzerberges* entlang. Der Weg knickt nach rechts ab und zieht hinunter zur Straße Königstein – Pruppach. Über diese hinweg und im jenseitigen Wald weiter. Der gut markierte Wanderweg schlängelt sich quer durch den Wald, dann am Waldrand entlang (links eine Schonung). Jetzt achtgeben, kurz nach dieser biegt der Weg scharf nach links ab. Zieht etwa 15 m am Waldrand entlang (rechts Acker), dann heißt es nach rechts abzweigen, etwa 20 m durch den Acker, nach links und nach etwa 15 m wieder nach rechts. Der Weg führt weiter über eine Wiese, über Feldflur (rechts die Häuser von Wildenhof sichtbar) zu einer Feldwegkreuzung. Geradeaus weiter bis zu einer Schonung (rechts ein großer Felsbrocken), hier nach links abbiegen. Ein kurzes Stück durch ein Wäldchen, Breitenstein taucht auf. Am Waldrand entlang, über Feldflur zur Straße. In diese nach links einbiegen und bis zum Abzweig nach Breitenstein marschieren. Im Wald aufwärts bis zu dem Weiler *Breitenstein*. (Von der ehemaligen Burg ist nur noch die zweigeschoßige, romanische Burgkapelle erhalten. Hinter einem Bauernhaus – im Osten des Bergdorfes – der Männleinfelsen).

Auf Treppen hinauf zur Kapelle. (Die Felsen, auf welchen die Kapelle steht, fallen jäh und steil ab. Vom Plateau nach jeder Seite hin fesselnde Fernsichten). Wieder hinab in den Ort (nach rechts Abkürzung über Thorsteinsattel nach Königstein), nach links abbiegen und zum Ortsende. Dort wiederum, diesmal spitzwinkelig nach links und auf einem Bauernsträßchen leicht abwärts. Wo das Sträßchen eine Rechtskurve macht, (Schild zum Steinberg-Rundgang und Aussichtsturm) geradeaus weiter. An einer Schonung entlang zum Wald. Durch diesen zu den *Steinbergfelsen*. An mächtigen Felsgebilden entlang *(Reitbahn)*. Es geht über Holzstufen auf- bzw. abwärts. Der Weg ist teils durch Geländer gesichert. Dann geht es plötzlich scharf nach links und durch eine enge Felsengasse *(Zwinger)*. Kurz danach nach links zur kleinen hölzernen Aussichtsplatt-

Zu Tour 1, 2, 3, 65, 68, 82, 84   **Wandergruppe an der Pegnitz**
(Foto: Ulrich Schnabel, Archiv DWV)

form (Ab Zwinger etwa 50 m. Ab hier kann, den Felsensteig benützend, nach Königstein zurückgegangen werden).

Zurück zum Weg und im Wald steil abwärts bis zu einer Schutzhütte. Etwa 5 Minuten fast eben dahin. Der Weg schwenkt nach links und es geht wieder steil aufwärts. Kurz vor der Höhe scharf nach links und hinüber zur Felsenhöhle *Kühloch* (Älteste nachgewiesene vorgeschichtliche Wohnstätte in dieser Gegend, die noch 1796 beim Einfall der Franzosen als Zufluchtsstätte benutzt wurde).

Vom Kühloch sehr steil bergab, und auf schmalem Pfad unterhalb der Felsen entlang. Nach links und wieder sehr steil hoch zu einer Einsattelung (zwischen zwei Felsbrocken). Sehr steil geht es auch wieder abwärts. Im Tal zum Wald gegenüber. In diesem nach rechts bis zu einer Schonung. Wegteilung. Halblinks aufwärts gehen. (Linkerhand wiederum mächtige Felsgebilde). Links schwenkend abwärts und aus dem Wald. Bis zu einer Wegkreuzung (Halbrechts direkt zurück nach Königstein). Etwa 10 m nach links und bei der Weggabelung halbrechts abbiegend und – ohne Markierung – hoch zum Wald. Beim AWo-Heim finden wir wieder die Rotring-Markierung, biegen nach rechts ab und steigen zum *Kühberg* hinauf. Über den Höhenrücken bis zur *Kapelle (Johanneskapelle,* zugleich Gefallenen-Ehrenmal). Abstieg nach *Königstein.*

70   Königstein – Funkenreuth – Weising-kuppe – Maximiliansgrotte – Königstein

Verkehrsmöglichkeiten   Bahnstation Neuhaus (8 km) – Busverbindungen Amberg – Sulzbach-Rosenberg – Auerbach.
Parkmöglichkeiten   Am Marktplatz.
Wegemarkierungen   Roter Punkt bis Abzweig Maximiliansgrotte. Gelbstrich waagerecht bis Maximiliansgrotte. Gelbes Kreuz bis Königstein.
Tourenlänge   Etwa 10 km.
Wanderzeit   Etwa 3 Stunden.
Höhenunterschiede   Etwa 155 m. Kurzer steiler Anstieg zur Weisingkuppe (531 m).
Wanderkarte   1:50000 Fritsch Wanderkarte Blatt 53; 1:50000 Kompass Wanderkarte Blatt 172.
Wissenswertes   Königstein siehe Wanderung Nr. 69. Maximiliansgrotte, benannt nach dem Bayerischen König Maximilian II. Umfangreiches, begehbares, bis zu 60 Meter tiefes Höhlensystem (an der tiefsten Stelle liegen die Höhlenräume in 6 Etagen übereinander) mit zahlreichen Tropfsteingebilden und einem kleinen unterirdischen See.

Tourenbeschreibung   Vom Marktplatz in die Straße Hinterer Markt (nach Neuhaus-Krottensee) einbiegen, dann die Neuhauser Straße entlang bis zum Friedhof. Halbrechts halten und auf Sträßchen bis nach *Funkenreuth* (1 km) marschieren. In Funkenreuth gleich am Ortsbeginn links abbiegen (Schild Maximiliansgrotte). Es geht mäßig steil bergan zum Wald. Über eine Kuppe und wieder leicht bergab. Aufeinem Forststräßchen weiter durch die Waldabteilung *Färberbrunn*. Vorbei am Abzweig nach Sackdilling und noch einmal leicht bergab. Rechts im Wald (am Baum) ein kleines Marterl und kurz danach – jetzt mit Wegzeichen Gelbstrich – nach links in den Wald.

Nach etwa 250 m wird wieder eine Forststraße erreicht. In diese nach rechts einbiegen. Diese Straße wird nach etwa 300 m wieder verlassen, und nach links, in den Wald, abgebogen. Es geht einen Waldweg entlang, eine Forststraße wird überschritten und schließlich im Bogen, steil im Wald ansteigend auf eine Felsgruppe zu. Davor nach rechts abbiegen und auf schmalem, felsigem Pfad am Fuße der Felsgruppe entlang. (Im Herbst, wenn der felsige Steig mit feuchtem Laub bedeckt ist, Vorsicht!) Der Steig zieht hinauf zur Höhe (oberhalb der Felsen), macht einen Linksbogen und läuft hinüber zum Felsriff *Weisingkuppe*. Schlängelt sich zwischen den Felsen hindurch (Steinerne

Gasse) geht über Felsstufen hinab und weiter bis zu einer Forststraße. Über diese hinweg und in bisheriger Richtung weiter
durch den Wald bis zur *Maximiliansgrotte*. (Öffnungszeiten:
Ostern bis Oktober täglich 9–12 und 13–18 Uhr, Sonn- und Feier-
tage 9–18 Uhr).

Ab Maximiliansgrotte mit Markierung Gelbes Kreuz zunächst
auf dem Herweg (gemeinsam mit Gelbstrich) ein Stück zurück.
Dort wo Gelbstrich nach links abzweigt noch etwa 10 m geradeaus
weiter zu einem Querweg. Nach rechts. Nach etwa 200 Metern
wird erneut ein Querweg erreicht, und diesmal nach links abgebogen.

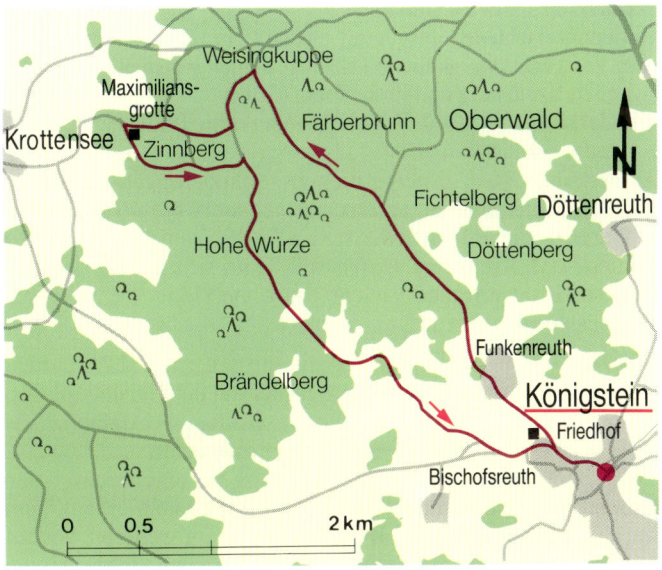

Auf schönem Waldweg durch Mischwald. Der Weg fällt kaum
merklich ab, überquert einen Forstweg, führt über eine Lich-
tung und zieht kurz danach im Hochwald steil bergauf. Auf der
Höhe nach rechts bis zu einem Maschendrahtzaun (dahinter
Felsgruppe). Hier scharf nach links und mäßig steil abwärts. Im
Hochwald weiter, über eine Waldwiese, am Waldrand entlang.
Dann ein kurzes Stück (etwa 20 m) aufwärts zu einer Kuppe
(Von hier schöner Blick hinüber zum Ossinger – siehe Wan-
derung Nr. 70 – und die gegenüberliegende Albhochfläche).

Abwärts, an der Mülldeponie vorbei und über Feldflur zurück nach *Königstein*.

71 Hartenstein – Frauenbergkapelle – Hainkirche – Katzenlöcher – Rinnenbrunn – Bismarckgrotte – Hartenstein

Verkehrsmöglichkeiten Bahnstation Velden. Von hier führt ein mit Grünstrich markierter Wanderweg in etwa 30 Minuten nach Hartenstein.

Parkmöglichkeiten Gegenüber der Kirche.

Wegemarkierungen Rotpunkt bis Rinnenbrunn. Rotes Andreaskreuz von Rinnenbrunn bis Hartenstein.

Tourenlänge Etwa 10 km.

Wanderzeit Etwa 3 Stunden.

Höhenunterschiede Insgesamt etwa 185 m. Kurzer, steiler Anstieg zur Frauenbergkapelle (523 m). Steiler Aufstieg zum Sattel zwischen Kreitsberg und Frauenberg (520 m).

Wanderkarte 1:50 000 Fritsch Wanderkarte Blatt 53; 1:50 000 Kompass Wanderkarte Blatt 172.

Anmerkung Da zeitweise mehrere Markierungen nebeneinander herlaufen, genau an das angegebene Wegzeichen halten.

Wer sich beim Rückweg den steilen Anstieg zum Sattel zwischen Frauen- und Kreitsberg sparen will, kann sich der Markierung Grünstrich anvertrauen, welche fast ohne Höhenwechsel nach Hartenstein zurückleitet.

Wissenswertes Hartenstein ist eine alte Bauern- und Waldarbeitersiedlung, deren Bewohner sich früher mit der Herstellung von geflochtenen Körben (sogenannten »Krätzn«) befaßten, was ihnen den Spitznamen »Krätznflicker« einbrachte.

Die hoch über dem Ort stehende Burg hat eine wechselvolle Geschichte. 1268 von den Rittern von Hertenstein erbaut, kam sie 1305 an die Grafen von Sulzbach und im weiteren Verlauf in böhmischen, kurpfälzischen und bayerischen Besitz. Heute ist sie in Privatbesitz.

In Hartenstein wird noch drei alten Volksbräuchen gehuldigt. Am Karsamstag wird der Judas (in Form einer Strohpuppe, als Sinnbild des Winters) verbrannt. Am Vorabend des 1. Mai werden die Hexen ausgepeitscht (Burschen ziehen peitschenknallend durchs Dorf, um nach alter Sitte, die Hexen zu vertreiben). Und anläßlich der »Hirtenstoiner Kirwa« gibt es in den Wirtshäusern, die aus den Innereien der Rinder zubereitete, sogenannte »Vogelsuppe«.

Tourenbeschreibung Von der Kirche auf der Hauptstraße bis zum Wegweiser »Gasthof Burgblick«. Nach links abgehen, vorbei am Gasthof und auf Feldweg unterhalb des Hirtensteinhauses entlang. Dann im Wald hoch und über den Sattel zwischen Hirten- und Frauenberg. Zwischen Felsen abwärts zu einem Querweg. Ein kurzes Stück nach links (rechts Felder) und im Wald empor zur *Frauenbergkapelle.*

Von der Kapelle über den Bergrücken entlang und ein kurzes Stück abwärts bis zu einem Querweg (Markierung Rotes Andreaskreuz. Rückweg). Dort nach rechts abbiegen (Wegweiser Hainkirche) und einem Hangweg leicht abwärts folgen. Rechterhand tauchen die Felsen der *Hainkirche* auf.

Zu den auf halber Höhe befindlichen mannshohen Öffnungen der mehrräumigen Hainkirchenhöhle kann man hochsteigen (sicherlich diente auch diese Höhle in grauer Vorzeit Wohnzwecken, da die besondere Lage einigen Schutz vor wilden Tieren bot).

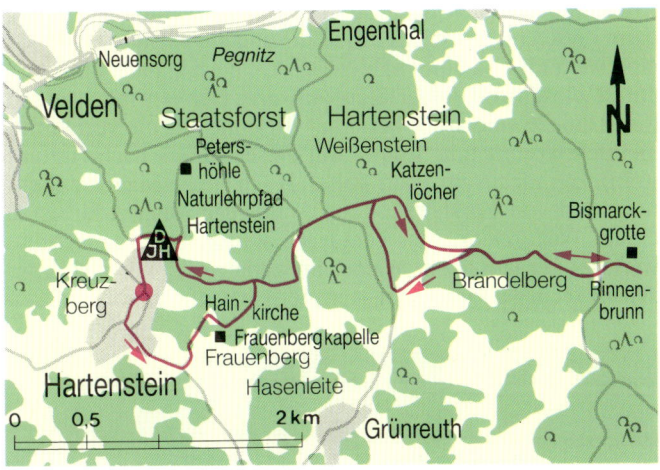

Weiter bis zu einer Forststraße. Auf dieser etwa 10 Meter nach rechts und gleich wieder halblinks abbiegend durch den Wald.

Kurz vor Waldende nach links, einen schmalen Pfad entlang zu einer anderen Forststraße. Diese überqueren und in der bisherigen Richtung weiter, bis erneut eine Forststraße quert.

Auf dieser etwa 10 m nach links, dann nach rechts in den Wald. Einen Hang empor und wieder abwärts (Rechts von uns die Felsgebilde der *»Katzenlöcher«*). Nach links über eine abgeholzte Fläche. Weiter links haltend auf Forstweg entlang (Rechts im Wald Felsen). Auf Holzabfuhrweg nach rechts und leicht abwärts zu einer Lichtung. Diese in einem Rechtsbogen umrunden und auf Forststraße weiter bis *Rinnenbrunn* (Kreuzung zahlreicher Wanderwege. Das hier ehemals stehende, den

Wanderern als Einkehr dienende Forsthaus wurde leider abgerissen).

Die Verbindungsstraße Bärnhof-Achtel überschreiten, vorbei am Wanderparkplatz und ab hier mit Markierung Rotes Andreaskreuz in etwa 5 Minuten bergauf zur *Bismarckgrotte*. (Obwohl der fast senkrecht abfallende Einstiegsschacht durch die Anbringung mehrerer Treppen entschärft wurde, sollte die Höhle nur von Geübten begangen werden. Deshalb den Hinweis: »Einstieg in Bismarckgrotte lebensgefährlich. Betreten auf eigene Gefahr«. Unbedingt beachten).

Zurück zur Straße, über diese hinweg und auf Forststraße weiter. Wo diese einen Rechtsbogen macht, geradeaus und eben weiter. Dann im Hangwald leicht bergan bis zu einer waldumschlossenen Feld- und Wiesenfläche. (Hier zweigt Grünstrich waagerecht links ab und zieht am Waldrand entlang, dann im Rechtsbogen über die Flur und am jenseitigen Waldrand weiter bis zu einem Fahrweg. Auf diesem nach links und durch Wiesen und Felder leicht aufwärts. Der Weg macht einen Rechtsbogen und stößt bei einer Scheune auf die von Großmeinfeld kommende Straße. Auf dieser zurück nach Hartenstein). Geradeaus im Wald weiter. Noch einige Male die Richtung und von Forststraßen auf Waldwege wechselnd bis zu einem Wegdreieck, hier geradeaus weiter. Kurz danach ein weiteres Wegedreieck. Wiederum geradeaus und nach etwa 200 m rechts ab und sehr steil, teils gestuft empor zur Ein-

Zu Tour 65, 66, 71 **Hartenstein**   (Foto: Ulrich Schnabel, Archiv DWV)

sattelung zwischen *Kreits- und Frauenberg.* Auf der anderen Seite mäßig steil abwärts. Am Waldrand entlang (rechts Acker) und dann im Wald empor, wo bei der Jugendherberge *Hartenstein* wieder erreicht wird.

72 Naturlehrpfad Hartenstein

Verkehrsmöglichkeiten   Siehe Wanderung Nr. 71.
Parkmöglichkeiten   In Hartenstein gegenüber der Kirche, oder Jugendherbergs-Parkplatz (Herbergsvater fragen!).
Wegemarkierung   Grüner Kreis.
Tourenlänge   Etwa 4 km.
Wanderzeit   Etwa 1½ bis 2 Stunden.
Höhenunterschiede   Insgesamt etwa 150 m, viel Auf und Ab.
Wanderkarte   1:50000 Fritsch Wanderkarte Blatt 53; 1:50000 Kompass Wanderkarte Blatt 172.
Anmerkung   In der Jugendherberge ist ein kleines Heftchen »Erklärungen zum Naturlehrpfad« erhältlich, welches man unbedingt erwerben sollte, da die am Lehrpfad angebrachten Tafeln nur die Aufschrift, z.B. »Feldahorn«, tragen. Alles Wissenswerte dazu steht in besagtem Heftchen.
Wissenswertes   Dieser Lehrpfad wurde vom Deutschen Jugendherbergswerk angelegt und soll alle die ihn begehen, mit dem

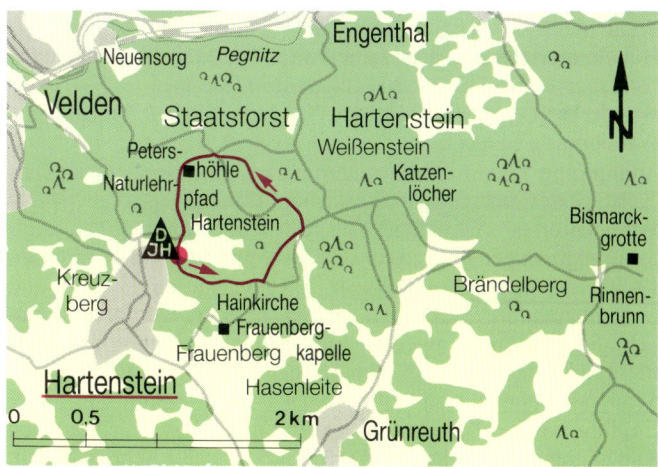

Mischwald und den Besonderheiten des Hartensteiner Berglandes vertraut machen.

Tourenbeschreibung Vorbei an der Jugendherberge geht es zunächst auf einem breiten Weg durch den Wald abwärts. Im Tal am Waldrand entlang (links Felder) und im Wald wieder bergauf. Links der Kreitsberg, rechts der Frauenberg. Sehr steil, teilweise über Stufen, bergabwärts. Nach dem Schild mit der Nr. 12 – »Dolomit« – geht es nach rechts (Richtung Rinnenbrunn) bis zur Nr. 17 »Alt-Kiefer«. Den Weg wieder zurück, bis bei Nr. 18 »Douglasie« der Weg nach rechts abgeht. Es geht leicht abwärts. Nach der Nr. 25 »Tollkirche« knickt der Lehrpfad nach links ab und zieht um den Kreitsberg herum, wieder abfallend ins Tal. Dann geht es noch einmal kurz bergauf und zur Jugendherberge zurück.

73 Schnaittach – Lochhof – Alter Rothenberg – St. Martin – Lillingshof – Oberrüsselbach – Igensdorf

Verkehrsmöglichkeiten Schnaittach ist Bahnstation an der Strecke Nürnberg – Bayreuth. Ab Bahnhof Igensdorf besteht Bahnverbindung nach Nürnberg, Erlangen, Lauf, Gräfenberg und Heroldsberg.

Parkmöglichkeiten Am Bahnhof und am Marktplatz.

Wegemarkierung Rotstrich waagerecht.

Tourenlänge Etwa 15 km.

Wanderzeit Etwa 5 bis 6 Stunden.

Höhenunterschiede Insgesamt etwa 330 m. Mäßig steiler Abstieg von Oberrüsselbach (494 m) bis Igensdorf (335 m).

Wanderkarten 1:50000 Fritsch Wanderkarte Blatt 80; Kompass Wanderkarte Blatt 172.

Anmerkung Diese Waldwanderung ist ein besonders schönes Teilstück des sogenannten Westlichen Albrandweges.

Wissenswertes Schnaittach ist staatlich anerkannter Erholungsort und günstiger Ausgangspunkt für Wanderungen in die Fränkische und Hersbrucker Schweiz. Ein Zentrum des Hopfen- und Getreidehandels. Bereits im 16. Jahrhundert wurde rings um Schnaittach Hopfen angebaut. Starke Judensiedlung. Der Judenfriedhof ist noch heute erhalten. In der ehemaligen, 1570 erbauten Synagoge befindet sich heute das Heimatmuseum (22 Räume). Ein stimmungsvoller Stationsweg führt hinauf zur Kapelle auf den Kalvarienberg. Der Marktflecken hat eine bewegte Vergangenheit.

1011 kam das Reichslehen »sneitaha« an das Bistum Bamberg. Dann an Böhmen. Kurze Zeit später gehörte der Ort zur Ganherrschaft Rothenberg, und wurde schließlich kurbaierisch. Zur Reformationszeit wurde Schnaittach protestantisch. 1628 erfolgte die Gegenreformation und seit dieser Zeit ist der Ort katholisch. Eine Enklave im ringsum evangelischen Gebiet.

Tourenbeschreibung Vom Bahnhof Markt Schnaittach in den Ort und zum Marktplatz. Durch das Rathaustor und auf der Straße in Richtung Bellhofen ortsauswärts. Durch die Autobahnunterführung und etwa 400 m danach auf Steig nach rechts zum Waldrand. Auf Feldweg weiter bis zur Einöde *Lochhof.*
 Vor der Scheune kurz halbrechts« dann links schwenkend empor zum Wald. Der gut markierte Wanderweg (Westlicher Albrandweg) zieht jetzt durch schönen Hochwald am Fuße des *Alten Rothenberges* entlang bis man nach etwa 1 Stunde Wander-

zeit (ab Lochhof) den Einzelhof *St. Martin* erreicht. (Hinter dem Gehöft stand eine dem Heiligen Martin geweihte Kapelle).

Nach der Einöde biegen wir nach links in die nach Freiröttenbach führende Straße ein. Folgen dieser aber nur wenige Meter, und schwenken dann nach rechts ab. (Wegweiser Lillingshof). Auf schmalem Pfad geht es durch Jungwald dahin. Weiter durch Hochwald. Schließlich auf der Wiese, am Waldrand entlang. Im Linksbogen zur Straße und auf dieser hinab in den Ort *Lillingshof.*

Am Ortsende nach rechts aufwärts zu den Obstbäumen und weiter bergan bis zum *Segelflugplatz.* Quer über den Hang und auf Fahrweg nach links in den Wald. Nach dem Wald erneut nach links und auf Steig am Steilrand entlang und im weiten Rechtsbogen gen *Oberrüsselbach.*

Nicht in den Ort, sondern die Straße überquerend und am Albrand entlang weiter. Ein kurzes Stück steil bergab. Rechtshalten und schließlich mäßig steil aufwärts zum Waldrand. Auf gut ausgebautem Wirtschaftsweg hinab nach *Mitteldorf.* Von dort nach links zum Bahnhof *Igensdorf.*

74 Vorra – Korbmachersteig – Windloch – Schlangenfichte – Vorra

Verkehrsmöglichkeiten   Vorra ist Bahnstation an der Linie Nürnberg – Bayreuth.

Parkmöglichkeiten   Am Bahnhof und in der Ortsmitte.

Wegemarkierungen   Grünkreuz bis Korbmachersteig. Rotpunkt bis kurz vor Großmeinfeld. Ein kurzes Stück ohne Markierung dann mit Grünstrich zurück nach Vorra.

Tourenlänge   Etwa 8 km.

Wanderzeit   Etwa 2½ Stunden.

Höhenunterschiede   Insgesamt etwa 185 m. Mäßig steiler Anstieg von Vorra (365 m) zum Korbmachersteig (500 m). Kurzer, steiler Abstieg zum Windloch. Mäßig steiler Abstieg nach Vorra.

Wanderkarten   1:50000 Fritsch Wanderkarte Blatt 80; Kompass Wanderkarte Blatt 172.

Wissenswertes   Vorra wurde bereits im Jahre 1010 erstmals urkundlich erwähnt. Es liegt im reizvollsten Abschnitt des mittleren Pegnitztales. Die Chorturmkirche birgt noch einen Teil der romanischen Anlage (Säulen mit Kegelkapitell). Das Schloß wurde zu Beginn des 17. Jahrhunderts erbaut. Heute Schullandheim.

Tourenbeschreibung   Vom Bahnhof in Vorra an der Bahn entlang, beim Sägewerk durch die Unterführung und an der alten Mühle vorbei zur Wanderwege-Übersichtstafel (am Hotel Rotes Roß) in der Ortsmitte.

Über die Pegnitz am Schloß vorbei und nach rechts (Wegweiser Fischbrunn). Bei der Straßengabelung links aufwärts.

Nach rechts schwenkend in den Wald. Die Route führt oberhalb des *Pfeifentales* in schönem Mischwald entlang. Es geht über eine Lichtung und im Kiefernwald weiter aufwärts bis zu einem Querweg. Es ist der mit Rotpunkt markierte *Korbmachersteig,* dem wir nach links abbiegend folgen. (Der sogenannte Korbmachersteig führt von Hartenstein – siehe auch Wanderung Nr. 71 – über Großmeinfeld nach Eschenbach. Die Hartensteiner Korbmacher brachten auf ihm ihre Waren zu den Kunden in die Täler rings um Hersbruck). Fast geradeaus geht es in nödlicher Richtung weiter. Teils durch Felder, teils am Waldrand entlang, dann wieder durch Waldstücke. Drei Wege werden gekreuzt. Beim dritten Querweg (beim Wegweiser Vorra) geradeaus und in den Mischwald. Hier stoßen wir (achtgeben!) auf die Markierungszeichen Grünpunkt und Grünstrich, denen wir nach rechts abbiegend bis zum *Windloch folgen.* (Tiefe Karsthöhle. Vorsicht! Absperrung nicht übertreten, der Schacht fällt senkrecht ab).

Vom Windloch noch ein kurzes Stück abwärts zu einem Fahrweg, und mit diesem aus dem Wald. Beim Wegedreieck nach links. Rechts des Weges ein scheinbar dürrer Baum, die *Schlangenfichte.* (Die schlangenartig herabhängenden Zweige sind nur an ihren Enden ganz dünn mit Nadeln besetzt. Diese Art Bäume, von denen es nur noch etwa 100 in ganz Europa gibt, sollen aus der Voreiszeit stammen und ihren Samen irgendwie über Jahrtausende hinweg erhalten haben).

An der Schlangenfichte vorbei – Grünpunkt folgend – weiter in Richtung Großmeinfeld. Nach etwa 500 Metern (vor uns sind schon die ersten Häuser von Großmeinfeld sichtbar) biegen wir nach links in einen Feldweg ab. Folgen diesem bis zu einer Wegkreuzung. Nehmen die Markierung Grünstrich auf und folgen dieser talwärts. Linkshaltend, geht es durch den Hangwald zurück nach *Vorra.*

Zu Tour 75   **Pommelsbrunn, »Noristörle« im »Norissteig« schwarzer Brand**
(Foto: Hans Meier)

75 Hirschbach – Prellstein – Peter-Schöner-Weg – Neutras – Felsensteig – Hirschbach

Verkehrsmöglichkeiten   Bahn bis Hersbruck. Bus bis Hirschbach.

Parkmöglichkeiten   Wanderparkplatz am Ortsende an der Straße nach Loch.

Wegemarkierungen   Grünstrich waagerecht bis Prellstein. Zunächst Rotpunkt, später Blaupunkt bis Neutras. Grünstrich waagerecht bis Hirschbach.

Tourenlänge   Etwa 6,5 km.

Wanderzeit   Etwa 2½ Stunden.

Höhenunterschiede   Insgesamt etwa 345 m. Mäßig steiler Anstieg von Hirschbach (390 m) zum Prellstein (540 m). Steiler Anstieg von Neutras (519 m) zum Gemeindeberg (596 m). Steiler Abstieg vom Gemeindeberg. Steiler Anstieg zum Felsensteig (588 m). Mäßig steiler Abstieg nach Hirschbach.

Wanderkarte   1:50 000 Fritsch Wanderkarte Blatt 53; 1:50 000 Kompass Wanderkarte Blatt 172.

Anmerkung   Diese Wanderung führt in und durch das Felsgebiet »Schwarzer Brand«.

Wissenswertes   Hirschbach entstand um einen Eisenhammer, der erstmals Anfang des 14. Jahrhundert erwähnt wird. Heute erinnern daran noch die Namen Hammerleite, Hammerschloß und der Ortsteil Hammer. Das Kirchlein ging aus einer 1460 erbauten Kapelle hervor. Von 1504 bis 1806 gehörte Hirschbach zu Nürnberg. Der Landpfleger saß auf dem nahen Schloß Hauseck.

Bei Hirschbach beginnt das Felsen- und Klettergebiet "Schwarzer Brand«. Höhenglücksteig und Norissteig sind bekannte Kletterwege. Die Mittelbergwand ist ein beliebter Kletterfelsen.

Tourenbeschreibung   Von der Wanderwegetafel am Dorfplatz über die Straße und den Bach, zwischen den Anwesen hindurch und geradeaus zum Waldrand. Bei der Informationstafel für den Höhenglücksteig, mit Markierung Grünstrich nach links und bergauf. Nach der Anhöhe wird der Weg zum Pfad, zieht hinab in eine Mulde und wieder bergan zum *Prellstein* (Felsnadel links des Weges. Die amtliche Bezeichnung lautet Brunnfels. Bei Wanderern aber besser unter der Bezeichnung Prellstein bekannt. Genannt nach dem Nürnberger Wanderer Prell, dem Schöpfer der »Prellkarte« der ersten Wanderkarte der Frankenalb.) – Auf breitem Waldweg nach rechts, vorbei an der Bergwachthütte und auf dem sogenannten *Peter-Schöner-Weg* ganz leicht bergan.

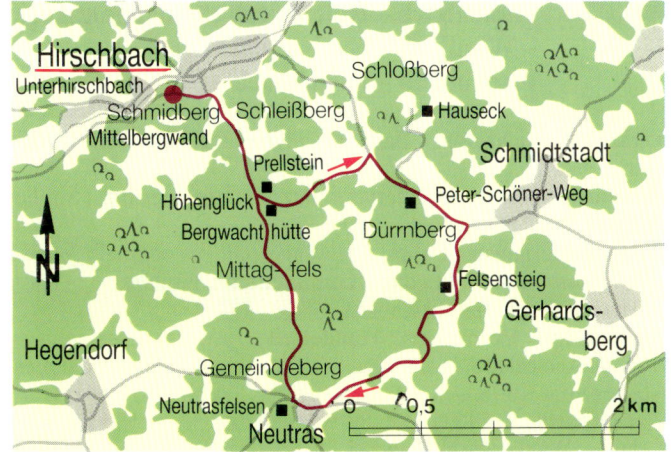

Der Weg wendet nach links und führt auf schmalem Pfad unterhalb der Felsen entlang, durch welche die alpine Steinanlage des Höhenglücksteiges führt.

Bei der Tafel (Peter-Schöner-Weg) scharf nach rechts und durch Jungwald hangaufwärts. Dann hinab zu einem Querweg. Nach links und mit Wegzeichen Blaupunkt durch Feldflur zum gegenüberliegenden Wald. In diesem, rechtshaltend zu einem Weg (Verbindungsweg-Hegendorf-Neutras) und auf diesem nach links einbiegend bergan bis *Neutras*. (Kleiner Weiler, Gasthaus).

Vor dem Gasthaus Neutras nach links und steil hinauf zum *Gemeindeberg* (Abstecher: Auf der Höhe nach links und auf Trampelpfad zum Aussichtsfelsen) und auf der anderen Seite ebenso steil wieder abwärts. Querweg überschreiten und im Wald weiter. Wieder über einen Querweg und steil bergauf. Auf schmalem, aber ungefährlichem Steig geht es oben über einen langgestreckten Felsen (Felsensteig).

Beim Abstieg halbrechts halten. (Kurz bevor der Weg abwärts führt, Wanderweg verlassen und nach rechts zu den Felsen. Von dort herrlicher Blick zum Prellstein, ins Tal und in die Runde). Dann mäßig steil hinab und weiter bis zur *Bergwachthütte* und dem *Prellstein*. Auf dem Herweg zurück nach *Hirschbach*.

76 Hirschbach – Reichental – Schlangenfichte – Windloch – Korbmachersteig – Fischbrunn – Hirschbach

Verkehrsmöglichkeiten Bahn bis Hersbruck. Bus bis Hirschbach.

Parkmöglichkeiten Wanderparkplatz am Ortsende an der Straße nach Loch.

Wegemarkierungen Grünstrich waagerecht bis oberhalb Windloch. Zuerst Rotpunkt, dann Grünkreuz bis Fischbrunn. Gelbstrich waagerecht bis Hirschbach.

Tourenlänge Etwa 10 km. **Wanderzeit** Etwa 2¾ Stunden.

Höhenunterschiede Insgesamt 110 m. Mäßig steiler bis steiler Abstieg vom Korbmachersteig (500 m) bis Fischbrunn (367 m).

Wanderkarte 1:50000 Fritsch Wanderkarte Blatt 53; 1:50000 Kompass Wanderkarte Blatt 172.

Abkürzung Vom Korbmachersteig mit Markierung Gelbkreuz nach links abwärts und direkt zurück nach Hirschbach. Tourenlänge etwa 8 km, Wanderzeit etwa 2 Stunden.

Tourenbeschreibung Vom Wanderparkplatz das Sträßchen in Richtung Loch aufwärts. In den ersten nach links abgehenden Weg einbiegen. Der mit Grünstrich markierte Wanderweg zieht das stille *Reichental* entlang. Schwenkt dann nach links in den Wald und zieht hinauf zu einer Wegkreuzung. Noch ein kurzes Stück geradeaus, dann rechts des Weges die *Schlangenfichte* (Siehe Wanderung Nr. 74).

Zurück zur Wegkreuzung, nach halbrechts und im Wald aufwärts zum *Windloch.* (Siehe auch hier Wanderung Nr. 74). Nach der Höhle ein kurzes Stück steil empor, im Wald weiter bis zur Markierung *Rotpunkt.* Nach links und auf dem *Korbmachersteig* in Richtung Eschenbach. Der aus Vorra kommende, mit Gelbkreuz markierte, und nach Hirschbach führende Wanderweg wird gequert (Abkürzung: Mit Gelbkreuz nach links und abwärts nach Hirschbach).

Es geht bergab. Von rechts kommt Grünkreuz. Wir wechseln zu dieser Markierung und folgen ihr weiter bergab bis *Fischbrunn.*

Über den Bach in den Ort. Nach links abbiegen und aufwärts zum Wald. Immer am Hang entlang, der Markierung Gelbstrich folgend zurück nach *Hirschbach.*

77 Fischbrunn – Korbmachersteig – Hirschbach – Talweg – Fischbrunn

Verkehrsmöglichkeiten Bahn bis Hersbruck. Bus bis Fischbrunn.
Parkmöglichkeiten An der Dorfstraße.
Wegemarkierungen Zuerst mit Grünkreuz, dann mit Rotpunkt zur Höhe, dort auf Gelbkreuz wechseln und damit abwärts bis Hirschbach. Weiter mit Gelbstrich waagerecht bis Fischbrunn.
Tourenlänge Etwa 7 km. **Wanderzeit** Etwa 2½ Stunden.

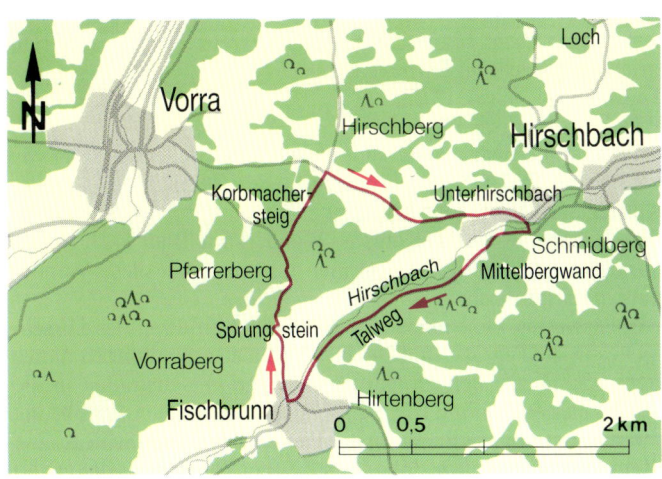

Höhenunterschiede Insgesamt 133 m. Steiler Anstieg von Fisch-brunn (367 m) bis auf etwa 500 m. Steiler Abstieg nach Hirschbach (390 m).

Wanderkarte 1:50000 Fritsch Blatt 53; Kompass Blatt 172.

Tourenbeschreibung Über die Brücke und etwa 125 m auf der Straße in Richtung Hirschbach. In den nach links abgehenden Weg einbiegen und mit Grünkreuz steil bergauf. Mit Rotpunkt auf dem *Korbmachersteig* weiter (siehe auch Wanderung Nr. 74) bis zu einer Wegkreuzung. Hier treffen wir auf das Zeichen Gelbkreuz, biegen nach rechts ab und wandern diesem Zeichen folgend talwärts bis *Hirschbach.* (Beim Abstieg schöner Blick hinüber zur Mittelbergwand, durch welche ein von der DAV-Sektion Noris angelegter Klettersteig führt).

Zum Dorfplatz. Bei der Wandertafel nach rechts, über den Bach und ortsauswärts. Am Wald auf Fahrweg nach rechts und mit der Markierung Gelbstrich waagerecht, immer am Talhang entlang (nach rechts Blick zum Sprungstein. Kletterfelsen) zurück nach *Fischbrunn.*

78 Bahnhof Hohenstadt – Eschenbach – Fischbrunn – Vorra – Rifflerfelsen – Eschenbach

Verkehrsmöglichkeiten Hohenstadt liegt an der Bundesbahn-linie Nürnberg – Bayreuth.

Parkmöglichkeiten In der Ortsmitte von Eschenbach.

Wegemarkierungen Ohne Markierung bis Eschenbach. Gelb-strich waagerecht bis Fischbrunn. Grünkreuz bis Vorra. Grün-strich waagerecht bis Eschenbach.

Tourenlänge Etwa 12 km.

Wanderzeit Etwa 3 Stunden.

Höhenunterschiede Insgesamt etwa 240 m. Steiler Aufstieg von Fischbrunn (367 m) bis Korbmachersteig (500 m). Mäßig steiler Abstieg nach Vorra (365 m).

Wanderkarte 1:50000 Kompass Wanderkarte Blatt 172.

Anmerkung Autofahrer beginnen und beenden diese Wande-rung in Eschenbach.

Wissenswertes Eschenbach liegt an der Mündung des Hirsch-baches in die Pegnitz, und ist eine der ältesten Siedlungen dieses Gebietes. Durch den Ort führte einst die »Eisenstraße« in die »Obere Pfalz«. Schöne Fachwerkhäuser. Auf kleiner Anhöhe die ehemals befestigte Kirche. An der Pegnitz das Ebner-Schloß, eine ehemalige Wasserburg. Johannes Zeltner, Begründer der ersten deutschen Untramarinwerke (in Nürnberg), wurde 1805 in Eschenbach geboren.

Die Rifflerfelsen sind eine markante Felsgestalt im oberen Pegnitztal. Ein Felsriff mit drei, dicht nebeneinander stehenden, 40 Meter hohen, glatten Felstürmen.

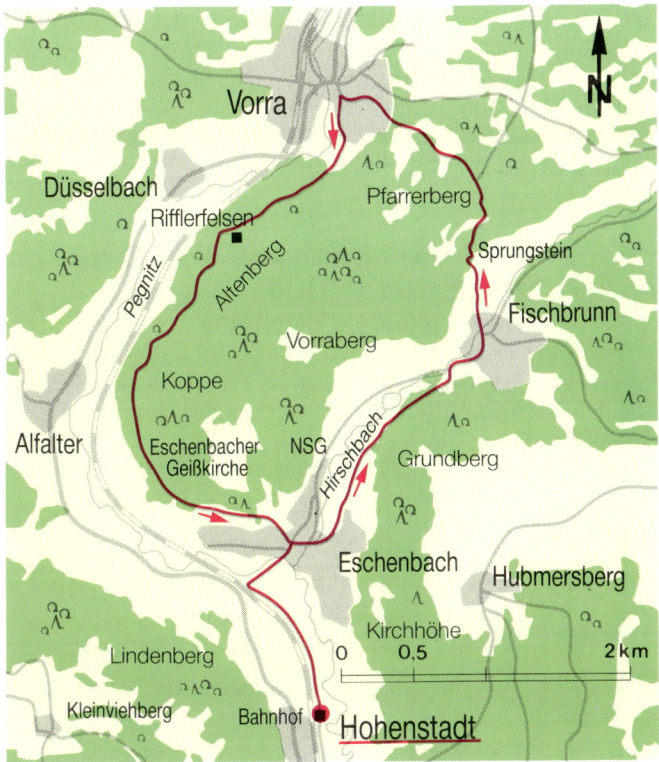

Tourenbeschreibung Aus dem Bahnhof Hohenstadt tretend nach links wenden und auf Wiesenweg nach Eschenbach. Zum Dorfplatz und nach der Brücke links (Schild: Talweg Hirschbach) und auf der alten Straße in Richtung Fischbrunn. Kurz vor dem Ort schwenkt diese nach links zur Fahrstraße. Auf dieser etwa 250 m in Richtung Hirschbach gehen (Nicht über die Brücke in das Dorf *Fischbrunn*). Nach links abbiegen und mit Wegzeichen Grünkreuz steil bergauf. Dann ein Stück des Weges gemeinsam mit Rotpunkt auf dem *Korbmachersteig* (siehe auch Wanderung Nr. 74) über die Hochfläche. Nach links abbiegen, durch Wald, über eine Lichtung und wieder im Wald hinab nach *Vorra* (Siehe auch hier Wanderung Nr. 74).

An der Linde neben der Schloßmauer Wegeübersichtstafel. An der Mauer entlang, nach der Schule links, dann rechts über Feldflur (Heckenreihe) zum Wald. Unser Wanderweg (Scheuermannweg) schlängelt sich im Hangwald entlang. Links, durch die Bäume schimmern die steilen Türme der *Rifflerfelsen*.

Im weiteren Wegverlauf geht es vorbei am *Mirakelbrünnlein* und an der *Almrauschhütte*. Anschließend durch Hochwald. Der Weg wird zum Steig und führt zu einem Fahrweg, geht rechts ab und zieht hinunter nach *Eschenbach*. Nach der Brücke links und auf Wiesenpfad zurück zum Bahnhof *Hohenstadt*.

79 Etzelwang – Lehendorf – Winterberg – Wintergraben – Heide – Neutras – Wurzwollberg – Etzelwang

Verkehrsmöglichkeiten Etzelwang ist Station an der Bundesbahnlinie Nürnberg – Neunkirchen (bei Sulzbach-Rosenberg).
Parkmöglichkeiten In der Ortsmitte.
Wegemarkierungen Blaustrich waagerecht bis Wegetafel bei DAV-Heim. Grünpunkt bis Neutras. Blaupunkt bis Etzelwang.
Tourenlänge Etwa 8 km.
Wanderzeit Etwa 2½ Stunden.
Höhenunterschiede Insgesamt etwa 125 m. Mäßig steiler Abstieg

vom Winterberg (452 m) in den Wintergraben (420 m). Mäßig steil abwärts von Neutras (519 m) nach Etzelwang (430 m).

Wanderkarte 1:50000 Fritsch Wanderkarte Blatt 53; 1:50000 Kompass Wanderkarte Blatt 172.

Wissenswertes Etzelwang ist ein sehr alter Ort, schön gelegen. Bereits 1059 weihte Bischof Gundekar hier eine Kirche. Die heutige Kirche stammt aus 1721 und birgt einen schönen Rokokoaltar. Grablege der von Brand, seit 1466 Herren auf Schloß Neidstein. Kirchturm mit Zwiebelhaube.

Tourenbeschreibung Auf der Kirchenreinbacher Straße bis zur Raiffeisenkasse (an der Linde Wegweiser). Mit Blaustrich links ab, Richtung Lehendorf. Nach etwa 50 m nach rechts aufwärts. Auf Feldweg immer geradeaus bis Wegkreuzung. In bisheriger Richtung weiter und leicht abwärts zur Straße. Auf dieser kurz nach links und – vor *Lehendorf* – halbrechts wieder aufwärts. Bei der großen Linde nach links und auf den *Winterberg* (Bei Bank schöner Blick in das Lehental, Felsen, Lehenhammer). Weiter zum DAV-Heim. Etwa 30 m danach Wegtafel. Ab hier mit Grünpunkt nach links und hinab in den *Wintergraben.* Bei der Wegkreuzung erneut nach links, und nach etwa 10 m halbrechts den Hang empor. Auf der Höhe in bisheriger Richtung über die *Heide,* dem Hochwald zu. Durch den Wald, am Waldrand entlang und auf Fahrweg bis zum Weiler *Neutras.* (Einkehrmöglichkeit).

Bei der Straßenkreuzung suchen wir uns das Wanderwegzeichen Blaupunkt (Wegweiser Etzelwang) und folgen diesem, durch schönen Mischwald wandernd über den *Wurzwollberg.*

Zu Tour 80, 81 **Pommelsbrunn, Blick von der Weinleite auf Pommelsbrunn und das Arzloher Tal** (Foto: Hans Meier)

Am Waldende über Wiese zur Straße. In diese nach rechts einbiegen und etwa 70 m entlang gehen. Dann nach links und im Hochwald weiter. Am Waldende treffen wir auf einen Fahrweg und folgen diesem nach rechts abwärts. Links durch eine Baumgruppe und über Wiesen zum großen Birnbaum. Nach links zur Anhöhe empor. Halbrechts abwärts zur Straße, auf dieser nach rechts und zurück nach *Etzelwang.*

80 Pommelsbrunn – Reckenberg – Arzlohe – Pommelsbrunn

Verkehrsmöglichkeiten Bundesbahnstation an der Strecke Nürnberg – Neunkirchen (bei Sulzbach-Rosenberg).

Parkmöglichkeiten Am Bahnhof und in der Ortsmitte Pommelsbrunn.

Wegemarkierungen Blaupunkt bis Wegweiser. Grünstrich bis Querweg und Markierung Gelbes Kreuz. Mit Gelbkreuz bis Pommelsbrunn.

Tourenlänge Etwa 9 km.

Wanderzeit Etwa 3 Stunden.

Höhenunterschiede Insgesamt etwa 254 m. Mäßig steiler bis steiler Aufstieg vom Bahnhof Pommelsbrunn (356 m) bis Reckenberg (470 m) und weiter bis auf etwa 600 m. Von der Kapellenruine (490 m) mäßig steil abwärts bis Pommelsbrunn.

Wanderkarte 1:50000 Fritsch Wanderkarte Blatt 80; 1:50000 Kompass Wanderkarte Blatt 172.

Wissenswertes Pommelsbrunn ist eine alte Siedlung, urkundlich allerdings erst 1312 erwähnt. Früher verlief hier die alte Handelsstraße von Nürnberg nach Prag. Der Ort hatte oft unter Kriegswirren zu leiden und wurde zweimal restlos zerstört. So 1504 von böhmischen und 1703 von baierischen Truppen. Die sehenswerte Kirche, mit beachtenswerten achteckigem Turm, wurde 1726 an Stelle der alten Kapelle erbaut. Schöne Barockausstattung. Die Deckengemälde stammen von dem Hersbrucker Maler Christof Reich.

Tourenbeschreibung Vom Bahnhof Pommelsbrunn mit Blaupunkt nach rechts zur Unterführung. Auf dem Weg dorthin, Blick zur Ruine Lichtenstein (Siehe auch Wanderung Nr. 81), auf Pommelsbrunn und zu dem über dem Ort aufragenden Zankelstein (Felsen). Nach der Unterführung zunächst auf Steig geradeaus aufwärts, dann nach rechts auf Fußweg (links der Reckenberger Schlucht) und schließlich auf einem Sträßchen in den Weiler *Reckenberg.*

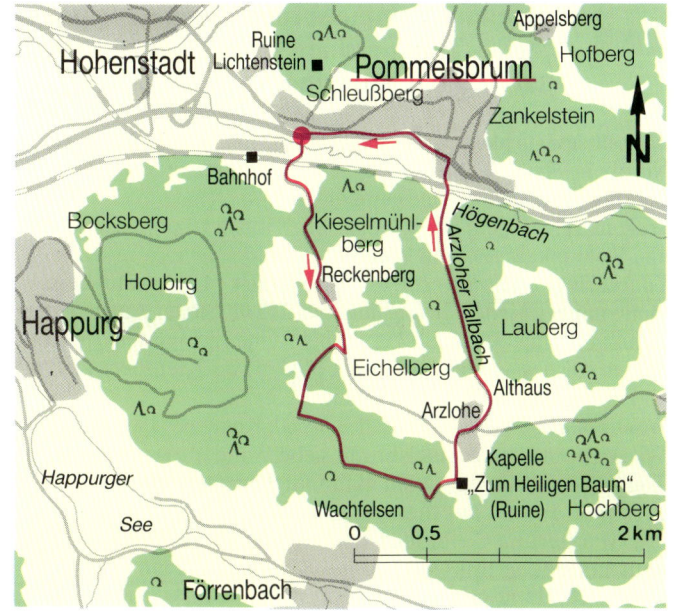

Durch den kleinen Weiler und auf Fahrweg etwa 300 m leicht bergauf, dann scharf nach rechts auf Kieferngehölz zu. Dort auf Pfad nach links und bergab. Über Feldflur zum Waldrand. Beim Wegweiser wiederum nach links und – der Markierung Grünstrich folgend – weiter bis zu einem Querweg. Hier treffen wir auf das Wegzeichen Gelbkreuz, dem wir erneut nach links abknickend folgen. Nach etwa 250 Metern erreichen wir die Ruine der alten *Kapelle*»Zum Heiligen Baum« (Ruine seit dem 16. Jahrhundert. Nur noch Teile der Außenmauern, des Hauptportales und ein Seitenportal sind erhalten. Alljährlich einmal wird hier Gottesdienst gehalten).

Von der Ruine in den nahen Ort *Arzlohe*. Diesen durchqueren und über Wiese zum Wald. Auf Waldpfad am Rande des Arzloher Tales dahin. Am Waldrand abwärts. Über Holzsteg zur Straße. Vorbei an der Weidenmühle und durch die Bahnunterführung zur Ortsmitte.

Dort nach links auf Fußweg Richtung Bahnhof. Bei der Kieselmühle über den Bach und auf Wiesenweg weiter. Das letzte Stück auf der Straße entlang zum Bahnhof *Pommelsbrunn*.

81 Bahnhof Pommelsbrunn – Ruine Lichtenstein – Hubmersberg – Kreuzberg – Aichatal – Höfen – Bahnhof Pommelsbrunn

Verkehrsmöglichkeiten Pommelsbrunn liegt an der Bahnstrecke Nürnberg – Neunkirchen (bei Sulzbach-Rosenberg).

Parkmöglichkeiten Am Bahnhof.

Wegemarkierungen Gelbkreuz bis Hubmersberg. Gelbpunkt und Rotpunkt bis Pommelsbrunn.

Tourenlänge Etwa 10 km. **Wanderzeit** Etwa 3 Stunden.

Höhenunterschiede Insgesamt etwa 215 m. Steiler Aufstieg vom Bahnhof Pommelsbrunn (356 m) bis Ruine Lichtenstein (500 m). Steiler Anstieg von Hubmersberg (463 m) bis Kreuzberg (530 m) und mäßig steil abwärts bis Höfen.

Wanderkarte 1:50000 Fritsch Blatt 80; Kompass Blatt 172.

Wissenswertes Pommelsbrunn siehe Wanderung Nr. 80.

Tourenbeschreibung Vom Bahnhof Pommelsbrunn zur Bundesstraße 14 und auf dieser wenige Schritte nach links. Dann mit Markierung Gelbkreuz nach rechts ab. Beim Gasthof erneut kurz nach links und hinter diesem auf Pfad rechts aufwärts. Im Hangwald dahin. Gut auf die Markierung achten,

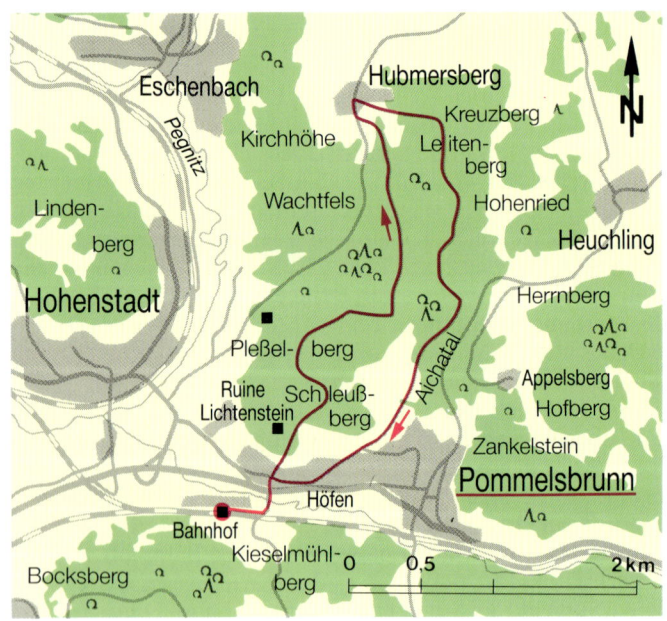

da vom Hauptweg zahlreiche Steige abzweigen. Der Weiterweg führt durch Föhrenwald (Blick auf Pommelsbrunn) und schließlich über Stufen empor zur *Ruine Lichtenstein* (Burg Lichtenstein war einst Sitz eines Geschlechts gleichen Namens. Urkundlich erstmals 1262 erwähnt. Die Burg wurde 1388 während des Städtekrieges zerstört und nicht mehr aufgebaut).

Wieder hinab zum Wanderweg. An einem Obelisk vorbei und im Hangwald zunächst fast eben dahin. Im weiteren Verlauf fällt der Weg leicht ab, es geht durch Fichten- danach durch Kiefernwald. Hangabwärts bis zu einem Fahrweg. In den wir nach rechts einbiegen und bis *Hubmersberg* folgen. (Kleiner, sehr beliebter Ausflugsort. Einkehrmöglichkeit).

Beim Wegweiser mit Markierung Gelber Punkt nach rechts, auf Wiesenweg geradeaus zum Waldrand und steil bergauf. Durch schönen Hochwald über den *Kreuzberg*. Beim Schild Pommelsbrunn nach links und bergab. Am Waldende Querweg, auf diesem rechts und abwärts in eine Senke, nach links wenden und bis zu einem Feldweg gehen. Auf diesem hinab ins Aichatal. Auf Fahrweg ein kurzes Stück nach rechts und beim Grundstückszaun auf Markierung Rotpunkt überwechseln. Im Hangwald bergauf. Auf der Höhe, im Mischwald, fast eben weiter. Dann über freie Flur. Der Weg wird zur Straße und zieht hinab zur Bundesstraße. Auf dieser nach rechts in den Ortsteil *Höfen* und weiter, bis nach links die zum *Bahnhof Pommelsbrunn* führende Straße abgeht.

82 Auf dem Hochlandsteig von Hersbruck nach Altdorf

Verkehrsmöglichkeiten Mit der Bundesbahn von Nürnberg, Bayreuth, Pegnitz nach Hersbruck. Von Altdorf über Feucht nach Nürnberg.
Parkmöglichkeiten Am Bahnhof.
Wegemarkierung Gelber Punkt. **Tourenlänge** Etwa 26 km.
Wanderzeit Etwa 7 bis 8 Stunden.
Höhenunterschiede Insgesamt etwa 520 m. Mäßig steiler bis steiler Aufstieg von Hersbruck (336 m) zum Deckersberg (586 m). Mäßig steil abwärts in den Quellengrund (440 m). Mäßig steil bergauf bis Hartenberg (510 m). Mäßig steiler Abstieg von Eismannsberg (522 m) ins Tal (396 m).
Wanderkarten 1:50000 Fritsch Wanderkarte Blatt 80; Kompass Wanderkarte Blatt 172.

Anmerkung Der Hochlandsteig ist einer der schönsten, vom Fränkischen Albverein angelegten Wanderpfade. Doch ist für diese Wanderung unbedingt gutes, festes Schuhwerk erforderlich, da unterwegs mehrmals Quellen über den Wanderweg fließen.

Ferner ist es vorteilhaft, sowohl zur Anreise nach Hersbruck, als auch für die Rückfahrt Altdorf, die Bundesbahn zu benutzen. Es ist zwar die Rückfahrmöglichkeit von Altdorf nach Hersbruck gegeben, doch ist dies umständlich und zeitraubend.

Wissenswertes Hersbruck, im weiten Talkessel der Pegnitz gelegen, besticht den Besucher durch seine malerischen Gassen, seine Tortürme und spitzwinkeligen Bürgerhäuser. Zur Zeit der Hussitenkriege, baute man eine Stadtumwallung, welche um 1444 vollendet wurde.

Reste der Mauer- und Grabenanlage sind noch heute vorhanden. Auch die Wehrgänge am Schloß und zwischen dem Spitaltor und dem Eisenhüttlein, ebenso wie das 1444 erbaute Nürnberger Tor, das Wassertor (mit Wohnturm und Zollhaus) und das Spitaltor (auch Hohenstädter Tor genannt).

Sehenswertes Schloß, Rathaus, Stadtpfarrkirche, Hirschen- und Spitalbrunnen. Im Holzmannhaus, (Am Eisenhüttlein 7) ist das Hirtenmuseum untergebracht. Es beherbergt umfangreiche Sammlungen zur Hirtenkultur in Franken, Deutschland und dem Ausland. Unter anderem etwa 200 Schellenbögen. Ferner Ringelpeitschen, Schalmeien, bis zu 3 m lange Blashörner, Tabakspfeifen und Schnupftabaksdosen. Texte und Noten der alten "Hirtenrufe«.

Alles was der Hirte brauchte, wurde von ihm selbst angefertigt. Von der Fingerfertigkeit und dem Kunstsinn der Hirten zeugen die Exponate. Alljährlich am »Obersten« (dem Dreikönigstag) treffen sich die noch lebenden Hirten der Hersbrucker Alb in Hersbruck. Vor dem Hirtenmuseum knallen dann die Hirtenpeitschen, ertönt das Rundhorn und lustige Hirtenlieder.

Geschichtlich läßt sich Hersbruck bis in das Jahr 976 zurück verfolgen. Diese Geschichte ist sehr wechselvoll. Herrscher über den Ort waren Schweinfurter Grafen, Bayerische Herzöge, das Bistum Bamberg, Kaiser Karl IV. (Neuböhmen) und schließlich die Stadt Nürnberg. Kriegszeiten fügten der Stadt des öfteren großen Schaden zu. So die Spanier im Schmalkaldischen Krieg 1547. Im Bundesständischen Krieg 1552/53 wurde der Ort zerstört, und 1632 besetzte der bayerische Kurfürst Hersbruck und gab es zur Plünderung frei. Unter Kaiserlicher Besetzung hatte Hersbruck von 1634 – 35 zu leiden. Großes Unheil über die Stadt brachte im Jahre 1796 der Durchzug der Jourdanischen Truppen. 1945 wurde der Ort bei Fliegerangriffen schwer beschädigt, das

Zu Tour 82, 83, 84, 85 **Hersbruck, Schloß**

(Foto: Ulrich Schnabel, Archiv DWV)

Rathaus brannte völlig aus. Der jetzige Rathausbau ist, in Anlehnung an das alte Baubild, in den Jahren 1948 – 52 entstanden.

Tourenbeschreibung Ausgangspunkt ist der Bahnhof Hersbruck, links der Pegnitz. Vom Bahnhof rechts ab und bis zum Gasthaus »Zum Arzberg«. Dort über die Bahn und weiter bis *Ellenbach.* Im Ort nach links, Richtung Deckersberg abbiegen. Am Waldrand (Wegtafel) das Sträßchen verlassen und auf Steig zur Bergstraße hochsteigen. Auf dieser etwa 30 Meter nach rechts, dann nach links und auf schmalem Weg aufwärts zum *Deckersberg.* Ein Fahrweg wird erreicht. Auf ihm nach rechts und ein kurzes Stück aufwärts. Nach links in den Wald und am Berghang entlang leicht abwärts. Bei Wegteilung rechts halten und im Buchenwald bergab bis zu einer Quelle. Hier erneut Wegteilung. Den Weg nach rechts gehen. Dieser führt zunächst hangaufwärts und dann hinunter in einen Quellgrund. Einen Weg, über den Quellwasser abwärts fließt, queren (Rechterhand mehrere Quellen) und jenseits weiter. Noch ein kurzes Stück durch den Wald, dann über Waldwiesen dahin. Anschließend nach links in den Wald. Doch nach etwa 30 Metern heißt es scharf nach rechts abbiegen. Wieder geht es an Quellen vorbei und hernach auf schönem Weg durch stillen Buchenwald weiter, bis kurz vor Waldende links im Tal, erneut mehrere Quellen rauschen.

Aus dem Wald und schnurgerade über eine Wiese, dann durch Felder zum Weiler *Hartenberg.* Im Ort zuerst nach rechts und gleich wieder nach links. Auf der Straße in Richtung Breitenbrunn ansteigen, bis ein Pfeil und Markierung Gelbpunkt (an Kiefer) nach links zeigt.

Ein kaum sichtbarer Pfad (gut auf Markierung achten!) schlängelt sich durch Strauchwerk abwärts. Biegt dann nach links und zieht ein Stück über eine Wiese. Biegt erneut nach links und führt, zwischen Wald und Feld, auf Wegspur auf eine Kieferngruppe zu.

Hier nach rechts, und an einem Drahtzaun entlang bis zu einem Forstweg. In diesen wiederum nach rechts einbiegen und talwärts wandern. Erneut führt der Wanderweg an einigen Quellen vorbei, zieht über eine Wiese und führt letztlich wieder ansteigend aus dem Wald.

Die ersten Häuser von *Hinterhaslach* kommen in Sicht. An einer Hecke entlang geht es bis zur Dorfstraße. (Hier Wegtafel). Nach links durch den Ort und beim letzten Haus (Wegteilung) nach rechts zum Wald.

Weiter geht es immer am Waldrand entlang. Rechts Felder, links, tief unten die Waldschlucht *Teufelstümpel.* Beim letzten

Harten- berg

Traunfelder Bach

Breitenbrunn

Schupf

Hinterhaslach

Asselberg

Landerbühl

Kucha

Teufelstümpel

Oberndorf

Langen- holz

Dippersricht

Traunfeld

Sachsenhof

Erats- mühle

Wappeltshofen

Traunfelder Bach

Eismannsberg

Häuselsteiner

Höhe

Häuselstein

Reicheltshofen

Stöckelsberg

Wünricht

Ober-

Mitter-

rohrenstadt

Unter-

0   0,5   2 km

N

Feld nach rechts schwenken. Dann gleich wieder nach links und durch Fichtenwald bis zu einem Querweg. Auf diesem nach links einbiegen und immer geradeaus (nicht durch abgehende oder kreuzende Wege irritieren lassen) bis zu einer Wegspinne mit Wanderwegweiser. Noch ein kurzes Stück in bisheriger Richtung weiter bis zum Waldende, dann auf Feldweg in Richtung Autobahn. Durch die Unterführung und hinab nach *Traunfeld*. (Hier endet der eigentliche Hochlandsteig, doch wird in den meisten Fällen – so auch von uns – nach kurzer Rast in Traunfeld, mit gleicher Markierung bis Altdorf weiter gewandert).

Kurz nach dem Ortseingang (vor dem Haus Nr. 22 b) biegt der Weg nach rechts ab. (Wer in Traunfeld Rast macht, muß bis hierher zurück, und in diesem Falle nach links abzweigen). Es geht hinunter zum Bach und an diesem entlang bis zu einem geteertem Sträßchen. Auf diesem nach rechts, über eine Brücke und weiter bis zur *Eratsmühle.*

Vor dem ersten Gebäude nach rechts und bei der folgenden Weggabelung halblinks abwärts. Über ein Bächlein und weiterhin linkshaltend hangaufwärts bis zu einem Forststräßchen. Diesem folgen wir bis kurz vor die Ortschaft *Wappeltshofen.* Wenn rechts oben die ersten Häuser des Ortes sichtbar werden, zweigt nach links ein Pfad ab. Dieser führt, an einem Drahtzaun entlang, talwärts.

Unten, bei der Wegverzweigung, nach rechts abbiegen und im Buchenwald sanft ansteigend hinauf nach *Eismannsberg.*

Bei der Dorflinde nach links ab (Tafel Sackgasse) und weiter bis zur Kirche. Dort nach rechts abbiegend zum Ortsende. Nach halblinks und im Hangwald abwärts bis ins Tal. Über eine Wiese, dann wieder ein Stück durch den Wald und schließlich nach rechts schwenken und durch Felder im Talgrund entlang bis zu einer Teerstraße. Auf dieser etwa 50 m nach links und vor der Brücke nach rechts, am Bach entlang weiter. Dann, auf Holzsteg, nach links über den Bach und gleich nach rechts. Über eine Wiese in Richtung Mühle. Über den Mühlgraben und weiter zur schon sichtbaren Kirche von *Hagenhausen.*

Nun nicht über die Brücke und in den eigentlichen Ort, sondern geradeaus weiter. Auf Feldweg empor zum Waldrand, durch den Wald. Aus diesem wieder heraustretend, rechts vor uns die ersten Häuser von Altdorf sichtbar.

Es geht weiter über Wiesen zur Kläranlage. Dort nach rechts – und auf Wiesenweg bleibend – wieder nach links und nach *Altdorf.*

Geradeaus auf der Hagenhauser Straße bis zur Schießhausstraße. Auf dieser ein kurzes Stück nach rechts, dann nach links (am Trafohäuschen vorbei) und auf Fußweg (Schild zum Bahnhof) weiter bis zum Bahnhof *Altdorf.* (Wissenswertes Altdorf, siehe Kompass Wanderführer Altmühltal/Frankenalb Süd).

83 **Hersbruck, Bahnhof rechts der Pegnitz – Großviehberg – Kleinviehberg – Hersbruck**

Verkehrsmöglichkeiten Hersbruck, Bahnhof rechts der Pegnitz ist Station an der Bahnlinie Nürnberg – Bayreuth. Der Bahnhof links der Pegnitz liegt an der Strecke Nürnberg – Neukirchen (bei Sulzbach-Rosenberg) – Amberg.
Parkmöglichkeiten Am Bahnhof und in der Stadtmitte.
Wegemarkierungen Gelbes Kreuz bis kurz vor Kleinviehberg. Blaues Kreuz bis Hersbruck.
Tourenlänge Etwa 9 km.
Wanderzeit Etwa 2½ Stunden.
Höhenunterschiede Insgesamt etwa 200 m. Mäßig steiler Anstieg von Hersbruck (336 m) bis Großviehberg (500 m). Mäßig steiler Abstieg von Kleinviehberg (480 m) nach Hersbruck.
Wanderkarte 1:50000 Fritsch Wanderkarte Blatt 80; 1:50000 Kompass Wanderkarte Blatt 172.

Anmerkung Kleine Wanderung mit herrlicher Aussicht in den Hersbrucker Talkessel und das Pegnitztal.

Wissenswertes Hersbruck siehe Wanderung Nr. 82.

Tourenbeschreibung Vom Bahnhof Hersbruck rechts der Pegnitz hinab zur Straße, bei deren Teilung nach links in die Grabenstraße und durch die Unterführung. Nach rechts und beim ersten Abzweig (Tafel Michelsberg) links mit Markierung Gelbkreuz aufwärts zur Höhe. (Links der Michelsberg, auf welchem zur reichsstädtischen Zeit ein Wachturm stand. Geradezu Blick zum Großen und Kleinen Hansgörgl, zum Hohenstein) Straßendreiteilung. Wir nehmen das Sträßchen ganz rechts und wandern auf diesem über die Höhe bis in den Ort *Großviehberg*. (Etwa 1 Stunde ab Bahnhof Hersbruck. Umfaßende Fernsicht, zur Houbirg, ins Förrenbachtal, zum Deckersberg und Arzberg).

In den Ort zur Dorflinde, dort nach rechts. Ab Ortsende auf Fahrweg abwärts, unter Telegrafenleitung hinweg und in Richtung Wald weiter. Durch den Hochwald bis zu einem Querweg. In bisheriger Richtung, nun mehr auf Steiglein, dahin. (Linkerhand steil abfallender Hangwald, rechts Hangwiese). Der Wanderweg führt an einer Quelle vorbei, mündet wieder in einen breiteren Weg. Gut auf die Markierung achtend im Wald abwärts. Etwa 30 Minuten ab Großviehberg treffen wir auf einen von Eschenbach kommenden und mit Blaukreuz markierten Wanderweg. Biegen nach rechts ab, und folgen diesem Zeichen zunächst bis in den nur aus ein paar Gehöften bestehenden Ort *Kleinviehberg*.

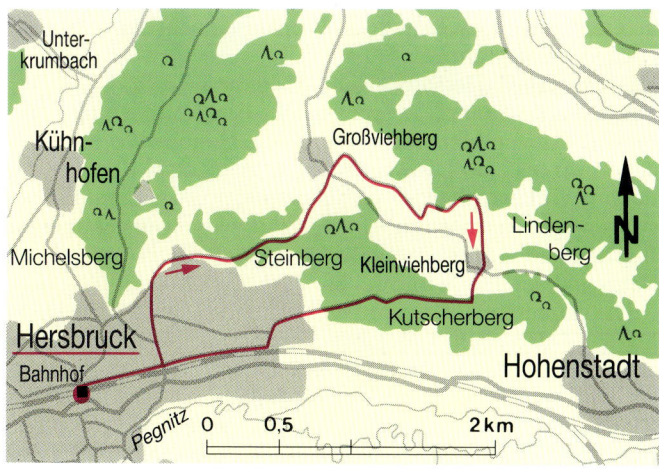

Am Ortsende scharf nach rechts und in den Wald. Ein kurzes Stück fast eben dahin, dann scharf links und auf Pfad bergab bis zu einem Hohlweg. Auf diesem weiter talwärts bis Hersbruck (Unterwegs immer wieder schöne Ausblicke). Nach rechts und an der Bahn entlang, durch die Unterführung und zurück zum Bahnhof.

84 Hersbruck – Weiher – Ruhestein – Reschenberg – Edelweißhütte – Arzbergturm – Ellenbach – Hersbruck

Verkehrsmöglichkeiten Siehe Wanderung Nr. 83.
Parkmöglichkeiten In der Stadtmitte.
Wegemarkierungen Rotstrich waagerecht bis Ruhestein. Rotes Kreuz bis Hersbruck.
Tourenlänge Etwa 12,5 km.
Wanderzeit Etwa 4 Stunden.
Höhenunterschiede Insgesamt etwa 260 m. Mäßig steiler Anstieg von Hersbruck (336 m) über Ruhestein (439 m) zum Reschenberg (525 m). Von der Edelweißhütte (550 m) mäßig steil hinauf zum Arzbergturm (637 m). Steiler Abstieg nach Ellenbach – Hersbruck.
Wanderkarte 1:50000 Fritsch Wanderkarte Blatt 80; 1:50000 Kompass Wanderkarte Blatt 172.
Anmerkung Diese Wanderung führt uns durch schönen Wald hinauf zum Ruhestein. Abwechslungsreich geht es weiter, über den Sattel zwischen Reschen- und Arzberg zur beliebten Wanderereinkehr Edelweißhütte, und von dort hinauf zum aussichtsreichen Arzbergturm.
Wissenswertes Hersbruck siehe Wanderung Nr. 82.
Tourenbeschreibung Ausgangspunkt dieser Wanderung ist der Marktplatz von Hersbruck. Durch die Rudolf-Wetzer-Straße gehen wir bis zum Lohweg. Wandern dann etwa 100 m an der Pegnitz entlang, überqueren diese auf dem sogenannten Lohsteg und gehen jenseits über die Pegnitzwiesen zu der über die Bundesstraße 14 führenden Brücke. Geradeaus weiter, über die Bahn und der Straße folgend bis *Weiher*.

Durchqueren – unserem Wegzeichen Rotstrich waagerecht folgend – den noch zu Hersbruck gehörenden kleinen Ort und gehen leicht abwärts zum Wald. Rotstrich zweigt nach rechts ab, wir jedoch wandern – ohne Markierung – in bisheriger Richtung weiter, und gehen auf für Kfz gesperrte Forststraße aufwärts bis zu einer Lichtung. Unter mächtigen Bäumen eine

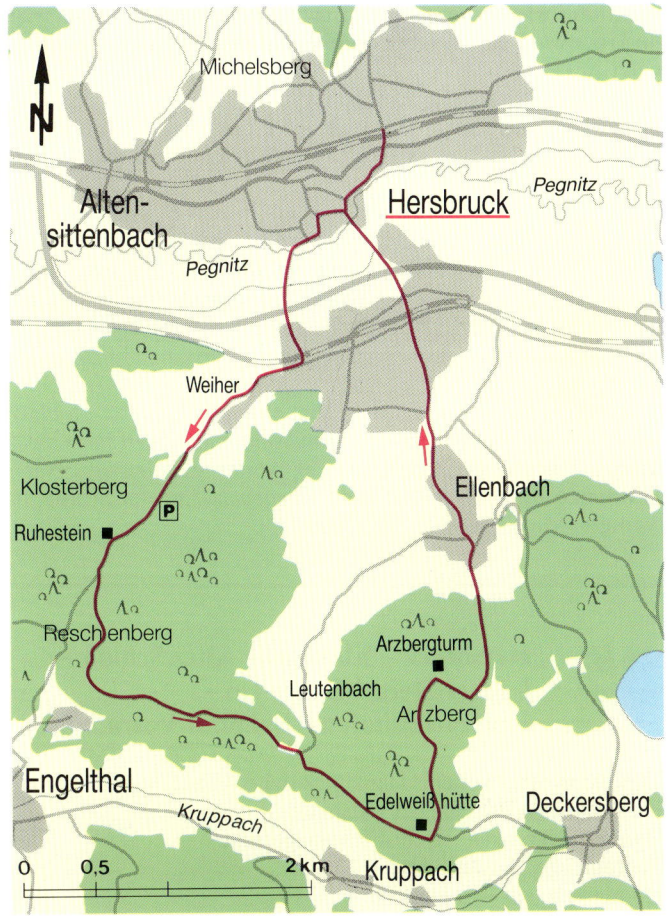

steinerne Bank, der sogenannte *Ruhestein*. Hier treffen wir wie-
der auf Markierung Rotstrich, außerdem auf Rotkreuz und
MD (Main-Donau-Weg). Rotstrich und MD gehen geradeaus
weiter und führen nach Engelthal. Wir vertrauen uns ab hier
dem Wegzeichen Rotkreuz an, indem wir nach links abbiegen
und auf Forstweg zur Höhe des Reschenberges ansteigen.
(Rechts Steilabfall zum Kruppacher Tal). Der Weg wird zum
Pfad und führt abwärts, über eine Waldwiese, wieder durch
Wald und erneut über Wiese zu einem querlaufenden Fahrweg
(Leutenbach-Kruppach). Wir stehen am Sattel zwischen
Reschenberg und Arzberg. Jenseits des Fahrweges geht es am

Waldrand wieder bergauf. Hernach auf fast ebenem Hangweg im Hochwald dahin. Über eine Wiese und kurz danach scharf nach links und auf schmalem Pfad zur nahen *Edelweißhütte*. (Einfach bewirtschaftetes Wanderheim).

Von der Hütte aus – weiterhin Rotkreuz folgend – im Hochwald bergan. Nach etwa 10 Minuten erreicht man einen Querweg, und biegt in diesen nach links ein. Nach etwa 30 m heißt es jedoch bereits wieder nach rechts in den Buchenwald abzweigen. Nach wenigen Metern kommen wir zu einem breiten Waldweg, der uns zum *Arzbergturm* bringt (Der Turm wurde 1885 errichtet und 1974 renoviert. Der Arzberg ist 612 m hoch, der Turm 25 Meter. Wer ihn besteigt, befindet sich also auf 637 m Höhe und kann seinen Blick über die gesamte Frankenalb schweifen lassen).

An der Ostseite des Turmes über einen kleinen, freien Platz und auf felsigem Pfad abwärts zum Waldrand. Scharf nach links in den Wald und durch Hohlweg weiter steil bergab. Nach Waldende über freie Flur nach *Ellenbach*. Auf der Straße, in wenigen Minuten, nach *Hersbruck*.

85 Hersbruck – Kleedorf – Altes Schloß – Langer Stein – Enges Tal – Unterartelshofen – Bahnhof Vorra

Verkehrsmöglichkeiten Hersbruck siehe Wanderung Nr. 83.
Parkmöglichkeiten In der Ortsmitte.
Wegemarkierungen Gelbstrich waagerecht.
Tourenlänge Etwa 13 km.
Wanderzeit Etwa 4 Stunden.
Höhenunterschiede Insgesamt etwa 300 m. Mäßig steil von Hersbruck (336 m) bis zum Alten Schloß (567 m). Abwärts auf etwa 490 m und wieder hinauf zum Langen Stein (554 m). Mäßig steil hinab ins Pegnitztal (360 m) – Unterartelshofen.
Wanderkarte 1:50 000 Fritsch Wanderkarte Blatt 80; 1:50 000 Kompass Wanderkarte Blatt 172.
Anmerkung Dieser, durchwegs mit Gelbstrich markierte Wanderpfad wird seit Jahren gerne und oft begangen. Nach dem Michelberg-Aufstieg führt er über Kleeberg, meistens durch Wald hin zum Felsgewirr Altes Schloß. Weiter zur Felsnadel Langer Stein und schließlich durch das schluchtartige Lange Tal hinab zur Pegnitz.

Zu Tour 82, 83, 84, 85 **Hersbruck, Wassertor**

(Foto: Ulrich Schnabel, Archiv DWV)

Bahnfahrer steigen vom Bahnhof, rechts der Pegnitz, wie bei Wanderung Nr. 83 beschrieben, zur Höhe auf.

Wissenswertes Hersbruck siehe Wanderung Nr. 82.

Tourenbeschreibung Ab Rathaus folgen wir der örtlichen Markierung Nr. 2 (auf grünem Grund), welche uns über den Hindenburgplatz, Eisenhüttlein, vorbei am Hirtenmuseum, durch die Graben-, Friedrich- und Gartenstraße, letztlich über den Hubertussteig empor zum Höhenweg leitet.

Auf diesem einige Schritte nach rechts, dann nach links in den Wald. Auf gut markiertem Wanderweg geht es mit dem Wegzeichen Gelbstrich durch abwechslungsreichen Wald, schließlich über eine Wiese nach *Kleedorf.*

Rechts neben der Gaststätte den Hang aufwärts, über eine Wiese und an Hecken entlang vollends zur Höhe. Auf der Albhochfläche geht es nun weiter, auf die Huteichen zu. (Schöner Blick nach rechts ins Pegnitztal, auf Afalter und die Rifflerfelsen. Siehe auch Wanderung Nr. 78). Halbrechts zum Wald und an dessen Rand entlang. Nach etwa 100 m Wegteilung. (Tafel: Altes Schloß – Langer Stein). Noch ein kurzes Stück am Waldrand weiter, dann nach halbrechts in den Wald. Durch diesen, ohne merkliche Richtungsänderung (in etwa 1 Stunde, ab Kleedorf) bis zum Felsgewirr *Altes Schloß* (Angeblich soll hier einmal eine Burg gestanden haben).

Wir wandern auf schmalem Pfad, zwischen den Felsen hindurch und gehen im Linksbogen durch den Niederwald weiter, bis hin zu dem Sträßchen Vorra – Stöppach. Auf diesem Sträßchen aufwärts. Nach etwa 200 m auf Steig nach rechts in den Föhrenwald und steil bergan. Hernach durch Fichtenwald bis zu einem breiten Weg, diesem folgen wir etwa 20 m nach rechts, dann wiederum nach rechts und im Fichtenwald weiter. Am Waldende auf Fahrweg ein kurzes Stück empor. Nach rechts durch eine Pflanzung und auf Feldweg über freie Flur bis zu einem Fahrweg. Diesen überschreiten und geradeaus in den Jungwald. Abwärts zum *Langen Stein* (Felsnadel, Beliebtes Kletterobjekt).

Steil abwärts zum Waldende und im Linksbogen am Waldrand dahin. Bei den Birken nach rechts und leicht abwärts in Richtung Feldscheune. Nach links zum Waldrand, dort Wegteilung (und Wegweiser). Nach rechts abbiegen und auf Fahrweg talwärts gehen. Durch den Hochwald hinab ins *Enge Tal,* (Ein von der Hochfläche herabkommendes Tal von schluchtartigen Charakter) durch welches der Fahrweg zieht. Aus dem Wald und hinab zu dem im Pegnitztal gelegenem Schloßgut Unterartelshofen (Altnürnberger Herrensitz. Mauerbewehrte,

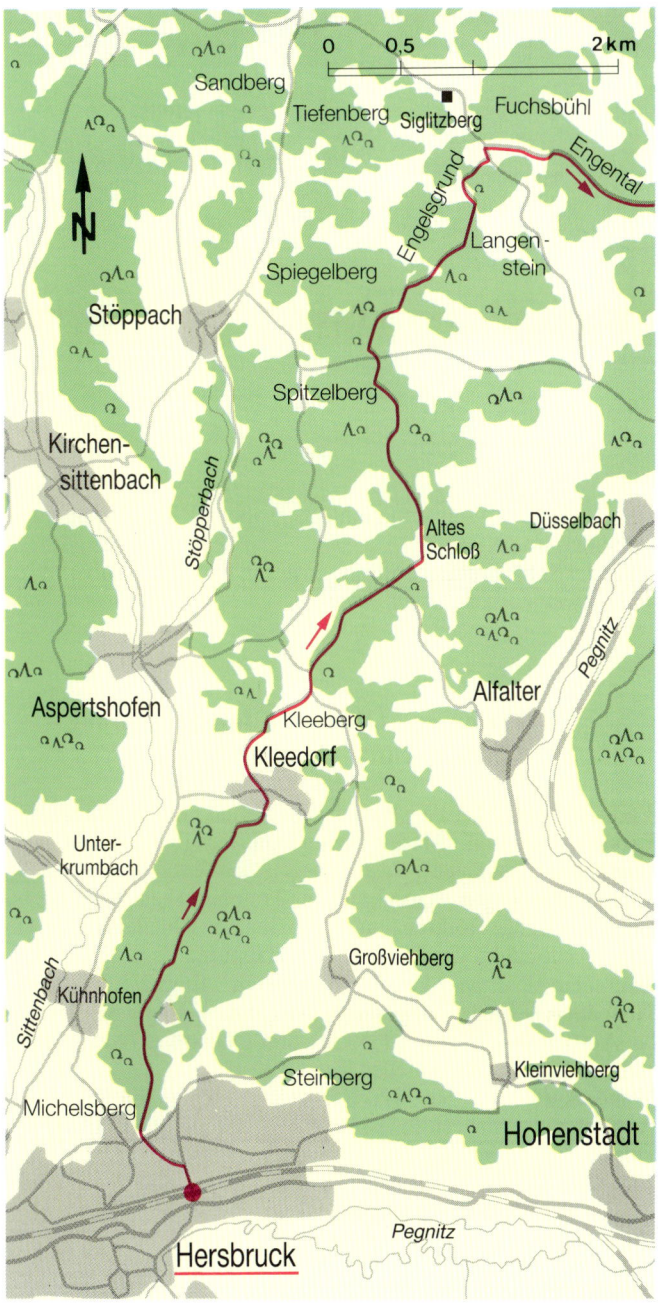

0   0,5   2 km

Sandberg

Tiefenberg   Siglitzberg   Fuchsbühl

Engelsgrund   Engental

Spiegelberg   Langen-
                              stein

Stöppach

Spitzelberg   Düsselbach

Kirchen-
sittenbach

Stöpperbach

Altes
Schloß

Pegnitz

Aspertshofen   Alfalter

Kleeberg

Kleedorf

Unter-
krumbach

Großviehberg

Kühnhofen

Sittenbach   Kleinviehberg

Steinberg

Michelsberg   Hohenstadt

Pegnitz

Hersbruck

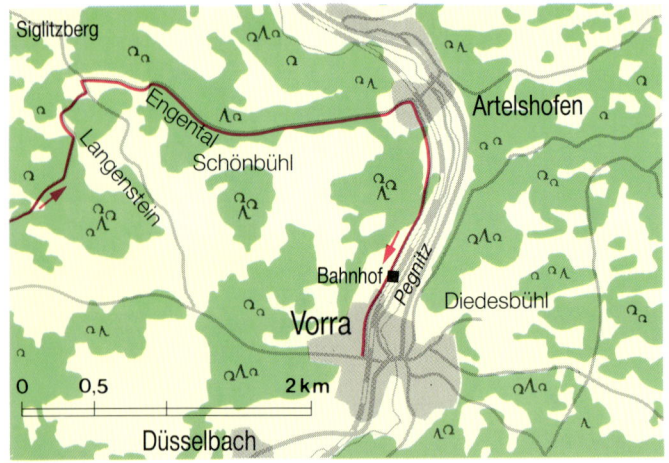

geschlossene Anlage mit Schloß, großem Park, Wirtschafts-
gebäuden und Kirche).

An der Schloßmauer entlang, an deren Ende rechts ab und auf
Wiesenweg zum *Bahnhof Vorra*.

86 Happurg – Obersee – Jungfernsprung – Quellengrund – Happurg

Verkehrsmöglichkeiten Bahn bis Hersbruck. Bus bis Happurg.
Parkmöglichkeiten Marktplatz und am Bach (beim Brunnen ge-
genüber der Sparkasse).
Wegemarkierungen Grünkreuz bis Trafohäuschen. Blauring bis
Jungfernsprung. Rotkreuz und Gelbkreuz bis Quellengrund. Zu-
nächst Gelbpunkt, dann Blauring bis Happurg.
Tourenlänge Etwa 7 km.　　**Wanderzeit** Etwa 2½ Stunden.
Höhenunterschiede Insgesamt etwa 225 m. Mäßig steiler bis stei-
ler Anstieg von Happurg (353 m) zum Obersee (574 m). Mäßig
steiler Abstieg in den Quellengrund (440 m).
Wanderkarte 1:50000 Fritsch Blatt 80; Kompass Blatt 172.
Anmerkung Abwechslungsreiche Wanderung am Osthang des
Deckersberges entlang. Zunächst geht es zum Obersee und weiter
zum Aussichtsfelsen Jungfernsprung. Dann hinab zu einem
Quellengrund und im Hangwald, später durch Feldflur, zurück
nach Happurg.

Wissenswertes Happurg ist ein beliebter Ausflugs- und Ferienort. Viele Fachwerkhäuser, teils mit hohen Hopfenböden. Hopfen- und Obstanbau rund um Happurg.

Dicht bei Happurg, die Houbirg, eine der interessantesten Erhebungen der Fränkischen Alb. Besondere Sehenswürdigkeit auf der Houbirg ist neben der Hunnenschlucht, der etwa 4,5 km lange und bis zu 13 m hohe Ringwall. Die Illyrer sollen ihn bereits 1000 v. Chr. errichtet und die Kelten später ausgebaut haben. Vom Hauptwall führt ein Seitenwall hin zum Hohen Fels, einer markanten Felsbildung (schöne Aussicht vom Gipfelplateau) mit riesiger Halbhöhle. Diese Höhle ist die bedeutendste altsteinzeitliche Siedlungsstätte in der nördlichen Frankenalb. Wertvolle, hier gemachte Funde, an Hand derer sich durch fast 100 000 Jahre

Zu Tour 86, 87 **Pommelsbrunn, Blick vom »Hohlen Fels«**
auf den Stausee Happurg   (Foto: Hans Meier)

der Aufenthalt altsteinzeitlicher Jäger verschiedener Kultur-gruppen dokumentieren läßt, besitzt die Prähistorische Samm-lung der Naturhistorischen Gesellschaft in Nürnberg.

Bei Happurg, der vom Großkraftwerk Franken, durch Stau des Förrenbaches und des Kainsbaches angelegte See faßt rund 4,8 Millionen cbm Wasser. Nachts wird das Wasser mit billigem Strom zu dem auf der Höhe des Deckersberges gelegenen oberen Stausee gepumpt und treibt dann tagsüber durch dieselben Rohre wieder herabstürzend, die stromerzeugenden Turbinen an.

Tourenbeschreibung Zum Marktplatz, dort in die untere Mühl-straße einbiegen. Dann nach links in die Kainsbacher Straße gehen und schließlich nach rechts in den Deckersberger Weg abzweigen. Es geht durch die Straßenunterführung und weiter durch Felder und Obstgärten (eine Fahrstraße überquerend) mäßig steil aufwärts zum Wald. (Vom Waldrand schöner Rück-blick auf Happurg mit Stausee). Der Weg wird steiler und zieht im Wald zur Höhe des *Deckersberges* empor. Beim Trafohäus-chen (links im Wald) wechseln wir zur Markierung Blauring über, und gehen geradeaus weiter. Verlassen jedoch bereits nach wenigen Metern den markierten Weg wieder und steigen (beim Schild: Zufahrt verboten), im spitzen Winkel zum Damm des *Obersees* hinauf. Jetzt, entweder nach rechts und den See auf Uferweg umrunden, oder gleich nach links abbiegen und bis zur Schleuse gehen. An dieser vorbei und kurz danach die Treppen abwärts. Geradeaus in Richtung Drahtzaun laufen – und nun wieder der Markierung Blauring folgend – dort nach rechts abbiegen. Zunächst ein Stück am Zaun entlang, auf

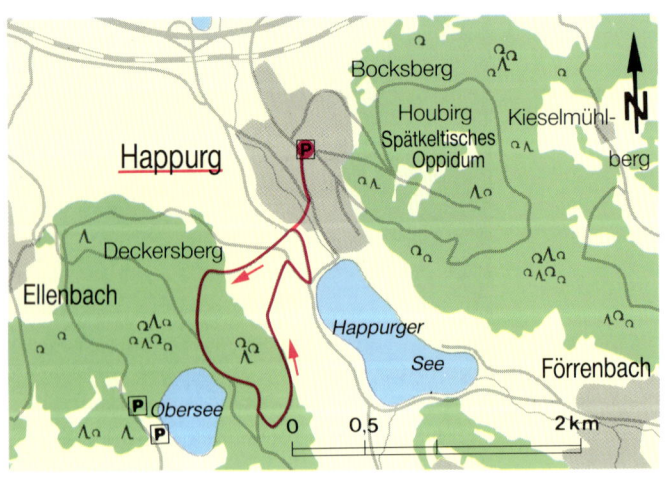

schmalem, später breiter werdendem Weg durch den Wald. Ein kurzes Stück am Waldrand entlang und dann auf kaum erkennbarem Pfad über Acker nach links hinüber zum Wald. Dort Querweg. Zunächst jedoch, auf Pfad, ein kurzes Stück geradeaus bis zum Aussichtsfelsen *Jungfernsprung.* (Im Dreißigjährigen Krieg soll hier ein Mädchen auf der Flucht vor zwei Soldaten in Tiefe gesprungen sein. Es blieb, so wird berichtet, im Geäst eines Baumes hängen und ward gerettet).

Zurück zum Querweg und links abbiegend (mit Markierung Rotes Kreuz) weiter. Wir stoßen auf einen Hohlweg (und die Markierung Gelbes Kreuz) und gehen, linksabbiegend auf schmalem Pfad oberhalb dieses Hohlweges, abwärts bis in einen Quellengrund (Karstquellen).

Ab hier übernimmt Markierung Gelbpunkt die Führung. Es heißt nach links abbiegen und im Wald bis zu einer Wegverzweigung ansteigen. Halbrechts halten und wieder bergab. (Nach rechts roter Pfeil, führt zu einer Quelle. Umweg, nicht lohnend). In bisheriger Richtung weiter bis Waldende. Am Waldrand entlang weiter. (Schöner Blick zum Untersee und hinüber zum Hohlen Fels. Siehe auch Wanderung Nr. 86).

Durch Felder, dann (mit dem von links kommenden Blauring) nach rechts abwärts zur Straße. Diese überqueren, auf der anderen Seite nach halblinks und auf Fußweg (Tafel) zurück nach *Happurg.*

87 Happurg – Hunnenschlucht – Houbirg – Hohler Fels – Happurg

Verkehrsmöglichkeiten Siehe Wanderung Nr. 86.
Parkmöglichkeiten Marktplatz und beim Brunnen gegenüber Sparkasse.
Wegemarkierungen Grüner Punkt bis Hohler Fels, Grünes Kreuz und Grünstrich waagerecht bis Happurg.
Tourenlänge Etwa 6,5 km. **Wanderzeit** Etwa 2½ Stunden.
Höhenunterschiede Insgesamt etwa 280 m. Von Happurg (353 m) mäßig steil, mit steilen Teilstücken, hinauf zur Houbirg (617 m). Mäßig steil, teilweis steil abwärts nach Happurg.
Wanderkarte 1:50000 Fritsch Wanderkarte Blatt 80; 1:50000 Kompass Wanderkarte Blatt 172.
Anmerkung Die Hunnenschlacht und die einst keltische Fliehburg auf der Houbirg sowie der Hohle Felsen sind Zielpunkte dieser abwechslungsreichen Wanderung.

Wissenswertes   Siehe Wanderung Nr. 85.

Tourenbeschreibung   Zum Marktplatz und nach links abbiegend die Schöffengasse aufwärts. Bei der Straßenteilung (geradeaus vor uns das Haus Nr. 1) kurz nach links und gleich wieder rechts schwenkend in den Höhenweg einbiegen und diesem bis zum Kriegerdenkmal folgen.

Dort nach links abbiegen und kurz danach (bei den Birken) in den Wald. Steil geht es in diesem aufwärts, vorbei an einem Betonklotz und einem zubetonierten Stolleneingang (Gegen Ende des zweiten Weltkrieges hat man hier Stollen in den Berg getrieben, um bombensichere Räume für die Rüstungsindustrie zu schaffen) zur Hunnenschlucht. Auf schmalem Pfad, die hier zugeschüttete Schlucht aufwärts bis zu einer Forststraße.

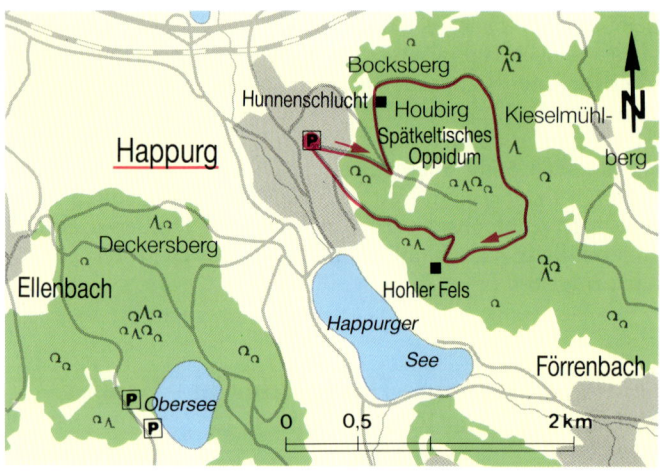

Auf dieser etwa 40 m nach rechts, dann nach links und kurz steil empor. Fast eben dahin. Der Wanderweg zieht nun oberhalb eines stillgelegten Steinbruchs weiter, (Schöner Tiefblick auf Happurg, Hersbruck, Pegnitztal und – bei sehr guter Sicht – bis nach Nürnberg) führt dann im Wald am Bocksberg entlang, um bei einer besonders markanten Buche, nach rechts schwenkend zum *Ringwall* hochzuziehen. Auf steinigem Pfad auf dem Wall entlang, bis dieser von einem Hohlweg durchbrochen wird (Ehemaliges Osttor der alten Keltenfestung). Wieder zum Wall empor und auf diesem weiter. Der Weg steigt ständig leicht an. Bei Felsgewirr zieht der Hauptwall nach rechts, wir aber folgen der Markierung, gehen geradeaus weiter (Seitenwall) und im Wald abwärts bis zum *Hohen Fels*.

Zu Tour 86, 87   **Pommelsbrunn, »Hohler Fels«**   (Foto: Hans Meier)

Nach links und zuerst ein paar Stufen abwärts, dann nach rechts auf gestuften Fels empor zum Gipfelplateau. (Herrlicher Rundblick!) Über Stufen abwärts und durch ein Felsentor zur mächtigen Hallenhöhle. Danach steigen wir wieder zur Höhe an, wenden nach links und folgen nunmehr den Markierungszeichen Grünes Kreuz und Grünstrich waagerecht. Es geht zunächst mäßig steil abwärts bis zu einem *Brünnlein*. Gleich nach dem Brünnlein fällt der Weg bis zum Waldende steil ab.

Aus dem Wald tretend nach rechts (an Zaun entlang) zur Straße. Diese überqueren und auf Steiglein, am Friedhof vorbei, abwärts. Durch die Friedhofstraße zurück zur Ortsmitte von *Happurg*.

88 Lauf – Bitterbachschlucht – Nuschelberg – Kuhnhof – Kunnerla – Lauf

Verkehrsmöglichkeiten Bundesbahnstation mit den Bahnhöfen Lauf links der Pegnitz und Lauf rechts der Pegnitz, Bundesbahnlinien Nürnberg – Lauf, Nürnberg – Lauf – Amberg, Nürnberg – Lauf – Weiden. Bahnbus Nürnberg – Lauf – Bayreuth.
Parkmöglichkeiten Am Bahnhof schlechte Parkmöglichkeit (Parkuhren), daher in einer Straße hinter dem Bahnhof parken. (Bleichgasse, Rudolphshofer Straße, Galgenbühlstraße).
Wegemarkierungen Rotes Kreuz bis Nuschelberg, Gelbpunkt bis Egelsee. Rotes Andreaskreuz bis Kuhnhof. Blaupunkt bis Lauf.
Tourenlänge Etwa 12 km.
Wanderzeit Etwa 3½ Stunden.
Höhenunterschiede Insgesamt etwa 90 m. Von Kuhnhof ein kurzes Stück abwärts und gleich wieder steil hinauf zum Kunigundenberg (383 m).
Wanderkarten 1:50000 Fritsch Wanderkarte Blatt 80; Kompass Wanderkarte Blatt 172.
Wissenswertes Den Namen der Stadt Lauf, leitet man von den Stromschnellen (sogenannten »Lauffen«) ab. Der Ort, einstmals an einer solchen »Lauffen« erbaut, wird 1170 erstmals urkundlich genannt. Der Ort hat eine wechselvolle Geschichte. So war er unter den Hohenstaufen Reichsgut. Kam 1268 an die Oberpfalz. 1353 zu Neuböhmen. Von 1373 bis 1504 war Lauf kurbayerisch und wurde schließlich 1505 dem Gebiet der Freien Reichsstadt Nürnberg zugeschlagen. Bei Nürnberg blieb es bis 1806.

1253 erhielt Lauf das Markt- und 1355 das Stadtrecht. Sehenswürdigkeiten in Lauf: Marktplatz mit Rathaus, und am Ende des

Marktplatzes Teile der noch erhaltenen Stadtbefestigung. Stadtgraben. Zwei Stadttore, Nürnberger und Hersbrucker Tor. Auf der Pegnitzinsel Kaiserburg. Im sogenannten Kaisersaal 110 in Stein gehauene und farbig bemalte Wappen der Geschlechter Böhmens.

Evangelische Stadtpfarrkirche St. Johannis, kath. St. Otto-Kirche, St. Salvatorkapelle und Kirchenruine St. Leonhard. Auf einem Hügel nördlich der Stadt (die auf unserer Wanderung berührte) Kunigundenkapelle, im Volksmund »Kunnerla« genannt.

In der Gegend von Lauf wird Hopfen angebaut.

Tourenbeschreibung Vom Bahnhof Lauf (rechts der Pegnitz) in Richtung Post gehen, links die Treppen abwärts. Unten wieder links und durch die Bahnunterführung. Links hoch zur Straße. Dann halbrechts hinüber in die Bleichgasse. In die Rudolphshofer Straße und abwärts bis zur Eschenauerstraße. In diese nach rechts einbiegen und etwa 200 Meter entlang, wieder nach

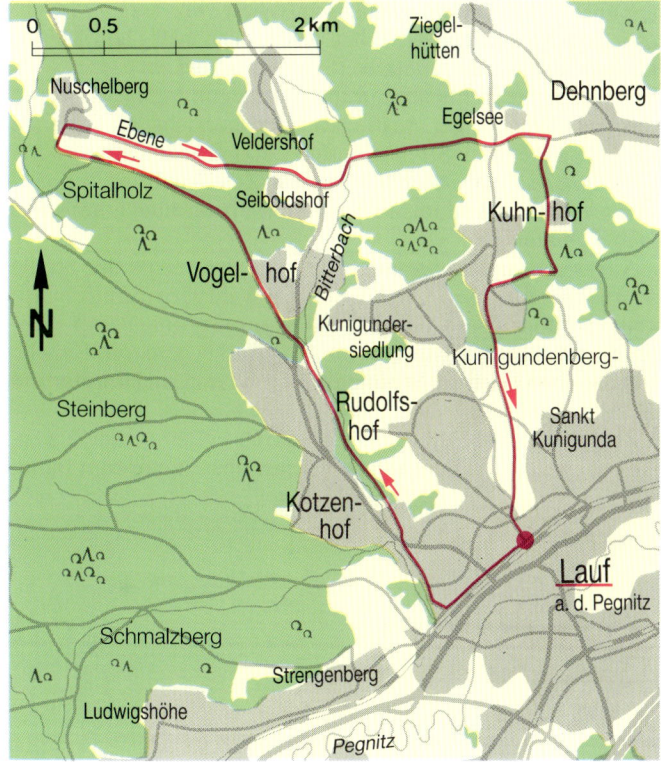

rechts, in die Straße am Bitterbach. Nach wenigen Metern nach links und – mit Markierung Rotes Kreuz – jetzt immer am *Bitterbach* entlang. Der Weg ist teilweise sehr schmal (über schlecht passierbare Stellen führen Holzstege) und schlängelt sich in der tiefeingeschnittenen *Bitterbachschlucht* immer oberhalb des Baches entlang (nach Regenwetter und mit Kindern achtgeben, Rutschgefahr).

Der Weg führt aus dem Wald, links über eine Wiese, wieder in den Wald, über den Bitterbach und hoch zur Straße (Lauf – Neunhof), über diese hinweg und in den jenseitigen Wald, halbrechts schwenkend und bergan nach *Nuschelberg,* dort Einkehrmöglichkeit (Hallerschlößchen, heute Gasthaus).

Am Ortseingang Wanderwegetafel, dort mit der Markierung Gelbpunkt nach rechts in den *Hallerweg,* aus dem Ort und auf Feldweg immer geradeaus, über die sogenannte *Ebene,* dem Wald zu. Dort nach links und hinunter zur Straße Lauf – Neunhof. Etwa 100 Meter nach rechts, über die Straße und zum Wald. Auf Holzsteg über den Bach und halblinks auf Wiesenweg bergan. Im anschließenden Wald zunächst eben dahin, dann mäßig und schließlich steil bergauf und zur Straße (Simonshofen – Lauf).

An Werktagen rechts ab und die Straße entlang bis *Kuhnhof.* Sonntags, wenn reger Ausflugsverkehr herrscht, sei folgende Variante angeraten: Straße überqueren und geradeaus abwärts nach *Egelsee.* Beim ersten Feldweg mit Zeichen Rotes Andreaskreuz, rechts ab und im Wald bergauf. Später über eine Wiese nach *Kuhnhof.*

Auf der Hauptstraße durch den Ort, bis rechts die Straße »Zum Wasserturm« abzweigt. Steil im Wald bergab und ebenso steil, erst über Wiese, dann ein Stück Straße hinauf zum *Kunigundenberg* (Im Volksmund nur »Kunnerla« genannt. Kapelle und daneben Gasthof. Schöner Blick auf Lauf. Im Hintergrund die Albberge).

Bergab und auf Fußweg (Tafel) durch Felder geradeaus zurück nach *Lauf.* Auf der Straße »Urlashöhe« hinab zum Bahnhof.

89 **Behringersdorf – Wildmeistersteig – Heroldsberg – Oedenberg – Buchenbrunnen – Behringersdorf**

Verkehrsmöglichkeiten Bahn Nürnberg – Behringersdorf – Lauf – Neunkirchen am Sand. Bahnbus Nürnberg – Behringersdorf – Bayreuth.

Parkmöglichkeiten Beim Bahnhof. In der Straße Mörikeweg (vorm Waldrand), jedoch nicht hinter Sperrschild!

Wegemarkierungen Blaupunkt bis Heroldsberg. Blaukreuz bis Oedenberg. Grünkreuz bis Behringersdorf.

Tourenlänge Etwa 16 km.

Wanderzeit Etwa 4 Stunden.

Höhenunterschiede Insgesamt etwa 60 m. Unbedeutend.

Wanderkarten 1:50000 Fritsch Blatt 80; Kompass Blatt 169.

Wissenswertes In einer Sandgrube, nahe *Behringersdorf,* fand man 1935 das Bruchstück eines Mammutzahnes, es war das erste derartige Fund im Pegnitztal) dessen Alter auf etwa 120 000 Jahre geschätzt wurde. Urkundlich erscheint der Ort 1365 als Berngersdorf. Über Pernggerssdorf (1391) und Peringstorf (1535) leitet sich der heutige Ortsname Behringersdorf ab. In Behringersdorf zwei mittelalterliche, der Familie von Tucher gehörende, Schlößchen.

Das auf der Wanderung besuchte Städtchen *Heroldsberg* wurde urkundlich im 11. Jahrhundert erwähnt. Aus ehemaligem Königsgut entstanden. Später im Besitz der Nürnberger Burggrafen. Der Pommernherzog Swantibor (Schwiegersohn eines Burggrafen) veräußerte Heroldsberg an die aus Böhmen eingewanderte Nürnberger Patrizierfamilie Geuder. Diese bauten vier, heute noch stehende Schlösser. Nach den Farben der Fensterläden bezeichnet, das Rote, das Blaue, das Grüne und das Weiße Schloß. Das Weiße Schloß ist heute Rathaus. In Heroldsberg sehenswerte Kirche. Romanische und Gotische Bauteile. 4 Scharwachttürmchen, Wappen- und Totenschilder. Im Turm romanische und gotische Fresken. Teile der ehemaligen Ortsbefestigung erhalten. Im Ort Säulen, Ziehbrunnen, Fachwerkbauten.

Tourenbeschreibung Vom Bahnhof Behringersdorf durch die Unterführung und bis zur Straßendreiteilung (bei Wanderwegetafel). Geradeaus weiter, auf dem Mörikeweg bis zum Ortsende.

Jetzt in den Wald und auf dem mit Blaupunkt lückenlos markierten *Wildmeistersteig* in etwa 2 Stunden (teils auf für jeden Autoverkehr gesperrten Forststräßchen, teils auf Waldwegen) durch den *Reichswald* nach *Heroldsberg.*

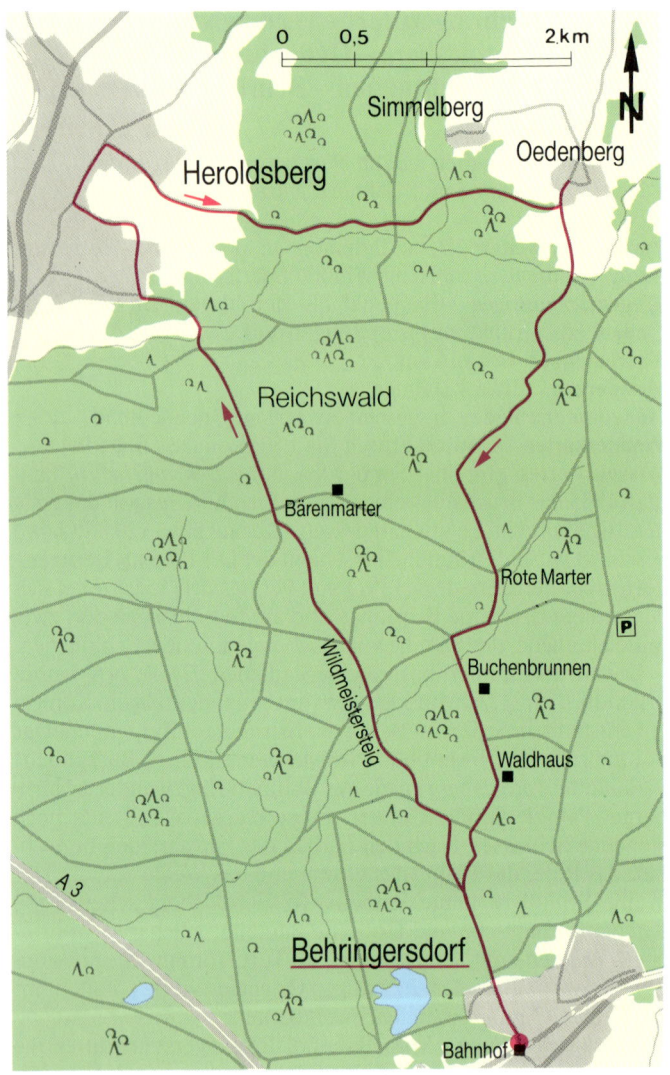

Bei Erreichen von *Heroldsberg* geht es zunächst die Schnait-
tacher-, dann im Linksbogen die Rötenbacher Straße entlang
und nach rechts, auf der Hersbrucker Straße bergan. Dann die
Obere Bergstraße abwärts bis zur Querstraße. Diese jedoch
nicht (mit Blaupunkt) überqueren, sondern nach rechts wenden und in Richtung Ortsmitte gehen. Es geht vorbei am *Roten*

Schloß und kurz danach (rechts abbiegend) in die Handschuher Straße. (Wegweiser Oedenberg und Markierung Blaues Kreuz). Auf dieser, leicht bergan, an der Feuerwache vorbei ortsauswärts. Dort geradeaus, auf Feldweg weiter. Bei der Weggabelung nach links. Vor einer Kirschbaumplantage zieht der Weg nach links, wir gehen – auf schmalem Pfad – weiter geradeaus. Der Weg fällt ab. Dann eben, durch Felder zum Wald. Bei einer kleinen Waldwiese nach rechts in den Wald. Der Pfad verbreitert sich zu einem Forstweg und stößt wenig später (bei 2 Birken) auf eine Forststraße. In diese nach links einbiegen. Bei der folgenden Wegkreuzung geradeaus. Dort wo die Forststraße einen Linksbogen macht, geradeaus weiter und der Markierung Blaukreuz folgend, auf Forstweg in den Wald. Über ein Holzbrücklein. Wanderweg Haidbrünnlein – Tauchersreuth (Markierung Gelbkreuz) wird gequert. Leicht im Wald ansteigend, in bisheriger Richtung (Wegweiser: Oedenberg) dahin. Zunächst durch den Wald, dann am Waldrand entlang bis zum Ortseingang von *Odenberg.* (Bauerndorf auf einer Anhöhe über dem Sebalder Reichswald. Einkehrmöglichkeit: 2 Gasthäuser. Das eine davon im ehemaligen Schloß der, 1319 erstmals genannten, Herren von Oedenberg).

Zu Tour 86, 87   **Pommelsbrunn, Blick vom »Hohlen Fels« auf den Stausee Happurg**   (Foto: Hans Meier)

Wir biegen nach rechts ab und folgen ab hier Markierung Grünkreuz. Auf der nach Behringersdorf führenden Straße abwärts bis zum Wald. Dort nach rechts und auf schönem, abwechslungsreichem und gut markiertem Wanderweg durch den Wald, bis dieser auf eine Forststraße stößt. In diese nach links einbiegen und bis zur Wegverzweigung *Rote Marter* folgen. Nach rechts abbiegen (Wegtafel Behringersdorf) und bis zur nächsten Wegkreuzung gehen. Dort nach links (Schild Forsthaus Buchenbrunnen) abzweigen. Etwa 200 Meter nach dem Forsthaus Buchenbrunnen (links der Forststraße im Wald. Keine Einkehrmöglichkeit. Privatbesitz der Blockhausgesellschaft e.V.) macht die Forststraße einen Rechtsbogen und stößt dann auf einen querenden Forstweg. Dieser wird überschritten. Quer durch den Wald, bis zur Forststraße und den schon bekannten Blaupunkt des *Wildmeistersteiges.* Nach links ab und zurück nach *Behringersdorf.*

90 Kalchreuth – Sambachweiher – Kreuzweiher – Kalchreuth

Verkehrsmöglichkeiten Bus von und nach Nürnberg, Gräfenberg, Erlangen, Heroldsberg, Bedarfshaltestelle Kreuzweiher.
Parkmöglichkeiten In der Ortsmitte oder hinter den Kreuzweihern (siehe Anmerkung).
Wegemarkierungen Blaues Kreuz und Rotpunkt bis Kreuzweiher. Blaupunkt bis Kalchreuth.
Tourenlänge Etwa 7 km.
Wanderzeit Etwa 2 Stunden.
Höhenunterschiede Insgesamt etwa 90 m. Unbedeutend.
Wanderkarten 1:50 000 Fritsch Wanderkarte Blatt 80; Kompass Wanderkarte Blatt 169.
Anmerkung Die Wanderung kann auch bei den Kreuzweihern begonnen und beendet werden. Bus-Bedarfshaltestelle.
Wissenswertes Der kleine Ort Kalchreuth (der Name besagt: Rodung im Kalkboden) liegt auf einem lang gestreckten Höhenrücken, der sich deutlich gegen den Schwabachgrund und den Reichswald abhebt. Urkundlich wurde er bereits 1298 als den Burggrafen von Nürnberg zu Lehen gegebenes kaiserliches Eigentum erwähnt. Reichsgut und Sitz derer von Kalchreuth. 1342 an den Nürnberger Ratsherren Haller verkauft. Als Freund Hallers weilte Albrecht Dürer oft in Kalchreuth und hat hier auch ge-

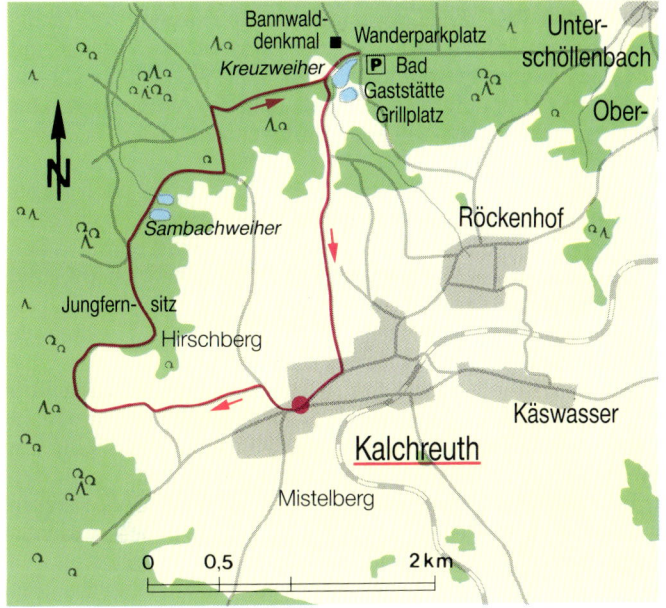

zeichnet. So u.a. das Bild »Waldwinkel mit Quelle« (das auf der Wanderung berührte Dürerbrünnlein).

Das 1345 erstmals erwähnte Schloß ist heute Gaststätte. Die Kirche, 1471 erbaut, birgt eine ganze Reihe wertvoller Kunstschätze. Davon seien erwähnt: Hochaltar, Seitenaltar (Pestaltar) aus 1516, Sakramentshäuschen (1498), Glasgemäldefenster, 12 tönerne Apostel, gotische Wandbehänge von 1470/80. Totenschilde. – Der Boden rings um Kalchreuth ist sehr fruchtbar. Zahlreiche Hopf- und Kirschgärten.

Tourenbeschreibung   Wir beginnen unsere Wanderung am Dorfplatz in Kalchreuth. Gegenüber vom Milchhaus führt uns Wegzeichen Blaues Kreuz zwischen zwei Anwesen hindurch (Haus Nr. 9 und Nr. 11) ortsauswärts. Beim Trafohäuschen wird die Straße Kalchreuth – Erlangen überquert. Weiter geht es durch Kirschgärten und freies Feld zum Wald. Durch den mit Eichen durchsetzten Fichtenwald und abwärts in den Kehlgraben. Bald trifft man auf eine Forststraße und die Markierung Rotpunkt, der wir ab hier folgen. Etwa 50 m auf der Forststraße entlang, dann auf schmalem Pfad nach rechts zur sogenannten *Dürerquelle.* (Dürer soll hier einmal gezeichnet und das Motiv für eine seiner Landschaftsradierungen verwendet haben).

Über den *Kehlgraben,* etwas aufwärts und links weiter. Rechts des Weges ein Sandsteinfelsen, der *Jungfernsitz.* (Sitzecke, auf der dem Bach zugewandten Seite). Der Weg fällt leicht ab. Nach links über den Bach und kurz danach rechts aufwärts bis zu einem Forstweg. Auf diesem in wenigen Minuten zu den *Sambachweihern.*

Links an den Weihern entlang, an deren Ende nach rechts und zur Erlanger Straße. In diese nach links einbiegen und etwa 300 m entlang gehen, bis Rotpunktzeichen nach rechts in den Wald abzweigt. Im Wald auf ein Forststräßchen. Nach links und in wenigen Minuten zu den *Kreuzweihern* (Naherholungsgebiet Kreuzweiher mit Wanderparkplatz, Grillplatz, Tischtennisplatten, Kinderspielplatz, Freibad, Gaststätte).

Bei den Kreuzweihern verlassen wir die Markierung Rotpunkt und wandern von der Wanderwegetafel aus mit Blaupunkt weiter. Der Weg führt zunächst durch Wald, dann am Wald rechts und gleich wieder links am Feld entlang. An dessen Ende nach links zum gegenüberliegenden Wald. Durch diesen und danach halbrechts ab und über eine Wiese. An Kirschbäumen vorbei und leicht bergan. Über einen Querweg und zwischen Hopf- und Kirschgärten hinauf zur Kalchreuther Höhe. Bei Erreichen der ersten Häuser nach rechts, vorbei am Schloß und zurück zum Dorfplatz von *Kalchreuth.*

 ## Schnaittach – Ruine Rothenberg – Festungsfriedhof – Schnaittach

Verkehrsmöglichkeiten Siehe Wanderung Nr. 73.
Parkmöglichkeiten Am Bahnhof.
Wegemarkierungen Rotes Andreaskreuz und ein kurzes Stück Blaustrich waagerecht.
Tourenlänge Etwa 4,5 km.
Wanderzeit Etwa 1½ bis 2 Stunden.
Höhenunterschiede Insgesamt 219 m. Mäßig steiler Anstieg und Abstieg Schnaittach (353 m) – Rothenberg (562 m).
Wanderkarten 1 : 50000 Fritsch Wanderkarte Blatt 80; Kompass Wanderkarte Blatt 172.
Wissenswertes Schnaittach siehe Wanderung Nr. 73.
Tourenbeschreibung Ausgangspunkt dieser Wanderung ist der Bahnhof Markt Schnaittach. Nach rechts und beim ersten Übergang über die Geleise. Der Markierung Rotes Andreaskreuz folgend geht es hangaufwärts. Beim Schild »Naturfreundehaus« nach links vom breiten Weg ab und auf Steig

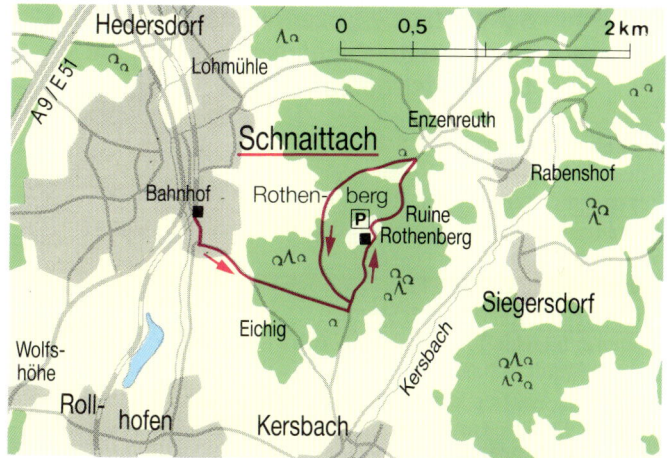

direkt hoch zum Berggasthaus. Dort wenden wir nach links und wandern auf geteertem Sträßchen am Hang des Rothenberges entlang bis zu einer Querstraße. In diese nach rechts einbiegen und auf ihr bergan bis zur mächtigen *Festungsruine Rothenberg* (Auf dem Rothenberg stand schon im 13. Jahrhundert eine Burg. Sie war Nachfolgerin einer anderen, gegenüber auf dem Alten Rothenberg gelegenen. Ab 15. Jahrhundert Ganerbenburg. Es war fast eine kleine Stadt hier oben, die den ganzen Bergstock einnahm. Eine Besichtigung, die man unbedingt unternehmen sollte, vermittelt einen ungefähren Eindruck von der Größe der einstigen Festung. Mehr über Burg Rothenberg und viele weitere interessante Angaben enthält ein kleiner Führer, der in dem Holzhäuschen beim Eingang erhältlich ist).

Nach der Besichtigung mit dem Roten Andreaskreuz weiter, ein Stück um die Ruine herum, bis nach links ein Pfad abzweigt. (Tafel Schnaittach). Diesem folgen wir und treffen bald danach auf die Markierung Blaustrich waagerecht. Diese führt uns zum und durch den ehemaligen *Festungsfriedhof*. (Nur noch einige, wenige Grabplatten und spärliche Reste der Ummauerung vorhanden).

Nach dem Friedhof nach rechts und auf schmalem Pfad im Hangwald weiter. Der Weg wird breiter und von rechts kommend, stößt wieder das Rote Andreaskreuz zu uns, dessen Führung wir uns wieder anvertrauen. Das geteerte Sträßchen wird erreicht. Beim Berggasthof biegen wir nach links ab und gehen, auf schon bekanntem Weg, zurück nach *Schnaittach*.

92 Schnaittach – Enzenreuth – Algersdorf – Hohenstein – Siglitzberg – Enges Tal – Unterartelshofen – Vorra

Verkehrsmöglichkeiten Schnaittach siehe Wanderung Nr. 73. Rückfahrt ab Bahnhof Vorra.
Parkmöglichkeiten Am Bahnhof.
Wegemarkierungen Rotes Andreaskreuz bis Hohenstein. Rotpunkt bis Vorra.
Tourenlänge Etwa 15 km.
Wanderzeit Etwa 5 bis 6 Stunden.
Höhenunterschiede Insgesamt etwa 410 m. Mäßig steiler Anstieg vom Bahnhof Schnaittach (353 m) bis Berggasthof (467 m). Kurzer, steiler Anstieg von Straßenkreuzung (482 m) bis Enzenreuth (520 m). Steiler Anstieg von Algersdorf (422 m) bis Burg Hohenstein (633 m). Mäßig steil abwärts nach Unterartelshofen.
Wanderkarten 1:50000 Fritsch Wanderkarte Blatt 80; Kompass Wanderkarte Blatt 172.
Anmerkung Ab Hohenstein kann auch, wie bei Wanderung Nr. 64 beschrieben, nach Rupprechtstegen gewandert werden. Von dort Rückfahrt mit der Bahn.
Wissenswertes Schnaittach siehe Wanderung Nr. 73.

Hohenstein war vom 7. bis 9. Jahrhundert bayerisches Herzogsgut, dann Reichsgut. Kam 976 an das Kloster Bergen und wurde 1007 bambergisch.

Die Burg, 634 Meter hoch auf einem Felsen gelegen, ist das markante Wahrzeichen des Hersbrucker Landes. Obwohl schon früher entstanden, wird sie urkundlich erst 1163 genannt. Zerstört und wieder aufgebaut, verfiel die Burg im 18. Jahrhundert. In den Jahren 1840 und 1864 brachte der bayerische Staat größere Summen für den Erhalt der noch vorhandenen Reste auf. Heute steht die Burg unter Denkmalschutz. Vom Turm aus genießt man eine einmalige Fernsicht.
Tourenbeschreibung Vom Bahnhof rechts ab und über den ersten Übergang. Mit Markierung Rotes Andreaskreuz bergauf. Beim Berggasthof nach links und auf geteertem Sträßchen am Hang (des Rothenberges) entlang bis zu einer Querstraße. In diese nach links einbiegen. Vorbei am *Rabenhofer Kruzifix* (links des Weges zwischen zwei Weidenbäumen) zur Straßenkreuzung. Über diese hinweg und am Waldrand empor nach *Enzenreuth*. Hier durch das Anwesen des Gasthofes und geradezu aus dem Ort. Auf Feldweg (bei Teilung halbrechts halten) zum Wald. Diesen, unserer Markierung folgend, durch-

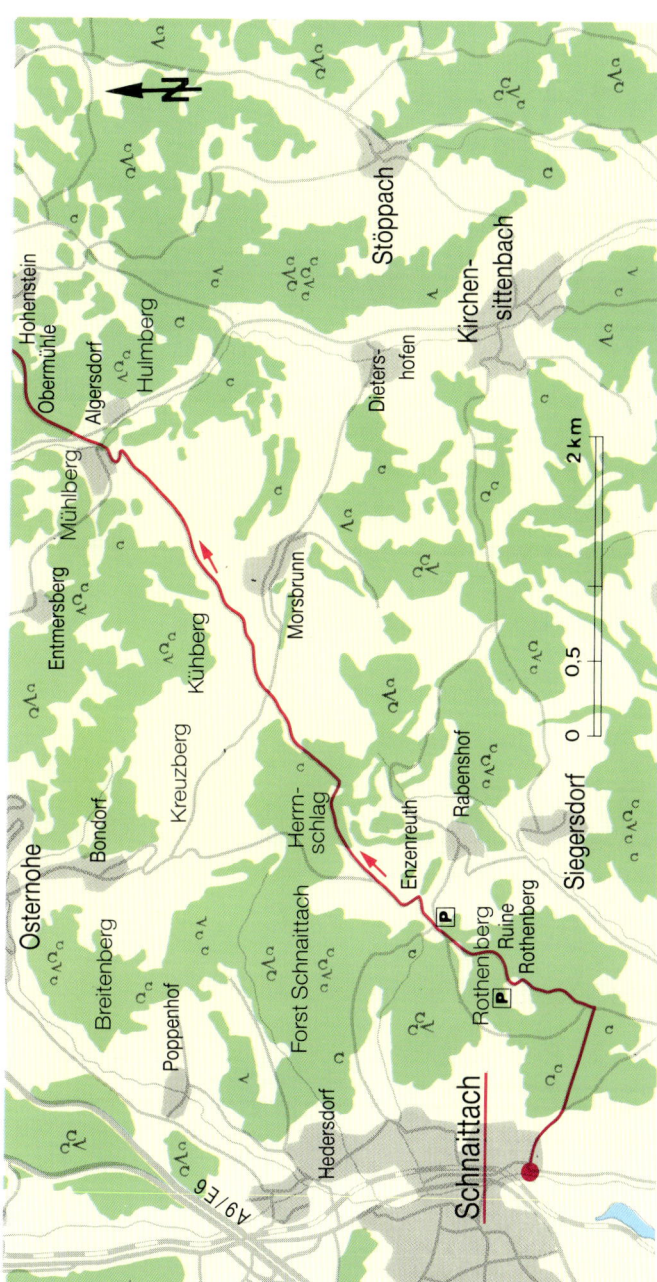

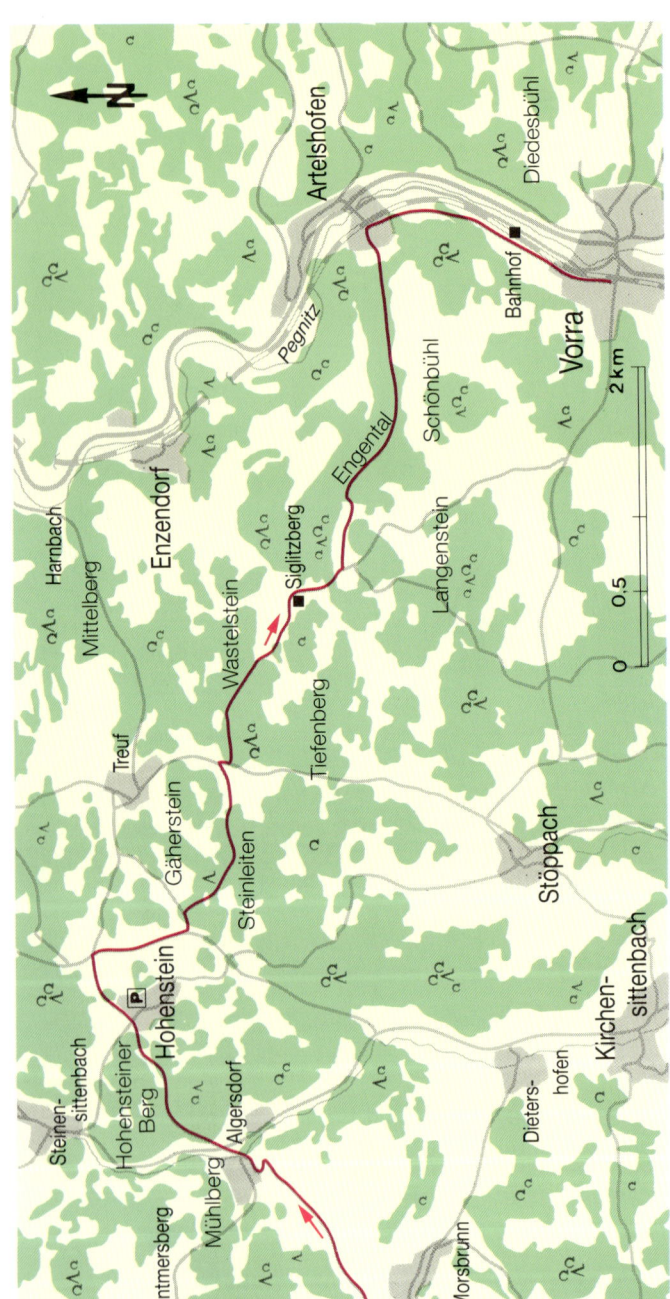

queren. Am Waldende auf Feldweg geradeaus weiter. Ein geteertes Sträßchen wird gequert. Beim folgenden Feldweg nur kurz nach links, gleich wieder rechts und dem Waldrand zu. Allmählich fällt der Weg ab und zieht im Bogen hinab nach *Algersdorf.*

Über die Brücke, auf der Straße ein kurzes Stück nach links, dann rechts ab. Beim ersten Abzweig erneut nach rechts und am Waldrand aufwärts. Der Weg wird steil und zieht, wechselnd durch Wald und freie Flur hinauf nach *Hohenstein.*

Der Aufstieg zur Burg beginnt beim Gasthaus zur Felsburg. Es geht zunächst durch das untere Torhaus in die sogenannte Unterburg beim Pflegerhaus. Durch ein weiteres Tor kommt man in die eigentliche Burg. Links die Burgkapelle, in der noch heute Gottesdienste abgehalten werden. An Stelle des ehemaligen Bergfrieds steht heute ein Glockenturm. Im Hauptgebäude geht es empor zum Aussichtsturm. Die Sicht ist umfassend und reicht über die Fränkische Schweiz bis zum Fichtelgebirge.

Mit Markierung Rotpunkt geht es von Hohenstein aus weiter. Am Wanderheim des Fränkischen Albvereins vorbei die Straße abwärts. Beim ersten Abzweig nach links, dann halbrechts auf Feldweg weiter und abwärts zur Straße. Ein kurzes Stück die Straße entlang und beim Wegweiser Artelshofen nach rechts zum Wald. Links unten der Ort Treuf (Siehe auch Wanderung Nr. 64). Durch den Wald bis zur Straße Treuf – Stöppach. Auf dieser etwa 40 m nach rechts. Dann nach links in einen breiten Fahrweg einbiegen und diesem bis zum Einödhof *Siglitzberg* folgen. Links an den Gebäuden vorbei, danach in den ersten nach rechts abgehenden Weg abzweigen. An Hecken entlang zum Wald. Bei der Feldscheune nach links. Auf breitem Forstweg geht es durch das *Enge Tal* (siehe auch Wanderung Nr. 85) abwärts nach *Unterartelshofen.* Am Schloß entlang und an dessen Ende nach rechts und zwischen Pegnitz und Bahnkörper auf Wiesenweg in etwa 15 Minuten zum *Bahnhof Vorra.*

93 Reichenschwand – Großer Hansgörgl – Leuzenberg – Oberndorf – Reichenschwand

Verkehrsmöglichkeiten Reichenschwand ist Station an der Bahnlinie Nürnberg – Lauf – Neunkirchen am Sand.

Parkmöglichkeiten In der Oberndorfer Straße.

Wegemarkierungen Gelbes Kreuz bis Großer Hansgörgl. Blaues Kreuz bis hinter Leuzenberg. Grünstrich waagerecht bis Reichenschwand.

Tourenlänge Etwa 7 km.

Wanderzeit Etwa 2½ Stunden.

Höhenunterschiede Insgesamt 260 m. Mäßig steiler Anstieg von Reichenschwand (344 m) zum Großen Hansgörgl (601 m). Mäßig steiler, teils steiler Abstieg nach Leuzenberg.

Wanderkarten 1:50000 Fritsch Wanderkarte Blatt 80; Kompass Wanderkarte Blatt 172.

Wissenswertes Reichenschwand liegt am Fuße des Hansgörgl. Sehenswert sind im Ort die Pfarrkirche, das Heideloff-Schloß, das Furtenbach-Schlößchen und das Oberndorfer Schlößchen.

Der Ort wird urkundlich 1312 erstmals erwähnt.

In Reichenschwand wurde um 1595 Kaspar Neidhart geboren, der dann Scharfrichter zu Passau wurde. Dort gab er die »Passauer Zettel« heraus, die versehen mit allerlei geheimen Zeichen den Inhaber vor Unheil und im Krieg vor Hieb, Stich und Schuß bewahren sollten.

Tourenbeschreibung Beim Bahn-Haltepunkt Reichenschwand durch die Bahnunterführung und gleich nach rechts. Zunächst auf der *Blumenstraße* und in Verlängerung auf der *Ziegeleistraße* (immer an der Bahn entlang) bis zum Wald (etwa 600 m). Nach links in den Wald. Auf Forststraße geht es mit Markierung Gelbkreuz erst leicht aufwärts. Der Weg wird steiler und führt letzlich sehr steil hoch zum *Großen Hansgörgl.*

Vom Gipfel nach links, weiter durch den Wald bis zu einem Wegabzweig. Dort finden wir die Markierung Blaues Kreuz, welcher wir nach links abbiegend folgen.

Zunächst auf einem Fahrweg, dann links abbiegend auf einen Waldpfad und letzlich am Wald entlang hinab nach *Leuzenberg.*

Nach links durch den Ort, den wir halbrechts abbiegend, in Richtung Speikern wieder verlassen. Auf Feldweg dahin. Ein Querweg wird überschritten. Kurz danach treffen wir auf einen weiteren Weg. In diesen biegen wir nach links ein. Gehen – ab hier mit Markierung Grünstrich waagerecht – an den Hecken entlang zum Wald. Weiter durch den Wald. Der Wanderweg fällt leicht ab, geht am Waldrand dahin und leitet schließlich durch einen Hohlweg hinab nach *Oberndorf.*

Auf Fußweg neben der Straße zurück nach *Reichenschwand.*

 Naturlehrpfad Förrenbach

Verkehrsmöglichkeiten Bahn bis Hersbruck, Bus bis Förrenbach.

Parkmöglichkeiten Wanderparkplatz beim Lehrpfad.

Wegemarkierungen Grüne Fichte und die Buchstaben NLP (Naturlehrpfad).

Tourenlänge Etwa 4 km.

Wanderzeit Etwa 1½ bis 2 Stunden.

Höhenunterschiede Insgesamt etwa 150 m.

Wanderkarte 1:50000 Fritsch Wanderkarte Blatt 80; 1:50000 Kompass Wanderkarte Blatt 172.

Wissenswertes Förrenbach ist das Obstanbauzentrum im Hersbrucker Land und besonders bekannt durch seine Johannisbeerkulturen. Der Naturlehrpfad, welcher mit heimischer Pflanzen- und Vogelwelt bekanntmachen soll, wurde vom Obst- und Gartenbauverein Förrenbach angelegt.

Tourenbeschreibung Wer mit dem Bus kommt, steigt am Gasthaus Post aus, überquert den Bach, geht vorbei an der Obst-

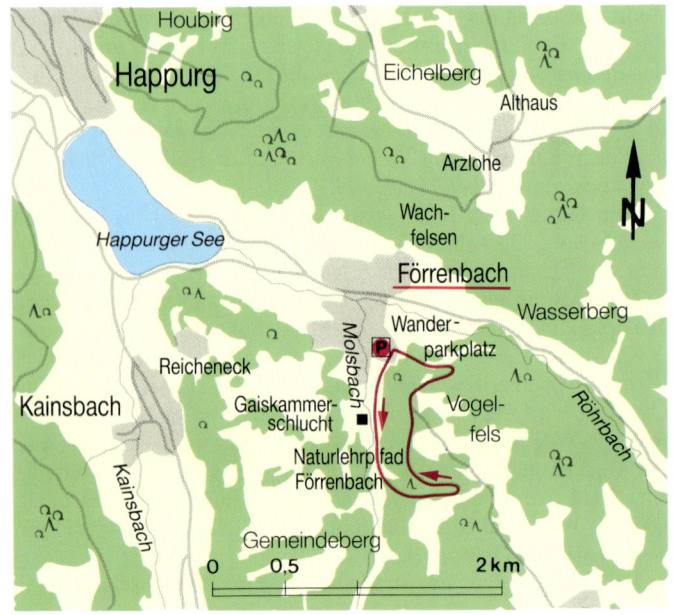

halle und nach links zur Kirche. Dort über den Bach und auf der Straße in Richtung der Ortschaft See bis zum Wanderparkplatz.

Unterhalb des Rastplatzes in den Wald. In einem Hohlweg geht es aufwärts, durch Mischwald weiter.

Über eine Waldwiese und fast eben dahin. Der Lehrpfad zieht weiter vorbei an lehrreichen Tafeln, durch Fichtenwald und leitet hinab in die *Gaiskammerschlucht,* führt links aufwärts und am Schluchtrand entlang. Ein kurzes Steilstück folgt, es geht durch eine Heckenreihe und bei der Tafel »Greifvögel« nach links in den Wald. Der Weg steigt wieder leicht an, dann geht es über eine Lichtung mit Rastplatz und über einen schmalen Steig hinüber zu einer felsigen Aussichtskanzel. (Tief unten das Molsberger Tal, rechts Förrenbach. Wir sehen die Houbirg und den Hohlen Fels).

Zurück zum Rastplatz auf der Lichtung und in bisheriger Richtung weiter. Aus dem Wald und zur Straße. Auf dieser nach links, vorbei an einem Walnußbaum (darunter Bank. Schöne Aussicht) und zurück zum Ausgangspunkt.

95 Nürnberg – Erlenstegen – Behringersdorf – Ludwigshöhe – Lauf

Verkehrsmöglichkeiten Mit der Straßenbahn-Linie 8 bis Endstation Erlenstegen.

Parkmöglichkeiten Vor dem Reformhaus Reiber, ferner in den Steitenstraßen bei der Straßenbahn-Endhaltestelle.

Wegemarkierung Blaustrich waagerecht.

Tourenlänge Etwa 12 km.

Wanderzeit Etwa 3 bis 3½ Stunden.

Höhenunterschiede Insgesamt etwa 80 m. Mäßig steiler Anstieg zur Ludwigshöhe (406 m). Mäßig steiler Abstieg bis Lauf (327 m).

Wanderkarten 1:50000 Fritsch Wanderkarte Blatt 80; Kompass Wanderkarte Blatt 169.

Anmerkung In Nürnberg nimmt ein mit Blaustrich waagerecht markierter Wanderweg seinen Ausgang, welcher über Lauf, durch das Gebiet der Hersbrucker Alb bis Simmelsdorf zieht. Er folgt dann dem Ostrand der Fränkischen Schweiz über Betzenstein,

Zu Tour 88 **Nürnberg, Kaiserburg**   (Foto: Klaus Puntschuh)

Pottenstein, Waischenfeld bis Heiligenstadt und weiter bis Hirsch-
aid. wo die Straße und Bahnlinie Nürnberg – Bamberg erreicht
wird.

In den Wanderungen Nr. 95 bis Nr. 100 wird in Etappen der
Streckenverlauf bis Heiligenstadt beschrieben. Ab Heiligenstadt
kann mit Wanderung Nr. 17 bis Forchheim marschiert werden,
und von dort führt eine weitere Streckenwanderung (Nr. 46) bis
Ebermannstadt. Mit Wanderung Nr. 47 erreicht man schließlich
wieder Pottenstein.

Wissenswertes   In Nürnberg ist vor allem die von 3,7 km langer
Stadtmauer mit Toren und Türmen umgebene historische Altstadt sehenswert. Hier findet man die Sebaldus-, Lorenz- und
Frauenkirche, die Burg, den Johannisfriedhof, das alte Rathaus,
das Weinstadel, den Schönen Brunnen am Hauptmarkt. Ger-
manisches Nationalmuseum, Albrecht Dürer Haus, Verkehrs-
museum, Spielzeugmuseum, Handwerkerhof »Alt-Nürnberg«
und vieles andere mehr.

Tourenbeschreibung   Von der Straßenbahn-Endhaltestelle in
Richtung Bahnunterführung gehen. Links neben dieser, auf
einem geteertem Sträßchen, leicht aufwärts. An der Bahn entlang. Das Sträßchen biegt nach links und endet vor dem Wald.
Auf sandigen Weg im Wald weiter. Auf einer kleinen Brücke
über ein Nebengeleis der Bahn. Gleich nach der Brücke teilt
sich der Weg. Wir gehen nach links und nach etwa 15 m ganz
scharf nach rechts in den Wald. Der Wanderweg schlängelt
sich, gut markiert, durch den Föhrenwald bis zum *Fuchsbrünn-
lein*. Kurz danach eine Forststraße. In diese nach links einbiegen und auf dieser bis zur Autobahn. Über die Brücke. Kurz
vor dem Wegedreieck, heißt es wiederum scharf nach rechts in den
Wald abbiegen. Auf Trampelpfad, dann auf Forststräßchen weiter
bis zu einer Wegekreuzung. Geradeaus weiter und auf Trampelpfad durch den Wald bis zum Ortsbeginn von *Behringersdorf.*

Auf der *Prager Straße* bis zum *Mörickeweg,* nach links und zum
Ortsende. In den Wald und auf schnurgerade verlaufender Forststraße etwa 300 Meter entlang. Dann, – achtgeben –, rechts ab und
zunächst auf Waldweg, gut auf die Markierung achtend, und im
weiteren Wegverlauf auf Forststraße bis zu der nach Günthersbühl
führenden Straße, welche wir kurz nach Passieren eines Wald-
parkplatzes erreichen.

Auf der Straße ein paar Schritte nach rechts, über die Straße,
beim Schild »Vita Parcours« wieder in den Wald und zu einer
Forststraße in die wir nach links einschwenken. Es geht leicht aufwärts. Dort wo die Forststraße einen Rechtsbogen macht, gerade-

aus (auf etwas schmälerem Sträßchen) weiter gehen. Immer auf diesem Sträßchen entlang, bis man an eine Wegekreuzung gelangt. Hier nach rechts abbiegen (Schild Ludwigshöhe). Auf schöner Forststraße geht es etwa 10 Minuten fast geradeaus dahin. Erneute Wegkreuzung. Geradeaus weiter. Nach etwa weiteren 10 Minuten wird eine Querstraße erreicht. Über diese hinweg. In bisheriger Richtung weiter. Jetzt nach links abbiegen. Nach etwa 200 m eine Wegekreuzung. Geradeaus weiter und mäßig steil zur *Ludwigshöhe* empor. (Rechts des Weges, im Wald, ein par Häuser.) Vorbei am Kurhotel und Berggaststätte Ludwigshöhe und gemächlich bergab.

rechts ab und mündet in die Straße »Strengenberg« ein. Nach links und weiter abwärts. Bei der Bahnunterführung auf Fußweg im Bitterbachtal weiter. Nach rechts empor zur Straße. Auf dieser wenige Schritte nach rechts, dann nach links hinüber in die Galgenbühlstraße. Es geht vorbei am Altenheim (Glockengießerspital), über die Rudolphshoferstraße, noch ein Stück geradeaus, dann nach rechts und durch die Unterführung zum *Bahnhof Lauf,* rechts der Pegnitz. (Wissenswertes Lauf siehe Wanderung Nr. 88).

96 Neunkirchen a. S. – Kersbach – Rothenberg – Enzenreuth – Schloßberg – Osternohe – Hienberg – Simmelsdorf

Verkehrsmöglichkeiten Bahn oder Bus bis Neunkirchen. Bahn Simmelsdorf – Neunkirchen.
Parkmöglichkeiten Am Bahnhof.
Wegemarkierung Blaustrich waagerecht.
Tourenlänge Etwa 15 km.
Wanderzeit Etwa 5 Stunden.
Höhenunterschiede Insgesamt etwa 350 m. Mäßig steiler bis steiler Anstieg von Kersbach (363 m) bis Festungsfriedhof (460 m). Kurzer, steiler Aufstieg von Straßenkreuzung (482 m) bis Enzenreuth (520 m). Steiler Abstieg von Schloßberg (497 m) bis Osternohe (400 m). Mäßig steiler bis steiler Anstieg zum Hienberg (508 m). Steiler Abstieg nach Simmelsdorf (376 m).
Wanderkarten 1:50 000 Fritsch Wanderkarte Blatt 80; Kompass Wanderkarte Blatt 171.
Anmerkung Da die Weiterführung des Blaustrichweges von Lauf bis Neunkirchen a.S. fast ausschließlich durch bebautes Gebiet geht, wurde Neunkirchen a.S. als Ausgangspunkt für die zweite Wegetappe genommen.
Tourenbeschreibung Vom Bahnhof nach rechts, dann auf der Straße ein kurzes Stück nach links und hinter dem Gasthof gleich wieder nach rechts und in den Wald. Eine Straße wird gequert, die Bahn überschritten. Nach Waldende über eine Wiese und auf Steg über den Bach. Noch einmal durch ein Waldstück und auf Sträßchen weiter bis *Kersbach.*

Durch das Dorf und kurz vor dem Ortsende nach links abbiegen. Leicht bergan, an einer Baumreihe entlang bis zu einem Weiher. Nach diesem scharf nach rechts und durch Feldflur zum Wald. In diesem mäßig steil bergan. Nach der umzäunten Schonung nach links. Nur wenige Schritte und wir sind im *Festungsfriedhof* der ehemals kurbaierischen Festung *Rothenberg.* (Abstecher zur Festung möglich. Vom Friedhof nach rechts aufwärts bis zu einem Querweg – Markierung Rotes Andreaskreuz – und weiter rechts haltend hinauf zur Festungsruine. Auf dem Rothenberg stand bereits im 13. Jahrhundert eine Burg. Ab 1663 bayerische Festung, 1838 Festung aufgelassen. Heute Ruine. Schöne Fernsicht.)

Quer durch den Friedhof abwärts und nach rechts, auf Steiglein im Hangwald weiter. Allmählich wird der Weg breiter und mündet in ein Teersträßchen. Dieses zieht nun, am Hang ent-

Osternohe

Schloß-
berg

Breitenberg

Bondorf

Schnaittach

Hedersdorf

Forst Schnaittach

Groß-
bellhofen

Enzenreuth

Rabenshof

Rothenberg

Ruine
Rothenberg

Siegersdorf

Schnaittach

Eichig

Wolfs-
höhe

Kersbach

Weißenbach

Rollhofen

0   0,5   2 km

Neunkirchen
a. Sand

Speikern

Leuzenberg

Reichenschwand

Ottensoos

Pegnitz

14

lang, um den *Rothenberg* herum bis zu einer Querstraße. Nach
links (vorbei an zwei Weiden, dazwischen ein Kreuz) zur Stras-
senkreuzung. Über diese hinweg und am Waldrand entlang
empor nach *Enzenreuth.*

Durch das Anwesen des Gasthofes Enzenstein und geradeaus aus dem Ort. Auf Feldweg (bei Wegteilung halbrechts) zum
Wald. Etwa 150 m im Wald dahin, dann nach rechts zur Forststraße und auf den halbrechts abgehenden Weg weiter bis zu
einer Lichtung (Hopfgarten). An deren Ende scharf nach links.
Durch den Wald, dann etwa 1 km durch Felder, dabei die Straße
Osternohe – Moosbrunn überquerend, zum gegenüberliegenden Wald. In diesem, durch einen Hohlweg, mäßig steil ansteigen. Wechselnd durch Wald und Flur, bis bei einer Waldspitze der Wanderweg scharf nach rechts abbiegt. Am Wald
wieder nach links und ein kurzes Stück leicht bergan. Dann
nach halblinks schwenken und auf geschottertem Sträßchen
hinab nach *Schloßberg.* (Der Ort liegt etwa 120 m über der Tal-
sohle. Das einstige, aus dem 12. Jahrhundert stammende
Schloß ist längst Ruine).

Von Schloßberg steil, teilweise sehr steil (Treppen) hinunter
nach *Osternohe.*

Beim Feuerwehrgerätehaus rechts ab und bis zum Gasthof
Schwarzer Adler. Die Straße weiter und wo diese eine Kurve
macht, nach halbrechts aus dem Ort. Durch Felder ansteigend
zum Wald. Im Wald mäßig steil bergan. Durch die Autobahnunterführung und steil zur Höhe. (Wir befinden uns jetzt am

Hienberg, zwischen der hier geteilt verlaufenden Autobahn). Ab der Wegekreuzung wieder im Wald bergab. Noch einmal durch eine Autobahnunterführung und durch Felder abwärts nach *Simmelsdorf.*

97 Simmelsdorf – Bühl – St. Helena – Ittling – Spies – Eibenfels – Reuthhof – Eckenreuth – Betzenstein

Verkehrsmöglichkeiten Bahn bis Simmelsdorf. Siehe auch Anmerkung.

Parkmöglichkeiten Am Bahnhof Simmelsdorf.

Wegemarkierung Blaustrich waagerecht.

Tourenlänge Etwa 14 km.

Wanderzeit Etwa 5 Stunden.

Höhenunterschiede Insgesamt etwa 430 m. Mäßig steiler Anstieg von Simmelsdorf (367 m) bis Bühl (439 m). Kurzer, steiler Abstieg von St. Helena (480 m) ins Naifertal. Mäßig steil von Spies (557 m) zum Eibenfels (600 m), mäßig steil ins Eibental (520 m). Steiler Anstieg auf 575 m. Steil hinab auf 504 m. Nach Eckenreuth (473 m). Mäßig steil bis steil nach Betzenstein (511 m).

Wanderkarten 1:50 000 Fritsch Wanderkarte Blatt 80; Kompass Wanderkarte Blatt 171.

Anmerkung Da eine Rückfahrmöglichkeit von Betzenstein nach Simmelsdorf nicht gegeben ist, wird empfohlen, sich von einem Familienangehörigen (oder Bekannten) mit Auto nach Simmelsdorf bringen und in Betzenstein wieder abholen zu lassen. Oder aber, in Betzenstein zu übernachten und am nächsten Tag nach Pottenstein weiterzuwandern. Verkehrsmöglichkeiten Pottenstein siehe Wanderung Nr. 30.

Wissenswertes Simmelsdorf siehe Wanderung Nr. 63.

Tourenbeschreibung Vom Bahnhof Simmelsdorf (Wanderwegetafel) der Markierung folgend durch den Ort und auf dem Kirchenweg empor zu der von Linden umgebenen Bergkirche *Bühl* (Einst Missionskirche. Mutterkirche für zahlreiche umliegende Pfarreien. Barocke Innenausstattung. Bergfriedhof. Gefallenen-Ehrenmal).

Von Bühl in nördlicher Richtung weiter. Vorbei an einem Feldkreuz und bei der folgenden Wegteilung nach rechts. Auf Fahrweg, durch Waldstücke und zwischen Feldern und Wiesen entlang bis *St. Helena.* (Sehenswerte Kirche). Auf Steig abwärts

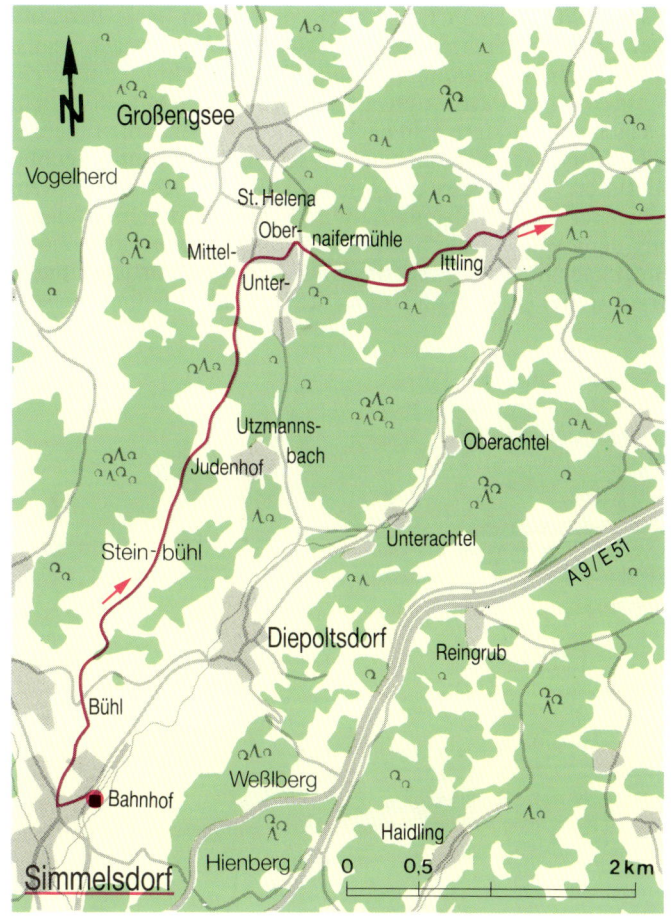

zur *Obernaifer Mühle*. Über die Straße und im jenseitigen Wald aufwärts. Der gut markierte Weg leitet wiederum wechselnd durch Wald und Flur nach *Ittling*.

Durch den Ort und auf der Straße bergan in Richtung Betzenstein. Nach etwa 600 m heißt es nach rechts in einen Feldweg einbiegen. Durch ein Waldstück in den *Spieser Grund*. Aus diesem wieder ansteigend und dann am Waldrand abwärts, weiter über Feldflur nach *Spies* (Nördlich des Ortes die Spieser Felsen).

In Spies biegen wir bei der Linde nach links ab und folgen der nach Hetzendorf führenden Straße bis zum Wald. Biegen dort nach rechts in einen Feldweg ein und gehen leicht bergauf. Der Feldweg macht eine Rechtskurve, wir gehen geradeaus weiter. An einer Schonung entlang, dann nach links und durch Felsgewirr aufwärts zum Eibgrat-Einstieg. (Mit Rotstrich waagerecht markiert, geht nach rechts der sogenannte Eibgrat-Klettersteig ab. Schild: Nur für schwindelfreie und geübte Kletterer). Geradeaus und wieder abwärts. Der Wanderweg schwenkt nach rechts und zieht im Eibental dahin, führt dann aus dem Wald (linkerhand Wiese) bis kurz vor ein Gehöft. Biegt nach links ab – über die Wiese – und geht im jenseitigen Wald weiter. Erst mäßig, dann steil bis sehr steil, an Felsen

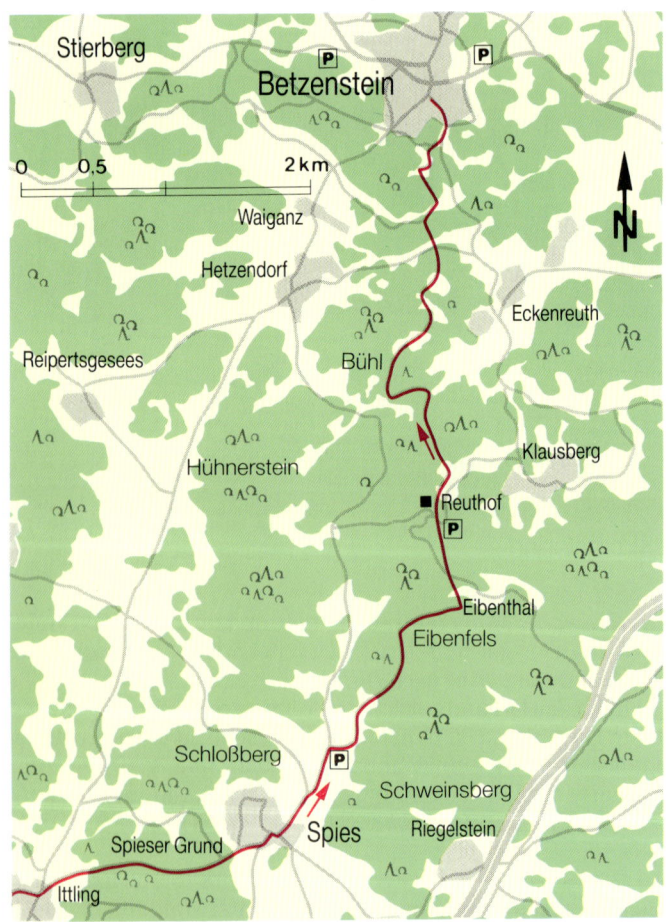

vorbei, aufwärts bis zu einer neu angelegten Forststraße. Über diese hinweg und hinunter zum *Reuthof* (Gasthaus).

An den Gebäuden des Reuthofes entlang und über eine Wiese zum Wald. Im Wald geht es nun immer abwärts. Dann über Feldflur bis nach *Eckenreuth.*

Von Eckenreuth etwa 200 m auf der Straße in Richtung *Betzenstein.* Dann biegt der Wanderweg scharf nach links ab (Feldweg) und zieht hoch zum Wald. Zieht in einem Bogen am Waldrand entlang und wieder abwärts zur Straße. (Diesen Bogen kann man sich sparen, indem man noch einige Schritte auf der Straße in Richtung Betzenstein weitergeht, dann nach links in die Straße nach Hetzendorf einbiegt und dieser bis zur Waldspitze folgt, wo man wieder auf die Markierung Blaustrich stößt.) Diese Straße überqueren. Am Waldrand entlang aufwärts. Nach rechts über eine Wiese und nach links schwenkend weiter aufwärts bis zu einem Querweg. Nach rechts und noch einmal ein kurzes Stück bergan. Auf der Höhe nach links und abwärts nach *Betzenstein.*

98 Betzenstein – Hüll – Weidach – Kühlenfels – Klumpertal – Teufelshöhle – Pottenstein

Verkehrsmöglichkeiten   Siehe Wanderung Nr. 56. Rückfahrmöglichkeit von Pottenstein nach Betzenstein: Bus Pottenstein – Pegnitz – Betzenstein.
Parkmöglichkeiten   In der Ortsmitte von Betzenstein.
Wegemarkierungen   Blaustrich waagerecht.
Tourenlänge   Etwa 12 km.   **Wanderzeit**   Etwa 3½ bis 4 Stunden.
Höhenunterschiede   Insgesamt etwa 150 m. Mäßig steiler Abstieg von Kühlenfels (457 m) ins Klumpertal (410 m).
Wanderkarten   1 : 50 000 Fritsch Wanderkarte Blatt 53; Kompass Wanderkarte Blatt 171.
Tourenbeschreibung   Vom Marktplatz aus durch das Untere Tor und gleich links in die nach Höchstädt führene Straße einbiegen. Nach dem Ortsende von Betzenstein geht es leicht bergan. Alsbald rechts der Straße ein hölzerner Aussichtsturm. Kurz danach verlassen wir die Straße nach rechts und folgen einen leicht abwärts führenden Fahrweg.

Abwechselnd über Feldflur und durch den Wald wandern wir hinüber nach Hüll.

Am Ortsrand des Dorfes entlang, links ab, und wiederum auf Fahrweg zum Wald. Immer gut auf die Markierung achtend, halten

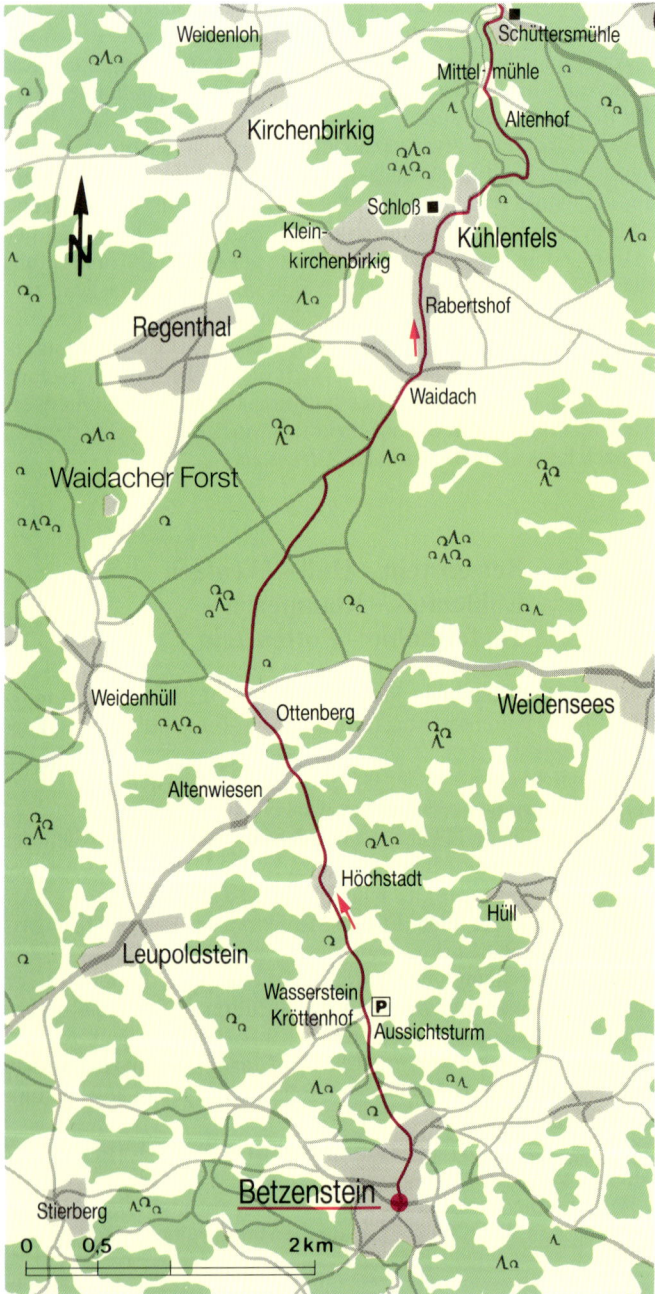

Weidenloh

Schüttersmühle

Mittel mühle

Kirchenbirkig

Altenhof

Schloß

Klein-
kirchenbirkig

Kühlenfels

Rabertshof

Regenthal

Waidach

Waidacher Forst

Weidenhüll

Ottenberg

Weidensees

Altenwiesen

Höchstadt

Hüll

Leupoldstein

Wasserstein
Kröttenhof

P Aussichtsturm

Stierberg

Betzenstein

0   0,5   2 km

wir bei der ersten Weggabel nach links und biegen bei der folgenden rechts ab. Bei Erreichen des Querweges wiederum nach links, nach etwa 200 Metern rechts ab und durch den Wald bis zur Bundesstraße 2.

Auf dieser ein kurzes Stück nach rechts, dann links ab und auf Forststraße in den Wald. Wieder heißt es gut auf die Markierung und Richtungspfeile achten.

Bei der ersten Weggabel nach links, bei der folgenden Wegteilung nach rechts und letztlich geradewegs durch den Wald bis zur Ortsverbindungsstraße Weidenhüll – Weidach.

Wir biegen in diese Straße nach rechts ein und folgen ihr bis in den nahen Ort *Weidach.*

Von Weidach in wenigen Minuten ins nahe *Kühlenfels.* In Kühlenfels bis zur Ortsmitte und dem Wegweiser »Klumpertal«. Diesem folgend aus dem Ort. Durch eine schöne alte Lindenallee hinab zum Wald. Noch ein kurzes Stück leicht bergab bis zu einer Wegekreuzung. Etwa 20 Meter nach links, dann nach rechts und steil hinab ins *Klumpertal.*

Der Wanderweg zieht nun im Klumpertal entlang, vorbei an der *Mittelmühle* bis hin zur *Schüttersmühle.*

Ab der Schüttersmühle ein kurzes Stück auf der Bundesstraße in Richtung Pottenstein, bis es kurz nach dem *Weiherstaler Männchen* (Felsgebilde links der Straße) auf einer Holzbrücke über den *Weihersbach* geht. Vorbei an Fischteichen wandern wir weiter bis zur Teufelshöhle (siehe Nr. 30).

Von der *Teufelshöhle* weiter, am *Schöngrrundsee* vorbei nach *Pottenstein.*

99 **Pottenstein – Weidmannsgesees – Zauppenberg – Neumühle – Burg Rabenstein –
Langenloh – Waischenfeld**

Verkehrsmöglichkeiten Pottenstein siehe Wanderung Nr. 30.
Waischenfeld siehe Wanderung Nr. 27.
Parkmöglichkeiten In Pottenstein Am Stadtgraben.
Wegemarkierung Blaustrich waagerecht.
Tourenlänge Etwa 12 km.
Wanderzeit Etwa 4 Stunden.
Höhenunterschiede Insgesamt 145 m. Steiler Abstieg von Zaup-
penberg (452 m) bis Neumühle (360 m). Steiler Aufstieg zur Burg
Rabenstein (400 m).
Wanderkarten 1:50000 Fritsch Wanderkarte Blatt 53; Kompass
Wanderkarte Blatt 171.
Wissenswertes Pottenstein siehe Wanderung Nr. 30, Burg
Rabenstein Wanderung Nr. 29 und Waischenfeld Wanderung
Nr. 27.
Tourenbeschreibung Über den Bayreuther Berg zum Ortsteil
Vockenstein ansteigen. Auf dem Ortsverbindungssträßchen
über die Hochfläche bis *Weidmannsgesees*. Jedoch nicht nach
links in den Ort, sondern auf der verkehrsarmen Straße weiter
in Richtung *Rackersberg*. Etwa 15 Minuten nach Weidmanns-
gesees, kommt man an eine Straßenkreuzung (links ab, 500
Meter bis nach Rackersberg). In bisheriger Richtung (Sträßchen
nach Kleinlesau) weitergehen. Nach etwa 200 Metern nach
rechts, in einen Feldweg einbiegen und zum Wald marschieren.
Der gut markierte Weg leitet am Waldrand entlang, durch den
Wald in den *Herrngrund* (links die Häuser von Kleinlesau). Am
Waldrand entlang geht es weiter. Dann durch Feldflur bis zu
einer Wegverzweigung (*Schneckengrund*). Hier halblinks halten
und bis zur Straße Pfaffenberg – Zauppenberg gehen. In diese
nach rechts einbiegen. Es geht zunächst über eine kleine Anhöhe, dann talwärts und wieder ansteigend bis in den kleinen
Ort *Zauppenberg.*

In der Ortsmitte nach links abbiegen (Schild: Neumühle).
Nach dem Ortsende schwenkt der Feldweg nach rechts. Weiter
bis vor eine Scheune, dort Wegteilung. Nach halbrechts gehen
und durch Felder und eine Wiese zum Wald. In diesem, auf
schmalem Pfad, steil abwärts bis zum *Schneiderloch*. Gleich
nach dem Schneiderloch in den halblinks abwärts führenden
Steig einbiegen. Es geht steil hinab zur *Neumühle* (Gasthaus,
Pension).

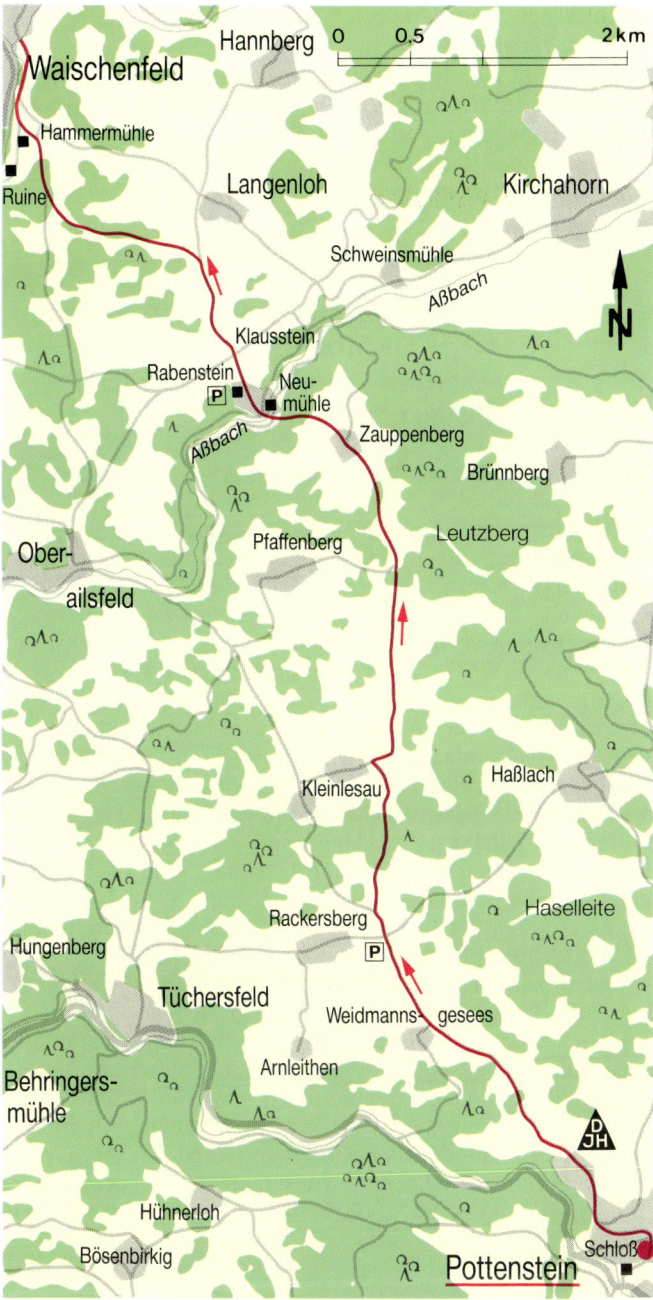

Hannberg

Waischenfeld

Hammermühle

Ruine

Langenloh

Kirchahorn

Schweinsmühle

Aßbach

Klausstein

Rabenstein

Neu-
mühle

Aßbach

Zauppenberg

Brünnberg

Pfaffenberg

Leutzberg

Ober-
ailsfeld

Haßlach

Kleinlesau

Hungenberg

Rackersberg

Haselleite

Tüchersfeld

Weidmanns-
gesees

Arnleithen

Behringers-
mühle

Hühnerloh

Bösenbirkig

Pottenstein

Schloß

DJH

0   0.5   2 km

Hinter der Neumühle führt, ein ebenfalls schmaler Pfad, steil bergan zur *Burg Rabenstein*.

Vorbei am Campingplatz und zur Straße. Diese überqueren, und jenseits auf Feldweg geradeaus weiter. Bei der Wegegabel kurz vor Langenloh, den nach links abzweigenden Weg nehmen. Durch das Wassertal zur Straße Oberailsfeld-Waischenfeld. Nach rechts abbiegen und vorbei an der *Hammermühle* nach *Waischenfeld*.

100 Waischenfeld – Heroldsberg – Hubenberg – Siegritzberg – Wüstenstein – Aufseßtal – Draisendorf – Neudorf – Heiligenstadt

Verkehrsmöglichkeiten Waischenfeld siehe Wanderung Nr. 27, Heiligenstadt Nr. 14.
Parkmöglichkeiten Am Bischof-Nausea-Platz.
Wegemarkierung Blaustrich waagerecht.
Tourenlänge Etwa 15 km.
Wanderzeit Etwa 5 bis 6 Stunden.
Höhenunterschiede Insgesamt etwa 240 m. Steiler Aufstieg von Waischenfeld (346 m) über den Schloßberg bis Heroldsberg (440 m). Steiler Abstieg von Siegritzberg (467 m) bis Wüstenstein (368 m). Mäßig steiler Anstieg bis Neudorf (478 m). Steiler Abstieg nach Heiligenstadt (367 m).
Wanderkarte 1:50000 Fritsch Wanderkarte Blatt 65.
Wissenswertes Waischenfeld siehe Wanderung Nr. 27.
Tourenbeschreibung Zur Hauptstraße gehen und diese beim Rathaus überqueren. Vorbei am Gasthaus Post und rechtshaltend steil die Straße »Kaulberg« aufwärts. Nach links wenden und (an der Kirche vorbei) sehr steil den Schloßberg hinauf bis zu einem Querweg.

Nach links abbiegen (Nach rechts geht es zum Alten Schloß, Steinerner Beutel, Empfehlenswerter Abstecher).

Rechterhand (gegenüber Friedhof) ein kleiner Parkplatz. Diesen überqueren und auf verwachsenem Feldweg weiter. Es geht leicht bergan. Bei Wegteilungen immer links halten. An einer Lindenreihe (dazwischen Feldkreuz) entlang und noch ein Stück durch Felder bis *Heroldsberg*. Durch den kleinen Ort bis zur Straße Hubenberg – Waischenfeld. Bei der großen Linde, nach links in die Straße einbiegen und ins nahe *Hubenberg* marschieren.

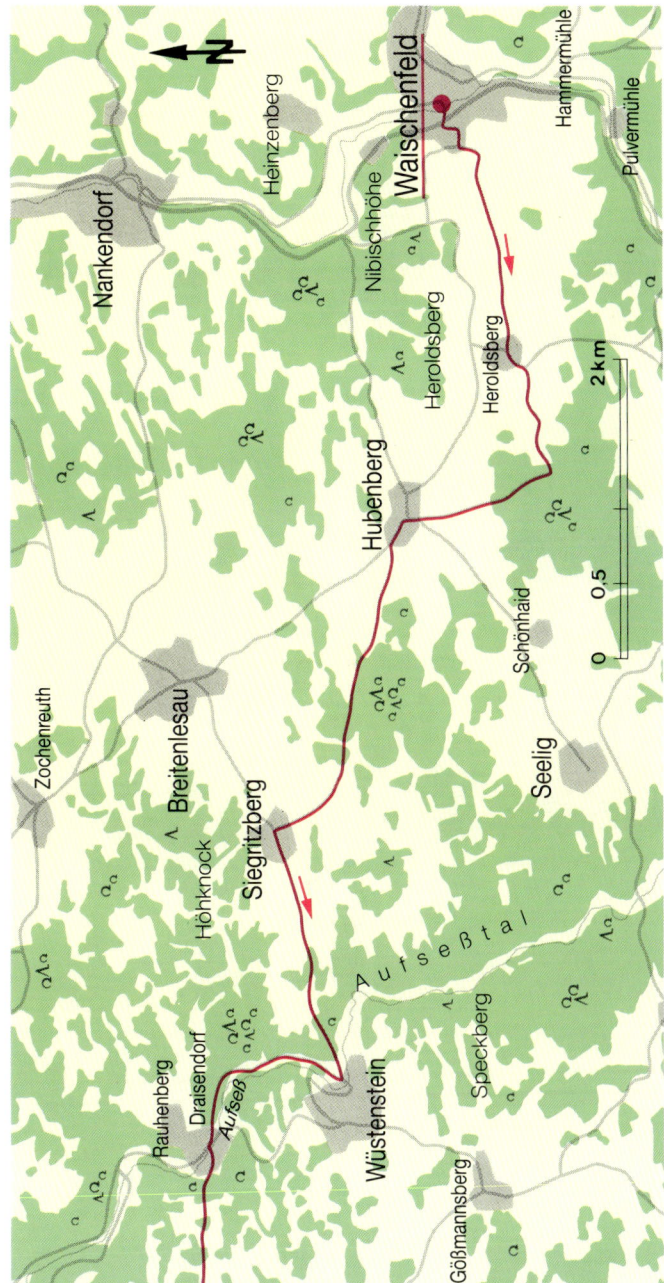

Am Ortsende von Hubenberg weist uns die Markierung nach links. Zuerst über Feldflur, dann durch Wald und wieder Felder gelangt man nach *Siegritzberg.*

Von Siegritzberg hinab nach Wüstenstein müssen wir leider die Landstraße benutzen. Doch dafür entschädigt das folgende Wegstück. In *Wüstenstein* biegen wir gleich nach rechts ab und wandern im schönen Aufseßtal entlang nach *Draisendorf.*

Dort wird am Andreasplatz die Hauptstraße überschritten und der Ort wieder verlassen. Durch Feldflur und Wald (meistens jedoch Wald) geht es mäßig steil bergauf bis *Neudorf.*

Der Weiterweg ab Neudorf geht zuerst fast eben und fast gerade dahin, um dann steil nach *Heiligenstadt* abzufallen.

Zu Tour 27, 99, 100   **Waischenfeld**   (Foto: Ulrich Schnabel, Archiv DWV)

Anschriftenverzeichnis

Verband Deutscher Gebirgs- und Wandervereine e. V.
Reichsstraße 4, D-66111 Saarbrücken

Deutsche Wanderjugend
Tannenweg 22, D-71364 Winnenden

Deutscher Alpenverein
Von-Kahr-Straße 2−4, D-80997 München

Deutsches Jugendherbergswerk
Bismarckstraße 8, D-32756 Detmold

Touristenverein »Die Naturfreunde«, Bundesgruppe Deutschland e. V.
Großglocknerstraße 28, D-70327 Stuttgart

Fränkische-Schweiz-Verein e. V.
Oberes Tor 1, D-91320 Ebermannstadt

Jugendherbergen in der Fränkischen Schweiz

D-96049 Bamberg
»Wolfsschlucht«,
Oberer Leinritt 70

D-91327 Gößweinstein
Etzdorfer Straße 6

D-91235 Hartenstein
Salzlecke 10

D-96215 Lichtenfels
Alte Coburger Straße 43

D-90403 Nürnberg
Jugendgästehaus
Burg 2

D-91278 Pottenstein
Jugendherbergstraße 20

D-91346 Wiesenttal
»Streitberg«
Am Gailnig 6

D-91227 Weißenbrunn/Leinburg
Badstraße 15

Naturfreundehäuser in der Fränkischen Schweiz

Bamberg
Am Kellerberg, D-96110 Scheßlitz-Demmelsdorf
Anfragen: Helga Hennemann, Mittlerer Kaulberg 20, D-96049 Bamberg

Veilbronn
Veilbronn Nr. 17, D-91332 Heiligenstadt
Anfragen: Stefan Lößlein, Ohmstraße 10, D-90763 Fürth

Am Dornig
Sträublingshof 6, D-96250 Ebensfeld

Stadtheim Staffelstein
Angerstraße 57, D-96231 Staffelstein

Rothenberghaus
D-91220 Schnaittach
Anfragen: Hans Jung, Waldmüllerstraße 51, D-90455 Nürnberg

Regnitzstuben
Wöhrmühle 6, D-91056 Erlangen

Am Hohen Kreuz
Zum Hohen Kreuz, D-91220 Schnaittach-Hormersdorf
Anfragen: Friedrich Kälsch, Johannisstraße 23, D-91207 Lauf

... rund um Jugendherbergen: Allgäuer Alpen

Tips für Trips: Ausflugsziele, Wanderungen, Radtouren. Beschrieben von *Veit Metzler*.

... rund um Jugendherbergen: Bayerische Alpen

Tips für Trips: Ausflugsziele, Wanderungen, Radtouren. Beschrieben von *Veit Metzler*.

... rund um Jugendherbergen: Pfalz

Tips für Trips: Ausflugsziele, Wanderungen, Radtouren. Beschrieben von *Heinz R. Wittner*.

... rund um Jugendherbergen: Hunsrück-Nahe

Tips für Trips: Ausflugsziele, Wanderungen, Radtouren. Beschrieben von *Heinz R. Wittner*.

... rund um Alpenvereinshütten: Mit Kindern im Gebirge

Allgäu und Lechtal. Beschrieben von *Klaus Umbach*, *Wilfried Dewald* und *Wolfgang Mayr*.

Wandern mit Kindern und Jugendlichen

Spiele, Abenteuerwanderungen, Wander-Rallye und viele weitere Möglichkeiten.

Wandern mit Kompaß und Karte

und anderen Hilfsmitteln zur Orientierung. Von *Heinrich Streich*.

Mit Kindern und Jugendlichen im Gebirge

Mit Gruppen im Gebirge – mit der Klasse unterwegs – praktische Tips, Ratschläge und Planungshilfen für Touren.

Radwandern gut vorbereiten Technik – Planung – Tips

Rund ums Rad. Kleine Geschichte des Fahrrads. Das Fahrrad in seinen Einzelteilen.

Wandern gut geplant und vorbereitet

Ratgeber und Wanderregeln. Von *Friedrich Schuhmacher*.

Auf den Spuren der Römer im Rheinland

Ausflüge zu den Überresten aus römischer Zeit. Beschrieben von *Werner Schönhofen*.

wandern+ radwandern

Die zuverlässigen, tausendfach bewährten Wegweiser mit der Marke ›Kompass‹ und dem roten Punkt

Die schönsten Wanderungen

Albrandweg
Allgäu
Allgäuer Alpen
Altmühltal/
   Frankenalb Süd
Bayerischer Wald
Berchtesgadener Land
Bergisches Land
Bodensee
Dresden
Eifel (gesamt)
Eifel 1:
   Ahrgebirge/Osteifel
Eifel 2:
   Naturpark Hohes
   Venn – Eifel
Eifel 3:
   Vulkaneifel – Südeifel
Ems – Weser
Erzgebirge
Fränkische Schweiz/
   Frankenalb Nord

Großer Fränkische-
   Schweiz-Führer
Frankenwald
Frankfurt-Offenbach
Harz
Hohenlohe
Hunsrück
Lech
Lüneburger Heide
Mainwanderweg
Mark Brandenburg Ost
Mark Brandenburg West
Mittelrhein
Mosel, Wanderregion
Münsterland
Niederrhein
Oberbayern I/West
Oberbayern II/Ost
Oberlausitz
Oberschwaben
Odenwald
Ostseeküste/Rügen

Pfalz
Großer Pfalz-Führer
Rhön mit Vogelsberg
Saarland
Sächsische Schweiz
Sauerland
Sauerland-Höhenring
Schwäbische Alb
Schwäbischer Wald
Schwarzwald Mitte
Schwarzwald Nord
Schwarzwald Süd
Schwarzwaldhöhenwege
Spessart
Stuttgart mit Schönbuch
Taunus
Teutoburger Wald
Thüringer Wald
VVS-Wanderführer
   Region Stuttgart
Weser-Leine-Bergland

Wandern in Europa

Burgenland
Dolomiten
E 1: Flensburg –
   Genua
E 5: Bodensee – Adria
Harz-Niederlande-
   Wanderweg

Kärnten
Kanarische Inseln
Osttirol
Salzburger Land
Teneriffa
Tirol

Trentino I Ost
Trentino II West
Tschechoslowakei
Vogesen Nord
Vogesen Süd
Vorarlberg
Wien

Freizeit Spezial

Erlebnisurlaub Bayerische Alpen
Erlebnisurlaub Bayerischer Wald
Erlebnisurlaub Bodensee
Erlebnisurlaub Chiemsee – Königssee

Erlebnisurlaub Harz
Erlebnisurlaub Pfalz
Erlebnisurlaub Rügen

Die schönsten Radtouren

Allgäu/Bodensee
Altmühltal/
  Frankenalb Süd
Augsburg/Umland
Bayerischer Wald
Bergisches Land mit
  Siegerland
Berlin und Umland
Radfernwandertouren
  1 Ostseeküste, Oder-
    Neiße, Elbe
  2 Ostsee – Boden-
    see – Niederlande
  3 Rhein – Ostsee,
    Mosel, Lahn,
    Neckar, Main
  4 Saale, Werra,
    Spree, Havel
Donau
Eifel
Fränkische Schweiz/
  Frankenalb Nord
Hamburg/Umland
Harz/Weser/Leine
Hohenlohe/Tauber-
  grund

Hunsrück/Saarland
Rad-Deutschland-Tour:
  Von JH zu JH (Ost)
Rad-Deutschland-Tour:
  Von JH zu JH (West)
Kurhessen-Waldeck
Lüneburger Heide mit
  Wendland
Mark Brandenburg Ost
Mark Brandenburg West
Mecklenburg-
  Vorpommern
Münsterland
Niederrhein 1
Niederrhein 2
Oberrhein – Elsaß I:
  Heidelberg –
  Straßburg
Oberrhein – Elsaß II:
  Straßburg – Basel
Oberschwaben/
  Bodensee
Odenwald/Bergstraße
Ostfriesland
Ostsee und
  Holsteinische Schweiz

Ostseeküste/Rügen
Pfaffenwinkel/östliches
  Allgäu
Rhein
Rheinhessen – Pfalz
Mit der S-Bahn
  an Rhein und Ruhr
Rhön/Vogelsberg
Romantische Straße
Ruhrgebiet
Sauerland
Schwäbische Alb
Schwäbischer Wald/
  Neckarland
Schwarzwald
Spessart/Kinzigtal/
  Fränkisches Weinland
Taunus/Wetterau
Teutoburger Wald
Thüringer Wald
Tour de
  Baden-Württemberg
Tour de Ländle I
Voralpenland II:
  Lech – Donau –
  Salzach

Großer Radwanderführer Deutschland
(252 Touren, 200 Bilder, 496 Seiten)

Radeln in Europa

Balearen
Belgien
Frankreich

Frankreich Süd
Inn
Loire

Niederlande
Rhône
Schweiz

DJH-Wegweiser

Wandern mit Kompaß und Karte
Spuren der Römer im Rheinland
Spuren der Römer: Main – Rems
Spuren der Römer: Rems – Donau
Wandern mit Kindern und
  Jugendlichen
Wandern gut geplant und vorbereitet
Radwandern gut vorbereiten
Kinder und Jugendliche im Gebirge
. . . rund um Alpenvereinshütten

. . . rund um JH: Allgäuer Alpen/
  Bayerisch Schwaben
. . . rund um JH: Bayerische Alpen
. . . rund um JH: Hunsrück/Nahe
. . . rund um JH: Pfalz
. . . rund um JH: Vulkaneifel/Südeifel
. . . rund um NFH: Pfalz
. . . rund um JH: Saarland
. . . rund um JH: Saar – Mosel

DEUTSCHER WANDERVERLAG

Dr. Mair & Schnabel & Co. · Stuttgart

Deutsche Wanderjugend

Die Deutsche Wanderjugend ist die Jugend-
organisation des Verbandes Deutscher Ge-
birgs- und Wandervereine. Die jugendlichen
Mitglieder von sechs bis 25 Jahren lernen aber
nicht nur das jugendgemäße Wandern.
In der vielseitigen Gruppenarbeit werden Themen bevor-
zugt wie Laienspiel, Pantomime, Basteln, Werken, Diskus-
sionen, Aktionen, Video und auch Volkstanz.
Ein wichtiger Bereich ist der Natur- und Umweltschutz. Die
Gruppen betreiben aktiven Umweltschutz, messen den
Säuregrad von Wasser und Boden, setzen sich tatkräftig
gegen das Waldsterben ein, führen Naturschutzwanderun-
gen durch, legen Biotope an. Wer mehr über uns, die DWJ,
wissen will, schreibt an die

**DWJ-Bundesgeschäftsstelle, Tannenweg 22,
D-71364 Winnenden**